D'Homère
à
Racine
les
récits
du
réel

偏移

从荷马到拉辛

吴雅凌 著

华东师范大学出版社
·上海·

图书在版编目（CIP）数据

偏移：从荷马到拉辛 / 吴雅凌著. —上海：华东师范大学出版社，2019
ISBN 978-7-5675-9779-2

Ⅰ.①偏… Ⅱ.①吴… Ⅲ.①神话－研究－古希腊
Ⅳ.① B932.545

中国版本图书馆 CIP 数据核字（2019）第 220584 号

偏移：从荷马到拉辛

著　者	吴雅凌
责任编辑	顾晓清
特约校对	赵万芬　汤思怡
封面设计	周伟伟
出版发行	华东师范大学出版社
社　址	上海市中山北路 3663 号　邮编　200062
网　址	www.ecnupress.com.cn
网　店	http://hdsdcbs.tmall.com/
邮购电话	021－62869887
印刷者	杭州日报报业集团盛元印务有限公司
开　本	787×1092　32 开
印　张	12.5
字　数	204 千字
版　次	2021 年 1 月第 1 版
印　次	2021 年 1 月第 1 次
书　号	ISBN 978-7-5675-9779-2
定　价	59.00 元
出 版 人	王 焰

（如发现本版图书有印订质量问题，请寄回本社市场部调换或电话 021-62865537 联系）

序 言

在阅读古希腊神话诗的好些年间，我一度着迷于诗人之争的光环。我在亲近赫西俄德时，只爱他坚贞实在。等有机会亲近荷马，方觉荷马之妙，妙不可言。

但我常常羞愧。不够勇敢如我，天生畏惧不和女神，更欠缺堂吉诃德的美德，如何妄谈西方诗经里那些个古老璀璨的纷争，又如何在思想和生活中直面战斗的阿喀琉斯？

据说，哈耳摩尼亚（Harmonia）是战神和美神生养出的女儿。我只关心美的问题，对冲突喧闹没有好感，属于我的和谐又从何而来？

不如退一步，先来更新黑夜世家新一代家主不和女神在我眼和心里的模样？

柏拉图告诉我们，在诗人之争背后，尚有诗与哲学之争；在诸种纷争背后，尚有辩证术。在不和（Eris）的似真背后，总有爱欲（Eros）以欠缺为名的真，不离不弃。所谓不和，不止于多与异，更是同一的整合。道理说来简单。自从在一通越洋电话里生平头一回听闻这些魂影般的古诗人以来，一遍遍身体力行蹒跚试炼其中每个字眼每种转承，十五年就这样过去了。

我的朋友贾非说，学会偏移，这是人在时间河里仅有的奢侈。

奥德修斯在孤岛隐居七年重新开口讲故事,才有高贵的谎言这个悖论迄今无解。荷马与赫西俄德赛诗,才有哲学受惠诗歌,牵扯出群己权界的无边话题。苏格拉底站在悲剧诗人家门口凝神屏息,才有雅典一夜会饮的记忆,几个千年道不清说不透。

渺小如我,勉力亲近这些神话的伟大时刻,竟也迎来属于自己的省思。我尝试纠正从前过分轻率的判断和过急站住的立场,但不想抹去当初自以为有所得时心头交集的悲欣。真好!我们一度坚信的真本身另有幽微。潘多拉留在瓶里的属于人类的希望不过如此。天大地大,人如一粒尘埃,若有那样的一次吹拂就好了,一次从旁经过古老的橡树和石头。

这本小书原本只想谈谈诗人之争,且把柏拉图作为"理解古诗人的地图坐标"(伯纳德特语)。书稿放了很长时间以后,我想到让拉辛加入这场古诗人的对话。

想到了也才明白,其实本该如此。

在我们今天看来,生活在17世纪的拉辛也是古人。早在司汤达的时候,被拿来和莎士比亚比较的拉辛似乎就过时了。而在拉辛的时候,荷马何尝不是古人?路易十四时代的文人作家不读荷马，自信比荷马高明。但也有拉辛这样的例外。他为荷马辩护，有意仿效古诗人，由此成就一种新文学传统的发端。有人真的在读，真的在爱，经典就活着，就有一丝古传气息在人世偏移的生机。

不然，"何必说起这些橡树与石头呢"？雅典时期的诗与哲学之争，路易十四时代的古今之争，这些战神的光荣喧嚣与我们何干呢？我喜爱的一位作者说，在认识你自己这件事上，每一代人必须从头做起，与前人要做的并无不同，也未必走得更远，没有哪一代人不是从前人出发的地方起步，也没有哪个时代能从另一个时代学会如何去爱。我喜爱的另一位作者说，我们不是要拿遥远过去的启示生搬硬套当下处境，而是要真正具有凝思我们这个时代的眼界。

不和女神专在会饮的高潮时分不请自来。在我们的时代，不知她抛出哪颗人人渴望拥有的金苹果，又挑起哪种写入未来史诗的争战？至少我们知道，古往今来的不和神话，可以声势浩大如天地分离人神交战，也可以细微至人心柔软处的一丝光照。

纷争的尽头可以不是断裂和终结。神话告诉我们，幸运的话，一次分离就是一次有创世意味的生成机会。

新拟的书名只有荷马和拉辛。但我想说,赫西俄德只是"穿了一件隐身衣"(借用友人的诗)。多亏荷马和拉辛,我有机会更新与赫西俄德的关系。所有这些时空回望,迂回衍生,迟疑和沉默,还有羞愧,就命名为偏移罢。

书中的赫西俄德文章写得最早。《不和之歌》的"前生"是一篇谈神谱诗人自述问题的论文。不说大约看不出来吧。《故事的另一半》也有生涩的最初模样。有些旧文无从修订,我尽量用自在的方式重新写过。

初识晓清编辑,记得是暮春。三年过去了,小书慢慢成形,仿佛我也渐有明朗之感。一路有赖好朋友,谢谢你们!

2019 年惊蛰

目录

001 偏移与乡愁：安德洛玛克的故事
087 至道无难：奥德修斯的拣择
137 十字路口的佩耳塞斯
157 故事的另一半
237 不和之歌
271 古今之争中的拉辛
319 伊菲革涅亚或文学的意外
353 亚他利雅：圣史与悲剧

偏移与乡愁:

安德洛玛克的故事

献给周毅。

安德洛玛克我想起你

偏见与孤挺花

荷马当时惘然

就起了乡愁

欧里庇得斯讲古

多少旧愁新恨

记忆停顿时

何必机器降神

埃涅阿斯问路

拉辛跑题否

四角关系

与大师决裂

巴洛克不在的年代

重要的是活下来

巴黎不属于我们

特洛亚战争将爆发

1　安德洛玛克我想起你

今年冬天贾非留在巴黎。

我们相约去看一场雅克·里维特（Jacques Rivette）的很长的老电影。1969年的黑白片《狂爱》(*L'amour fou*)。四小时以后，重新走出巴黎大堂广场地下的电影馆，夜幕降临。天色是一种冬日才有的深不可测的深蓝。新建的大堂广场顶着巨型玻璃天幕，金属支架涂成暧昧的乳黄，远看如一片太厚的荷叶，没能如愿在夜空中翻舞，反而泄了气沉向大地，压在路灯和往来路人的头顶。

我们穿过人群，走到无垢泉的街角才站住。那座有六层石阶的白喷泉静静淌着水。浮雕的水仙让人想起远古的年代。

贾非在这时打破沉默：

——"安德洛玛克，我想起你！……"

和多数老巴黎人一样，贾非不喜欢重建的大堂广场，这个与老街区格格不入的新建筑。只是，有什么办法呢？巴黎人的日常生活几乎避不开这个市中心最大的地铁中转站。贾非又是电影馆的常客。来一次就小小抱怨一次，这渐成我们心照不宣的一点乐趣。我们有一回拿坐在埃菲尔铁塔餐厅里的莫泊桑揶揄他。

波德莱尔也曾在一个半世纪前惊叹奥斯曼改建中的巴黎变了。他走到卢浮宫前想起安德洛玛克。那个国破夫亡的古代女子站在他乡的小河边长久哭泣,以此哀悼回不去的故乡的那条河。

> 安德洛玛克,我想起你!这小小的河
> 如哀矜的镜子在当年映衬
> 你寡妇的殇痛里的无边庄重,
> 这骗人的西莫伊斯河水被你哭涨,
> 突然浸润我变纷繁的记忆,
> 在我穿过那新的卡鲁索广场时。①

把一条陌生的小河命名为西莫伊斯,假想它就是故乡的同名河。让自己深信不移,自从丈夫赫克托尔战死那天起,时间已然停顿,自从特洛亚亡城以后,生活不再有继续行进的意

---

① Baudelaire, "Le Cygne", I, *Les Fleurs du mal, Tableaux parisiens*, 89, Hatier, 2003, p.108. 若无特殊说明,书中的引文均由作者所译。

义。由于对某个逝去的时空心怀执念，与现实生活的转变被动错开。安德洛玛克是乡愁的化身，代表"那些丧失了就永远找不回的人"①，那些无力应对时代和命运转变的人。

贾非很慢很慢地念《天鹅》开篇的几行诗。会心一笑，没有接话。我了解他身上的老巴黎人情结。我不必安慰他。我也安慰不了他。贾非的乡愁和波德莱尔一样没有过多伤感泛滥。而且，他在这时提起安德洛玛克还有别的原因。里维特的电影用了四个多小时讲述一对夫妻排演拉辛的诗剧《安德洛玛克》的故事。随着拉辛笔下跌宕起伏的剧情展开，主人公在现实生活中也平行遭遇一连串变故。

我说："在里维特拍《狂爱》的时候，'大堂'这片街区里真的还有大堂吧。"

法语里的 halle 指非露天的菜市场，有高耸的屋顶盖，通常坐落在城市中心地带。1969 年，长久以来作为"巴黎的胃"的大堂中央集市停止运行，商贩们被撤离迁往郊区，但那些庞大的玻璃钢铁结构的建筑尚在。它们在让人怀旧的老照片里显得明亮、通透、坚强而轻盈。这些地标性建筑一度见证此处的

---

① Baudelaire, "Le Cygne", II, p.110.

人们与别处不同的生活方式。随着城市更新计划启动，它们很快被拆毁，很快被千篇一律的商业购物中心取代。

贾非讲过，当年他们一群二十来岁的小年轻曾在拆迁前的大堂街区整夜游荡，不为什么，就觉得有什么重要的事情正在发生。重点是不要睡着，睡着就会错过。转眼近半个世纪，这一带拆拆建建，却不知为何让他有物是人非的感觉。

"是呵……难以接受的很可能不是建筑本身，而是某种值得珍惜的生活方式的无情流逝。"他眯着灰色的眼，若有所思。附近的圣梅里教堂敲响了晚祷的钟声。在悄悄聚拢的夜色里，我努力揣摩这句话从1968年一代人口中说出的分量。

2 偏见与孤挺花

不久前我去找贾非。

下雨天，临近黄昏，旧书店里三五人在那儿翻书。贾非站在里间的老木书台前整理一批七星文库全集本。我随手抽出一册，1931年拉辛戏剧全集初版，坊间已不多见，伽利玛出版社后来又有新修订本。我们有一搭没一搭地闲聊。他说，如今法国人好像不怎么读拉辛了。我说，至少如今法国人说起费德尔或者安德洛玛克，首先还能想到拉辛。

倒是少有人还会提起维吉尔，更不必说荷马和欧里庇得斯。经典在法语中的影响所幸还强大，却搁浅在古典主义，没能追溯至更古远的年代。

"就像中世纪人不识荷马而熟知特洛亚战事，他们通过一些拉丁文和法文的改写本了解古代世界。我们也一样。"贾非拿起那册书，信手翻起来，翻到一页停住，轻声读起来：

你莫非设想安德洛玛克不贞无度，
她岂能辜负在她心里重生的亡夫？……[1]

那是《安德洛玛克》第四幕的开场，她决定在与皮洛斯行婚礼之后自杀。

书台上摆着一盆当季的孤挺花，没有叶子，大朵大朵的红瓣向高处肆意张开，好不寂寞。贾非读罢那一长段念白，轻轻合上书，露出一个大大的微笑："无以伦比的法语！"

---

[1] Jean Racine, *Andromaque*, v.1081—1082, in *Œuvres complètes*, tome 1, Théâtre & Poésie, Georges Forestier (éd), Gallimard, Pléiade, 1999, p.236. 拉辛全集戏剧诗歌卷下文简称 OC1，并随文标注出处页码。

拉辛的文风自是叫人无话可说，我却不知从哪里生出不服："卢梭说过，古希腊悲剧从来不在舞台上表演谈情说爱，法国古典主义悲剧似乎不表演男女相爱的情节就引不起人们的兴趣。"

贾非想了想说："有道理的说法。"他把那册书轻轻摆在那盆花的旁边，转头看我，脸上的表情温和而坚定："不过，问题没这么简单。"在他身后的墙上挂着一幅基里柯（Giorgio de Chirico）的小小的画。安德洛玛克和赫克托尔在画中紧紧相依，站在特洛亚城下。听说那是贾非多年前机缘巧合得到的珍品。个中经过如何，没有人知道，贾非自己是从来不说的。

那天为了招呼买书的顾客，贾非和我的讨论不了了之。他约我一起去看里维特的电影，还不知从哪里翻出一堆拉辛手稿的影印资料，让我慢慢翻看。这些资料中，最让人在意的莫过于两部荷马史诗的阅读笔记。1662年，年仅二十二岁的拉辛注释完品达的《奥林匹亚竞技凯歌》，开始分卷评注《奥德赛》，总共写出了第一至第十卷内容。稍后他还在一部《伊利亚特》的希腊原文书上做了大量页边注，特别是卷三涉及海伦和帕里斯的段落，以及卷六涉及赫克托尔和安德洛玛克的段落。写《安德洛玛克》时，年轻的拉辛心里满满当当装着荷马的故事:"高妙的手法,荷马做到了将笑与泪、沉重与温存、勇气与畏惧以及一切有可能触动人心的东西融为一体……"①

我独自坐在昏暗的光里,旧书店总给人恍如隔世的错觉。我辨认着那些写在三百五十年前的手稿上的字迹,某种穿越时空让人心醉神迷的气息扑面而来,我不得不承认那一刻在我内心发生的震撼。我之前的一点轻慢心思仅仅出于无知。

3 荷马当时惘然

荷马之后,没有哪个诗人敢重写(遑论改写!)赫克托尔和安德洛玛克。《伊利亚特》卷六里夫妻诀别的场面能打动最挑剔的听故事的人。单单一场戏就够了。短短一百三十来行诗足以传世,千百年来在人心里根深蒂固。后世所有诗人的笔力都无可能为荷马的故事增色,只能轮番尝试去化解荷马惊起的颤动。

在整部《伊利亚特》里,安德洛玛克只出场三次。卷六之

---

① Jean Racine, *Œuvres complètes*, tome 2, Prose, Raymond Picard (éd), Gallimard, 1952, p.718. 拉辛全集文论卷下文简称 OC2,并随文标注出处页码。

外，另有卷二十二（闻耗）和卷二十四（迎丧）。三次均围绕赫克托尔之死展开。

赫克托尔难得离开战场，急忙忙赶回家，为见妻儿一面，走遍特洛亚大街小巷。他没在家里找到安德洛玛克。她带着孩子出了城探听战事，像个疯子一样站在望楼上哭泣。他们互相找寻半天，终在斯开埃城门下相遇。她迎面向他跑去，把手放在他手里，流着泪唤他的名。他默默望着孩子笑。

这是《伊利亚特》中极罕见的温存时刻。荷马把这个时刻安插在两次热火朝天的战事之间。前一场狄奥墨得斯与格劳科斯不战而和，后一场是埃阿斯与赫克托尔势均力敌的恶战。赫克托尔全身铠甲，头戴让小儿子惊怕的战盔，手上沾着的杀人鲜血还来不及洗去。他以这副骇人的战士模样安抚妻子搂抱娇儿，对他们微笑，为他们祈祷诸神，满心满眼的怜惜。即便在这样的时刻，赫克托尔首先是城邦的保卫者，其次才是安德洛玛克的丈夫。他拒绝妻子让他留在城里的哀求：

> 人生下来……逃不过他注定的命运。
> 你且回到家里，照料你的家务，
> 看管织布机和卷线杆，打仗的事男人管，

> 每一个生长在伊利昂的男人管,尤其是我。(伊 6:489—492)①

赫克托尔看重荣誉和责任胜过别的一切。因为这样,甘愿把生命托付给他的安德洛玛克注定是这场战争里最惨烈的受害人。正如拉辛早就看出的,与这对情深意重的夫妻形成对比的,正是卷三里的帕里斯和海伦。

帕里斯输给墨涅拉奥斯,回家向海伦求欢:"我从可爱的拉克得蒙把你弄到手。"(伊 3:443)倘若不考虑帕里斯华丽地释放自然爱欲,我们几乎要像赫克托尔那样以为他只是无耻下流的小丑。帕里斯没有责任感。他不对战争负责,不对特洛亚人负责,甚至也不对海伦负责。帕里斯不求荣誉,也就没有羞耻心,不在乎别人怎么想。他被全特洛亚人"如黑色的死亡来憎恨"(伊 3:454),却兴兴头头,活在当下,比赫克托尔自由太多。他受了赫克托尔的责骂,依然兴高采烈地出城迎战。荷

---

① 本书中的荷马诗文一律引自罗念生先生和王焕生先生的译本:《伊利亚特》(简称"伊"),人民文学出版社,1994 年;《奥德赛》(简称"奥"),人民文学出版社,1997 年。个别字词依据文意略有调整。赫西俄德诗文引自《神谱笺释》(简称"神"),华夏出版社,2010 年;《劳作与时日笺释》(简称"劳"),华夏出版社,2014 年。引文均随文标注出处行数。

马把他比作一头漂亮的种马，兴高采烈地奔向母马常去的牧场（伊 6:511）。他常做逃兵，连身上的甲胄也是借来的。然而命中注定他会杀死全希腊最出色的英雄阿喀琉斯。此等荣誉，城邦的保卫者赫克托尔却是拼死也没能得到呵——事实上，正如《云林遗事》记载有洁癖的倪瓒要受污秽之灾，最重荣誉的赫克托尔偏偏死后遭到再恶毒不过的羞辱。

在普里阿摩斯王的五十个儿子和十二个女婿（伊 6:245—250）里，赫克托尔处处与众不同。他在战场上最是卓越，常常单打独斗，他的兄弟们不是遇敌伤败就是远离战场，特洛亚的其他出色英雄如埃涅阿斯或萨拉佩冬，要么是表亲要么来自盟军。赫克托尔的婚姻生活在特洛亚王室同样是特例。他带着无数聘礼前往埃埃提，郑重其事地迎娶安德洛玛克（伊 22:471—472）。他忠诚顾家，进城也坚持要回家看家人，"我的妻子和我的小儿子"（伊 6:366）。他为独子向宙斯和诸神最后一次祷告，心愿始终不离传世的荣誉，希望"我的孩子和我一样名声显赫，孔武有力，成为伊利昂的强大君主"（伊 6:476—478），"日后有人会说，'他比父亲强得多'"（伊 6:480）。相比之下，帕里斯不负责任更像是得了父亲的真传，普里阿摩斯本人也不是好战士，更像一个情种，姬妾成群（伊

21:85, 8:305），子嗣众多。他的五十个儿子中，"十九个正室赫卡柏所生，其余出自宫娥"（伊 24: 495—496）。他在处理帕里斯和海伦带来的危机时不分是非。比起荣誉德性等理性要务，特洛亚王室显得更有一种崇尚自然爱欲的传统。① 普里阿摩斯的父亲拉奥墨冬当年亦以不负责任著称，不但敢对诸神食言，哄阿波罗和波塞冬白干活，还因骗过赫拉克勒斯而惹来特洛亚第一次亡城之灾。

安德洛玛克（Ανδρομάχη）这个名字由 ἀνδρός（人，男人）和 μάχη（战斗）组成，大致意思是"与人（男人）作战"。人如其名。身为女性，安德洛玛克是一名战士。身为幸存者，安德洛玛克与人类的有死性作战。作为本族的幸存者，她两度改嫁，生养子女后代建设新的邦国。在荷马诗中，她与赫克托尔夫唱妇随，彼此般配。她没有参与赫卡柏带着特洛亚妇女向雅典娜的祈求（伊 6:237 起）。她甚至没有在第一时间得到赫克托尔的死讯，因为"没有哪个忠实的信使前来禀告她丈夫留在城外的事情"（伊 22:438—439）。从某种角度看，这是对受人尊敬的模范夫妻，在特洛亚没有能出其右者，也因而显得相当孤立。

---

① 弗劳门哈弗特：《首领普里阿摩斯及其城和子》，载刘小枫选编：《古典诗文绎读西学卷·古代编（上）》，华夏出版社，2008 年，页 14—21。

> 赫克托尔,你成了我的尊贵的母亲、
>
> 父亲、亲兄弟,又是我的强大的丈夫。(伊 6:429—430)

这是身为人妻的安德洛玛克最动人又最无效的表白。阿喀琉斯在同一天里杀了她的父亲和七个弟兄。阿喀琉斯还将杀死她的丈夫,她仅存的亲人,并当众羞辱他的尸体。安德洛玛克哀求赫克托尔不要赴死。他是她的全部依靠,失去他等于失去整个世界。"你得可怜可怜我"(伊 6:431)。然而,相爱的人在共同展望生活时发生意见争执,一味掏心掏肺的表白总是顶无用的。赫克托尔心不在此,"这一切我也很关心"(伊 6:441),但他更关心"为父亲和我自己赢得莫大的荣誉"(伊 6:446)。赫克托尔欲求声名不死,安德洛玛克那女性本能的自然爱欲若无所克制,反像一种负担。卷十四中,赫拉与宙斯这对意见不合的神王夫妻做出有趣的示范,与赫克托尔和安德洛玛克形成鲜明对比。先是赫拉用美色诱惑宙斯,有效地让希腊人击退特洛亚人。宙斯醒来后以威权震慑赫拉,有效地阻止她继续搞阴谋破坏自己的计划。神王夫妻之间发誓赌咒,自我标榜"心心相印"(伊 14:50),把动人的话说尽了。但这么些"掏心掏肺的表白"显然是各取所需的政治计谋。

安德洛玛克不具备这样的政治素质,因而成就了希腊文学里一段极动人的爱情故事。临别时分,她频频回头顾盼,泪流不止。她预感到这是最后一次相见。她回到家和女仆们"一起哀悼还活着的赫克托尔"(伊 6:500)。等她下一次撕扯着头发冲出城门迎接他,他已躺在骡车上断了气。她只能双手抱住他的头,在特洛亚妇人中领唱挽歌(伊 24:710—724)。这对夫妻在特洛亚城门下两次相见,一次生离,一次死别。她和海伦不一样。海伦不执着于独一无二的爱的对象,也就不为欠缺所伤。一场战争因她之名而起,谁赢谁输海伦都是受益者。而她,安德洛玛克,是在所有战争中最受伤害的那群人的代表。海伦一边甜蜜地怀念前夫墨涅拉奥斯(伊 3:139),一边与新夫帕里斯享受"为甜蜜的欲望所占据"(伊 3:445)的欢乐。而她,安德洛玛克,独守空房,一边哭悼随时可能传来死讯的丈夫,一边架起三角大鼎生起火,为他烧好洗澡水(伊 22:442)。

只有一次,荷马用"疯狂的酒神伴侣"($\mu\alpha\iota\nu\acute{\alpha}\delta\iota$,伊 22:460)来形容端庄的安德洛玛克。她赶到城墙上,看见快马拖曳着赫克托尔的尸体在战地上撒欢,扬起一片片尘烟,死人的脑袋沾满厚厚的灰土(伊 22: 395—405)。就像最后一次夫唱妇随，倾力与丈夫般配，成就一对模范夫妻的形象。她当场昏倒，如死过一回，美丽的头饰散落一地，也包括赫克托尔送作定情物的那条阿佛洛狄特的头巾（伊22:467—470）。

即便在哀悼赫克托尔的两次挽歌中，安德洛玛克也几乎不提自己，只提她的丈夫和儿子。她大声哭诉赫克托尔的死之悲惨和阿斯提阿那克斯的生之艰难。至于她自己的不幸命运，早已被赫克托尔的预言所规定：安德洛玛克将被希腊人带走，在异乡过奴隶的生活，并且终其一生没有停止对赫克托尔的哀悼。

> 有人看你伤心落泪，他就会说：
> "这就是赫克托尔的妻子，驯马的特洛亚人中
> 他最英勇善战，伊利昂被围的时候。"
> 人家会这样说，你没有了那样的丈夫，
> 使你免遭奴役，你还有新的痛苦。（伊6:459—463）

赫克托尔声称，比起全体特洛亚人，比起父母弟兄，他"更关心安德洛玛克的苦难"（伊6:453）。他情愿早早被人杀死，也不忍心听到安德洛玛克被俘求救的喊声（伊6:464—465）。值得注意的是，就连在忧患安德洛玛克的不幸未来时，

赫克托尔也把关注点放在世人对他的哀悼上。正如他身边的亲人们那样，赫克托尔生前就已开始哀悼他本人的英雄之死。赫克托尔看重声名不死胜过一切，乃至他死后，安德洛玛克的所作所为无不是在成全亡夫的心愿。

——"等等，等等，"贾非打断我。

我们朝着塞纳河的方向走，穿过好些迄今保留中世纪商贩名的小街，卖酒的隆巴尔街，卖针的埃吉尔街，卖鞋的古尔塔隆街。旧时商人今安在。如今这一带汇聚着好些有名的爵士乐酒吧。我们从那家名叫"咸吻"的店经过时，贾非不紧不慢地对我说："你看，你现在是在用欧里庇得斯的方式理解荷马。"

4　就起了乡愁

欧里庇得斯的传世诗剧中有两部写到安德洛玛克。

《特洛亚妇人》[①] 从老王后赫卡柏的眼光出发，讲述特洛亚

---

① 本书中的欧里庇得斯悲剧引文一律采用罗念生先生和周作人先生的译本，并随文标注出处行数。《特洛亚妇人》(简称"特")引自：罗念生译，《罗念生全集：欧里庇得斯悲剧六种》，上海人民出版社，2004 年。《安德洛玛克》(简称"安")引自：周作人译，《欧里庇得斯悲剧集 上》，中国对外翻译出版公司，2003 年。

妇人们在亡城以后的悲惨遭遇。第二场专写安德洛玛克。她被发配给阿喀琉斯之子皮洛斯做妻妾,"到那杀害我丈夫的凶手家里去做奴隶"(安660)。她乘车进场,带着小儿子,车上堆满赫克托尔家的财富。表面看去,安德洛玛克好似带着一车亡夫的家产去改嫁。归根到底,赫克托尔的妻子是一件物,一件战利品,和赫克托尔的铜甲同一性质,"叫阿喀琉斯的儿子从特洛亚运回家去装点佛提亚的庙堂"(特573—574)。单从阿喀琉斯与阿伽门农之争就不难看出,战胜一方的将领分配荣誉礼物,再没有什么财物比从失陷的城池宫殿里被赶出的王家女俘更有分量。

我和这孩子变成战利品,叫人运走,我们由高贵的身份降落到奴隶的地位,这变迁真不小啊!(特614—615)

享过福又落难,思念过去的幸福更使我伤心。(特639—640)

老王后奉劝儿媳忍辱负重,嫁与皮洛斯,把赫克托尔的孩子养大,他日恢复特洛亚王权。她切切地多叮嘱一句:"不要再理会赫克托尔的命运,你的眼泪再也救不了他。"(特697—

698）一味掏心掏肺的表白从前救不了赫克托尔，哀悼和眼泪如今也不能拯救特洛亚王族，老王后的提议与赫拉对付宙斯的政治手段相仿："奉承新主子，用你的丰姿诱惑他。"（特700）政治手段足以拯救特洛亚王族吗？无论如何，安德洛玛克沉浸在丧夫的殇痛里，无力担负此等使命：

亲爱的赫克托尔，论门第，论才智，你是我最得意的丈夫，你家资富有，为人又英勇。当你从我父亲家里把我迎接过来，配成亲眷时，我正是一个白璧无瑕的女儿。（特673—676）

这时传来更坏的消息。希腊人决定把赫克托尔的独子从塔楼摔死，以免那孩子将来长大复仇。反抗没有用："你最好默默忍受这命运，不至于使他的尸首不得掩埋。"（特735—736）安德洛玛克大哭一场，"才丧失了孩儿，又要去举行那美丽的婚礼"（特779）。她的不幸打动了敌人的传令官："那女人竟惹出了我许多眼泪，她离开海岸时大声哭唤她的祖国，还向赫克托尔的坟墓道一声永别！"（特1130—1132）甚至来不及亲手埋葬早夭的孩子，安德洛玛克就这样匆匆永别了故乡。

5　欧里庇得斯讲古

夏特莱广场正对塞纳河。对岸即是古监狱。广场两边的剧院始建于奥斯曼时期，东边的市立剧院，西边的夏特莱剧院，都依次临到了闭门修复的时候。每次经过，我总会想到里维特的另一部黑白电影《巴黎属于我们》(*Paris nous appartient*)。男主人公站在市立剧院的屋顶上，转头俯瞰广场和河上的桥。巴黎就在脚下。那真是意味深长的一幕。在那一刻，男主人公（以及电影里的所有年轻人）还存有"巴黎属于我们"的一点念想，他执导的戏即将在首都的戏剧殿堂上演。他不知道他后来失望了，放弃了，他也不知道他本人还自杀了。又或者，他是知道的，他只是不知道自己知道，这让他眼底总带有一抹忧郁。

我们站在广场上，继续一路走来的话题。我说："至少在《特洛亚妇人》里，欧里庇得斯写安德洛玛克没有跳脱荷马诗中的设定。"我举《伊利亚特》最后一卷结尾处为例。安德洛玛克的挽歌里准确说及她和小儿子的悲惨下场——

这些人很快就会坐着空心船航海,

我也是其中一个。孩儿啊,你跟着我同去

做下贱的工作,在严厉的主子面前操劳,

或是有阿开亚人抓住你的胳膊

把你从望楼上扔下去,叫你死得很惨。(伊 24:731—735)

贾非说:"是的。不过我们常常难免忽略一个事实。公元前8至6世纪的特洛亚英雄诗系无不写过这些故事,只不过仅有荷马的诗传到今天。《库普利亚》(*Κύπρια*)交代战争的缘起和前九年战事,很可能写到安德洛玛克在战乱中失去父母兄弟以及嫁给赫克托尔的经过。我们从后人援引的一段残篇知道,《小伊利亚特》(*Ἰλιὰς μικρά*)中肯定写到皮洛斯带走安德洛玛克并杀死赫克托尔的儿子。因此更准确说来,欧里庇得斯没有跳脱古代英雄诗系传统的故事设定。"

我抬头,圣雅各伯白塔高高耸立在夜空。我明白贾非不是在计较某个更准确的说法,他有意强调的细微分别与刚才打断我的话有关。我试着纠正自己:"虽然如此,在《特洛亚妇人》里,安德洛玛克有典型的欧里庇得斯式的心理斗争,这在荷马诗里不可能有。"

> 我自己沽名钓誉，虽攀得很高，可是啊，我何曾达到那圆满的幸福？凡是一个妇人所应得的贤淑德行，我在赫克托尔家里全然无缺。（特643—646）

在欧里庇得斯笔下，安德洛玛克声称虽有妇德的美名，却未享受实在的幸福。她谨守妇道，顺从丈夫，终日"照料家务，纺线织布"（伊6:491），"抑制欲望，长久待在家里，不让女人家的花言巧语进我的门"（特650—651）。安德洛玛克对赫克托尔言听计从，"用缄默的口舌和安详的眼光来对待丈夫"（特654）。如此赢得的美名却招来最坏不过的耻辱和灾难。皮洛斯听闻她的美德，选中她，要拿她去做妻子。皮洛斯原该是安德洛玛克最有理由惧恨的敌人呵！且不说他的父亲阿喀琉斯杀了安德洛玛克的至亲（父母、兄弟和丈夫），皮洛斯本人还在神坛上杀死普里阿摩斯王，又亲手把阿斯提阿那克斯摔下望楼。"我这点好名声传到希腊军中竟把我害了。"（特657—658）在欧里庇得斯笔下，安德洛玛克通过苦涩的告白，对从前在特洛亚过的那种模范夫妻生活方式发出自省。某种程度上赫克托尔追求荣誉的英雄理想似乎也一并受到质疑。显然，这在荷马诗中不可能有。

贾非说："荷马诗中没有人物的心理斗争，也绝无可能像欧里庇得斯那样让安德洛玛克公开恨海伦：'你真该死，你那太漂亮的眼睛，竟自就这样可恶地毁灭了特洛亚闻名的郊原'（特771—772）。这就像圣经的好些叙事，让我们以为是脱离某个特定年代的，也因此而适用于所有年代。隐约，若有若无，向一切可能开放。简约到极致，简约到让人非要用'现代'来形容。"

我尝试推进我们刚刚达成的共识："欧里庇得斯对荷马做出的理解，正是让公元前415年的雅典人可能引发共鸣的东西。"

贾非赞同地说："欧里庇得斯表现从前的故事，心里想着现实的问题。所有传世作者莫不如此。就在《特洛亚妇人》头演前一年冬天，雅典人就像当初希腊人摧毁特洛亚城那样无情摧毁了一个名叫墨洛斯的小国，他们屠杀当地的所有成年男子，将妇孺沦为俘虏。雅典人坐在剧场里听着特洛亚妇人的哭声，很难不去想新近发生的那场战争。我想，基于某些相类似的原因，萨特在二战期间搬演《特洛亚妇人》也大受欢迎。"

诗人借安德洛玛克之口发出谴责:

你们希腊人啊,你们曾发现残忍的行为不合希腊精神,为什么又要杀死我这无辜的孩儿呢?(特764—765)

在开场中,海神波塞冬也发出警告:

你们这凡间的人真愚蠢,你们毁了别人的都城,神的庙宇和死者安眠的坟墓:你们种下了荒凉,日后收获的也就是毁灭啊!(特96—98)

不难想象如此意味深长的话在彼时雅典人心头激起的震撼。同样,在《安德洛玛克》里,针对斯巴达王墨涅拉奥斯的严厉批评也真实反映了雅典人反感斯巴达人的心情:

你们在一切人眼里的最可憎的人,斯巴达的居民们……你们不正当地在希腊占着势力。(安445—450)

我们穿过夏特莱广场,从兑换桥过河,在西提岛向右拐,沿着斜斜的钟表河岸,一直走到太子广场。这个呈长长三角形的广场嵌在西提岛最西边的尖角上,下雨也好,晴天也好,总带着那么一股超乎现实的安静气息,就像一幅马格利特的画,与岛上另一头的圣母院判若两个世界。

我们在树下小坐。夜归的鸟飞回花园里的树上。我揣摩贾非的话,犹疑地问:"你是想说,既有欧里庇得斯理解荷马的方式,也就有后世其他作者理解荷马的方式……比如拉辛?"

一只鸟从我们右边飞过。与此同时,贾非脸上掠过一丝狡黠的神情:"别急!让我们先看看欧里庇得斯接着讲安德洛玛克的故事。"

6 多少旧愁新恨

《安德洛玛克》换了故事发生的地点。安德洛玛克已经远在他乡,在佛提亚地方做了皮洛斯①的妾,生下一子。斯巴达公主赫耳弥俄涅是明媒正娶的妻,不能生育,趁着丈夫外出,意欲加害那母子二人。安德洛玛克两度落难,都可说是海伦的

---

① 在欧里庇得斯的诗剧里,阿喀琉斯之子名叫涅俄普托勒摩斯($Νεοπτόλεμος$),实乃同一人。

干系：第一次是因海伦而起的战争，第二次则因海伦的女儿。她无处求助，只得藏起孩子，一个人躲在忒提斯女神庙避难。

第一场戏是发生在两个女人之间的争辩。对峙的双方远非势均力敌：一个是合法婚姻里的主母，一个是战争中分配到的女奴；一个是从特洛亚生还的显赫英雄墨涅拉奥斯和海伦的独生女儿，一个是希腊人惧恨交加的仇敌赫克托尔从前的妻。赫耳弥俄涅不能忍受丈夫把床席分给别的女人，何况这女人是"一个女奴和用枪尖获得的女人"（安155），一个蛮夷种族（安173）："因了你的法术我为男人所不喜欢，因了你使我的肚子不生育。"（安157—158）赫耳弥俄涅骄纵跋扈，一张口就教训安德洛玛克，百般轻辱，这不仅因为她身份尊贵，年轻貌美，还因为她有显赫的斯巴达娘家做后盾，她甚至连佛提亚夫家也不太放在眼里。安德洛玛克据理力争，反驳她令丈夫讨厌怪不得别人，全因本人欠缺德性（安208），不懂得在必要的时候克制自然爱欲的冲动，不肯隐藏"无厌的枕席的欲望"（安218）。

——你不肯沉默地受着恋爱的苦痛么？
——什么！不是每个女人把这放在最先头的么？

——是的,若是和女伴们要好不妒忌,否则就没有光彩。
——我们不用蛮夷的法律治理这城市。(安 240—243)

本是两个女人争宠的爱情戏码,在欧里庇得斯笔下很自然地升级为政治事件。墨涅拉奥斯出场,以孩子作要挟,迫使安德洛玛克主动走出神庙。他执意杀安德洛玛克,不仅是为女儿撑腰,更因为"这是一件很大的糊涂事:去留下敌营里出来的敌人"(安 519—520),唯恐"蛮夷种族的人将来做了希腊人的王"(安 665—666)。皮洛斯的祖父佩琉斯赶到,救下安德洛玛克母子,并赶走墨涅拉奥斯。赫耳弥俄涅恐怕丈夫回来怪罪,跟随表亲俄瑞斯忒斯逃回斯巴达,殊不知俄瑞斯忒斯在德尔斐埋伏杀死了皮洛斯。老人佩琉斯一连失去儿子和孙儿,仅剩一个私生的重孙摩罗索斯($Μολοσσός$)。他的海神妻子忒提斯在终场时现身,预言家族的未来——

他乃是埃阿科斯家系唯一遗留的人了。从他生出来降有许多国王,一代代幸福地统治摩罗西亚,因为,你的和我的各族不该断绝,而且特洛亚的也是如此。因神们还是顾念着它,虽然因了帕里斯的愿望它已经陷落了。(安 1246—1252)

依据女神预言,安德洛玛克要再嫁给特洛亚人赫勒诺斯。他们要带着两族共同的独子,世世代代统治某个希腊城市摩罗西亚(Μολοσσία),字面意思是"摩罗索斯的国"。安德洛玛克大难不死又一次活了下来,尽管她羡慕那个被希腊人杀了献在阿喀琉斯坟前的特洛亚公主(特630—631),情愿当初不必活着走出山河破碎的故国,但命中注定她是本族最后幸存的人。男人们在特洛亚战争中遗留下的问题,要在安德洛玛克这个女人身上得到解决。

7 记忆停顿时

我们过了新桥到了左岸,沿着太子街,笔直进入拉丁区的心脏。

在碧西街角,有人坐在那家名字就叫"碧西"的老咖啡馆前,低头唱一首甘斯布(Serge Gainsbourg)在1970年代写的老歌《溺水的女人》(*La Noyée*)。

记忆的河上你改道走了。

我跑在岸边喊你回来。
可你渐渐远去。我一路狂奔
一点点追赶丢失的地盘。

你不时陷进不安的水波,
被绊住,犹豫,你在等我。
你把脸藏在撩起的裙间,
怕被人看穿,羞涩还是遗憾。

你一个飘零水上的可怜人,
我做了你的奴隶跳入河,
记忆停顿时,一切碎了,
遗忘的海洋让我们重逢。

  一个人在岸上追赶心爱的人。她浮在水上,依着河水而去,身上裹着那条最美的裙子。那人眼看就要追丢了,因为河流总有偏移和改道,还因为河水要流进大海,而河岸总有尽头。如何可能挽回一个正在失去的爱人,或者更重要的,如何可能挽救一段正在忘却的记忆?乃至于一个过去的时代,一种过时的生活方式?

我们在人群中停住脚步侧耳倾听。歌者是个小个子男人。他倚墙而坐，一身黑衣，络腮胡子，眼皮有些浮肿，挺丑的脸上流露出伤感，有一丝让人动容的温柔。这一带曾有林立的小酒窖和咖啡馆，号称左岸精神的发源地。如今露天集市还在，蔬果铺加书店画廊，从来是时髦快乐的地方，到了夜晚愈发地闹热起来。

一曲唱罢，人声依旧喧哗。人群里总是最有情也最无情。

贾非说："甘斯布是真正的诗人。他用情歌的方式探究最为严肃的问题。"

我应声说："是呢，好一首安德洛玛克的歌。"

我突然想起在蓬皮杜中心看过一幅马格利特的小画。一片海，沙滩上支着一个画架。画布上的风景与现实中的风景连成一片，只有画框在提醒我们那里有一幅画（并且，从技艺而言，那是模仿真实的完美无缺的作品）。画架的左边有一块石头，右边升着一堆火。火光映照在画上，犹如柏拉图洞穴神话。那真是有关属人的认知再贴切不过的譬喻。那个画框明明白白地标注着属人的限度。我们几乎不可能做到无可指摘。而即便做到了，也只是截取到真实的一个片段。属人的认知并且永带着引为自诩的火光。那火光的影子如同风景上的一点污迹,让我们再也看不见画框以外的乌云所孕育的风暴,看不见真实的天空和海洋本没有边际。站在那幅马格利特取名为"美丽的女俘"(*La belle captive*)的小画前,我一度受到彻底的震撼,想要大喊大哭出来。现在突然在人群里听到一首歌,溺水的女人,犹如美丽的女俘的孪生姐妹,那么温柔那么酸楚地说起人的认知(或记忆)限度,让我有难以言喻的心情。

我们一直走到圣日耳曼大街的十字路口。等红灯的时候,贾非说:"你刚才说的有一点意思很好。荷马通过赫克托尔的预言界定了安德洛玛克的一生,也以此界定了后世诗人的想象。安德洛玛克的故事里只有一个男主人公就是赫克托尔。她多次改嫁,却从来都把赫克托尔当成唯一的丈夫。另一方面,荷马诗中有关这对夫妻的故事接近完美,后来诗人几乎无人敢重写赫克托尔在世时的安德洛玛克,也无人敢不写安德洛玛克对赫克托尔在世时的记忆。欧里庇得斯如此,维吉尔如此,拉辛同样如此。这构成一个悖论。书写安德洛玛克无疑是历代诗人的一大挑战。"

8 何必机器降神

在欧里庇得斯笔下,安德洛玛克开场时就坐在祭坛的台阶上哭悼赫克托尔,并且直到退场,安德洛玛克都在绝望无助中反复不停地哭悼赫克托尔。

(开场)亚细亚地方的精华,忒拜的城市呵!我以前曾从那里带了许多金饰华贵的妆奁到普里阿摩斯的王家,给赫克托尔做生儿育女的妻子。在从前时候是被人钦羡的安德洛玛克,但现在乃是最不幸的女人,在一切曾经或将来存在的女人中间。(安1—6)

(退场)啊,我的丈夫呵,丈夫呵,我多么愿望得你的手和枪做我的帮助呀,普里阿摩斯的儿子呵!(安523—525)

虽系标题女主人公,安德洛玛克在第三场戏开头早早地退了场,把舞台让给别的人物和别的故事。这是因为,哭悼赫克托尔是一个没有发展前途的故事。安德洛玛克自比为死去之人,永远停滞在某个死去的时代:

正当佛律癸亚人的不幸城市和我那有名的丈夫被毁灭时，我已经毁灭了。（安454—456）

一个已死之人如何推动故事情节的发展？欧里庇得斯要继续写安德洛玛克，就要让她的生活继续下去，让她面临新的生存危机，有新的恐惧和威胁。

拯救摩罗索斯是让安德洛玛克活下去的动力，哪怕那是不情不愿的第二次婚姻生下的孩子。即便在前两场戏里，推进情节冲突的也不是失去赫克托尔的往事，而是安德洛玛克作为母亲即将失去孩子的灾难。她心甘情愿为他赴死（安414）：

以前我也受着种种忧患，总有一个希望引着我，只要我的小孩健在，我可以找到什么对于忧患的解救和援助。（安26—28）

她暗中去找帮手，也就是皮洛斯的祖父，本地真正掌握王权的佩琉斯。她说服使女想办法报信："你可以找到许多方法，因为你是女人。"（安85）她在赫耳弥俄涅面前假意"信托"（安269,270）那个注定信托不得的皮洛斯——他未曾从祖父手里正式接过王杖,他从一开场就不在家,并且永远回不了家。

特洛亚之后,整个希腊世界面临严峻的可持续发展危机。这直接表现在三大英雄世家欠缺继承人的共同隐患上。阿喀琉斯之子皮洛斯除女奴所生的私生子以外没有子嗣。墨涅拉奥斯只有独女赫耳弥俄涅。阿伽门农的独子俄瑞斯忒斯被迫与赫耳弥俄涅解除婚约,也就失去唯一可能的联姻对象,因为他犯了弑母罪,神谕指示他只能从亲戚中间娶妻(安974—975)。欧里庇得斯的前三场戏似乎有意模拟古典时期雅典人的法庭辩论。第一场,原告赫耳弥俄涅不敌被告安德洛玛克的自我申辩。第二场,墨涅拉奥斯代女出场迫使安德洛玛克屈服。在安德洛玛克退场的第三场,匆匆赶到的佩琉斯与墨涅拉奥斯针锋相对,分别代表应对危机的两种不同姿态。从妇人之争到王者之争,欧里庇得斯一步步阐明悲剧的内在问题。

斯巴达王坚决反对让"蛮族"进入希腊文明。$\beta\acute{a}\rho\beta a\rho o\varsigma$一词反复出现在斯巴达人口中,用来贬低安德洛玛克。墨涅拉奥斯如此(安650,665),赫耳弥俄涅如此(安173,243),赫耳弥俄涅的乳母亦如此(安870)。赫耳弥俄涅对安德洛玛克的辱骂很有代表性:

你竟这样荒唐,敢去和杀了你丈夫的人的儿子去同床,给那凶手生下儿女来。蛮夷种族都是如此的……这些事都是没有法律制止。不要把这带进我们这里来,因为这在我们算是不对的。(安169—177)

雅典法庭采取民主方式,原告被告在辩论中各自申诉,陪审的市民在公平听讼之后投票表决。但欧里庇得斯笔下的三场辩论更像徒有其表。安德洛玛克在第二场束手就范,乃是迫于墨涅拉奥斯的威吓,"没有法律的裁判"(安567)。佩琉斯虽在第三场让墨涅拉奥斯败下阵来,不料还有第四场戏,俄瑞斯忒斯杀死皮洛斯,带走赫耳弥俄涅。民主法庭的公正裁决终究没能解决悲剧提出的内在问题。

究竟是在持守传统中走向自我消亡,还是以异己力量补充垂老的生命?正当佩琉斯为孙儿的死讯痛心疾首:"再没有我的种族了,再没有子孙留在家里了……再没有我的城邦了,这王杖我抛在地上!"(安1177,1222—1223)忒提斯女神从天而降,解决人间的问题。这是欧里庇得斯的惯常做法,肃穆的转为诙谐的,戏谑里带着无奈:

神们做出的许多事出乎人的意料。我们以为应有的并不曾实现,所不曾期待的事神给找着了出路。(安1284—1286)

9　埃涅阿斯问路

欧里庇得斯遇到的困难,维吉尔同样遇到了。

《埃涅阿斯纪》卷三讲述了两群流亡的特洛亚人在异乡重逢的经过。埃涅阿斯在旅途中经过赫勒诺斯统治的希腊城市。他上岸后,先看见安德洛玛克——

> 她在一条也叫西莫伊斯的河边向亡夫赫克托尔供献祭品和牺牲,在他的衣冠冢旁召唤他的亡魂,这空墓上铺着绿草,墓前还设了一对祭坛,以表达她的悼念。(埃3:301—305)①

维吉尔笔下的安德洛玛克同样从头哀哭到尾。她虽嫁给赫勒诺斯,依然在哀悼赫克托尔。她看见埃涅阿斯远远走来,一身特洛亚人的甲胄,以为看见特洛亚故人的亡魂,昏死过去,

---

① 本书中的《埃涅阿斯纪》(简称"埃")引文采用杨周翰先生的译本(人民文学出版社,1984年),个别译文略有调整。

并在醒来时急忙打听起赫克托尔。"她泪流满面,整个地方充满她的哭声"(埃 3:313—314)。"她不住地流泪,滔滔不绝地说着话,但又有什么用处呢?"(埃 3:344)

有别于欧里庇得斯,维吉尔笔下的安德洛玛克不仅哀悼赫克托尔,也哀悼他们共同生养的儿子。尽管她顺带提到"受皮洛斯轻侮,在奴役中给他生儿子"(埃 3:327),但她一心只挂念当初从望楼摔死的阿斯提阿那克斯。临别时,她送礼给埃涅阿斯的儿子:

> 你是这样像我的孩子阿斯提阿那克斯,现在只有你能使我想起他的容貌。他的眼睛,他的手,他的脸,和你一模一样,他现在要活着也跟你一样岁数,快成人了。(埃 3:488—491)

维吉尔绝口不提安德洛玛克为第二个丈夫所生的孩子,而着重说起一个新人物,也就是安德洛玛克的第三个丈夫,特洛亚人赫勒诺斯。他是普里阿摩斯的儿子,赫克托尔的亲弟,阿波罗的祭司,和孪生姐妹卡珊德拉一样通神谕。在短短的篇幅里,维吉尔两次提到赫勒诺斯在希腊重建特洛亚城,一次借安德洛玛克之口,另一次则是埃涅阿斯亲眼所见:

赫勒诺斯为了纪念特洛亚人卡翁，把这片田野称为卡翁之野，把他的全部领土称为卡俄尼斯，又在这山脊上仿特洛亚王宫而造了这座宫殿。（埃3:334—336）

我（埃涅阿斯）一面走着，一面认出这竟然是小小的特洛亚城，有一座仿雄伟的特洛亚王宫而造的宫殿，有一条干涸的小河也叫克珊托斯。我在斯开埃城门下亲吻门柱。（埃3:349—351）

在古代英雄诗系传统里，赫勒诺斯堪称特洛亚人的叛徒。依据普罗克洛斯援引《小伊利亚特》的残篇，奥德修斯一度抓住他，让他和盘托出特洛亚终将失陷的神谕。他向希腊人告密，帮助他们找到攻城办法。索福克勒斯的《菲罗克忒忒斯》有两次提及此事（菲606,1340）。特洛亚亡城之后，赫勒诺斯成了皮洛斯的亲信。有别于欧里庇得斯，同样也有别于拉辛，维吉尔给予他非同一般的关注。恰恰是这个特洛亚的叛徒在亡国之后造出新的特洛亚城，也恰恰是这个新特洛亚的建城者成为给埃涅阿斯指路的人。赫勒诺斯领着他去阿波罗神庙，为他转达神谕，向他预言前往意大利的征途（埃3:374—462）。

与赫勒诺斯重逢出自埃涅阿斯本人向狄多女王所讲的故事。维吉尔笔下的主人公，身为流亡的特洛亚人不得不面临一个迫切的政治问题：特洛亚代表一个死去的时代和一种死去的生活方式，究竟要像安德洛玛克那样在余生中哀悼故国的逝去，还是像赫勒诺斯那样在异乡重建一个新的国度？我们不难理解埃涅阿斯的选择。他最终狠心离开狄多，正如奥德修斯在七年之后离开卡吕普索的孤岛。事实上，他初见狄多时已讲过，就在特洛亚失陷的当夜，赫克托尔的亡魂托梦给他，劝他赶紧逃离，漂洋过海在异乡重建伟大的城邦（埃3:268—297）。

10　拉辛跑题否

一个异邦女子所生下的移民后代对深陷传承危机的希腊世界意味着什么？一个流亡的特洛亚人如何在外乡重建一种合理有效的生存方式？从某种程度来说，欧里庇得斯和维吉尔讲安德洛玛克的故事，讲到一半都"跑题"了。他们不约而同地跳脱出个体的自然爱欲冲动，转而关怀共同体的政治生存危机。

我问："那么拉辛呢？拉辛似乎是做出根本性转向的那个人。他更关注个体自然爱欲的生发进程，他似乎只对谈情说爱感兴趣。"

没有戏的晚上，奥德翁剧院一带格外冷清。我隐约想起1962年拉辛的《安德洛玛克》在这里上演。那是在巴洛尔（Jean-Louis Barrault）担任剧院院长的十年间。他不但上演埃斯库罗斯、拉辛和莎士比亚，也积极介绍尤奈斯库和贝克特的荒诞派戏剧，乃至热内的备受争议的《屏风》。他在1968年支持学生攻占这座"资产阶级戏剧大本营"，被马尔罗罢免丢了职务。奥德翁剧院成为与索邦大学齐名的学运重镇。

贾非笑答："我想我们现在可以让拉辛正式登场了。谈拉辛无疑有好些进入方式。就我们的话题简单说来，拉辛的安德洛玛克故事关注爱的没有回报。归根到底，这是基督宗教传统里的老问题。"

我们站在拉辛街和高乃依街的十字路口，背后是那个排列着七根大圆柱的剧院门廊。不得不承认，这是谈论拉辛的好地方。

11　四角关系

"俄瑞斯忒斯爱赫耳弥俄涅，赫耳弥俄涅爱皮洛斯，皮洛斯爱安德洛玛克，而安德洛玛克只爱那死去的赫克托尔……"①拉辛的《安德洛玛克》以一条四角关系的爱的单向链，为后世的爱情叙事开创了某种情节套路。每个人物均陷入自然爱欲中无法自拔，并且不可能从爱的对象身上得到回报。每个人物均身兼两种身份，一是身为共同体成员的政治身份，一是发端于个体天性自然的有情人身份，这两种身份之间毫无例外发生了剧烈冲突。

俄瑞斯忒斯是希腊派来的使者，要求皮洛斯交出赫克托尔的遗子阿斯提阿那克斯，与此同时，他还深爱着被婚配给皮洛斯的赫耳弥俄涅，想把她伺机带走，尽管这有悖出使的使命。在俄瑞斯忒斯心中，希腊人的国家利益远不如赫耳弥俄涅的个人意愿更值得效忠：

全希腊的美名不过是泡影，
若我沦为伊庇鲁斯的笑柄。（玛 773—774）②

皮洛斯从特洛亚回乡已一年。眼下要么交出孩子，与他不

---

① Raymond Picard, Préface, *Racine, Andromaque*, Gallimard, 1950, p.12.
② 引自拉辛的《安德洛玛克》（简称"玛"），并随文标注出处行数。

爱的赫耳弥俄涅成婚,遵守与希腊的盟约;要么听从他对安德洛玛克的无望的爱,保护那个孩子,公然与希腊为敌。在政治与爱情之间,皮洛斯同样选择爱情,为了换取安德洛玛克的"一个稍微和缓的看待"(玛290),他情愿被整个希腊所怨恨——

> 纵使希腊人又要漂洋过海一次,
> 派出万千只兵船索要你的孩子,
> 纵使为海伦流过的血又要再流,
> 十年战争眼看烧尽了王城宫楼,
> 我绝不犹疑……(玛282—287)

至于赫耳弥俄涅,她本该奉守斯巴达公主的本分:"顺从才是光荣"(玛826),却为情所困,对皮洛斯爱恨交加,以至于"放弃希腊,斯巴达,我国的疆土和我的全家"(玛1601—1602)。

在拉辛笔下的人物身上,政治理性在与自然爱欲的冲突中一次次无条件地落败。安德洛玛克也许是个例外。她在流放地哭悼亡夫赫克托尔已整整一年。

一个女俘终日愁惨,也会自行生厌。(玛301)
赫克托尔从前燃起我爱的火花,
现如今全随他深埋在坟墓地下。(玛869—870)

但安德洛玛克还有阿斯提阿那克斯。这孩子是"赫克托尔和特洛亚留下的唯一宝贝"(玛262);"他活着像给我换了一个父亲和一个丈夫"(玛279);"这孩子活像赫克托尔,是我仅有的快乐,是他留给我的爱情证物"(玛1020—1021)——

她总亲吻那孩儿说:"这是赫克托尔呀!
这是他的眼他的唇他的勇敢忠贞,
这是他本人。我在亲吻你啊爱人!"(玛656—658)

安德洛玛克把对丈夫的全部哀思寄托在儿子身上。为了这孩子,"苟延我的性命和我的悲惨"(玛377)。然而,希腊人想要这孩子的命以绝后患,而皮洛斯提供的保护是有代价的。安德洛玛克陷入两难:究竟要忠于亡夫至死不渝,还是为挽救孩子屈从皮洛斯的求婚?

女仆劝说安德洛玛克,不要顾虑死去的赫克托尔——"把贞洁看得过高反让你有罪,就是你丈夫本人也会劝你心软"(玛986—987),而要去争取眼前的皮洛斯——"你秋波一转足以使赫耳弥俄涅和全希腊乱作一团"(玛893)。女仆的见识与欧里庇得斯笔下的老王后赫卡柏相仿,安德洛玛克应该使用政治手段完成赫克托尔的心愿,"让特洛亚复兴,在你保全下来的这个儿子手里复兴"(玛1054—1056)。皮洛斯确乎承诺过,成婚之后要协助安德洛玛克母子恢复特洛亚王权(玛330—332)。

然而,比起重建特洛亚王权,安德洛玛克显得更在意儿子的人身安危和灵魂救赎:"如此宏图再也不能让我们动心。"(玛333)她始终难忘特洛亚亡城之夜,"那惨酷的一夜,那对一个民族来说永恒的一夜"(玛1001—1002)。她也始终难忘皮洛斯在那天夜里"两眼放光,浑身是血"(玛994,1006)的杀人模样。但她小心翼翼不让孩子知道皮洛斯是家族仇人,恐怕仇恨连累了他(玛1034),情愿他将来"不要考虑为特洛亚亲人报仇"(玛1123)。她在赫克托尔的空家前下了决心(玛1052)。为了救孩子,她将与皮洛斯成婚结盟,但在行婚礼之后自尽。她决心以死偿还对所有人的义务——

命中注定我要把自己牺牲,
我要向皮洛斯交付这段残生,
交换得他在圣坛上的信誓,
与我的孩儿结下盟约永世。
不祥的人呵,我却要当场
亲手了断这不忠人生的无常,
留个声名清白,尽了本分,
不欠新夫亡夫幼子或我本人。(玛 1093—1101)

这就是安德洛玛克的"无罪的计谋"(innocent stratagème,玛 1101)。无论对死去的赫克托尔,还是对危难中的阿斯提阿那克斯,安德洛玛克的爱毫无保留且不求回报。

赫耳弥俄涅怨恨皮洛斯负心,责令俄瑞斯忒斯为她报仇。在拉辛笔下,赫耳弥俄涅的戏份比安德洛玛克有过之而无不及。俄瑞斯忒斯以为赫耳弥俄涅回心转意,决心不顾国家利益挑起战争:"让整个希腊重新燃起战火……你来做海伦,我就是阿伽门农,让这个王国重现特洛亚的灾难,让世人将我们和父辈相提并论。"(玛 1158—1162)在婚礼上,皮洛斯宣誓与阿斯提阿那克斯结盟,承认他为特洛亚王。在场的希腊人狂怒不已,抢在俄瑞斯忒斯之先杀死了皮洛斯[①]。赫耳弥俄涅承受不住她所深爱的皮洛斯之死,在发狂中自尽。俄瑞斯忒斯特也在绝望中发疯。

在基督宗教传统教诲里,"爱是不嫉妒,爱是不自夸,不张狂,不做害羞的事"(林前 13:4—5)。拉辛笔下虽是一则异教传统神话故事,着意展现的恰是基督徒内在灵魂的撕裂问题。人做了命运的囚徒,神恩的临在无论如何不会取决于属人的意愿。欲求回报的爱让人走向自我毁灭,不求回报的爱反而使人蒙福。作为故事的结局,希腊英雄世家纷纷陨落,安德洛玛克做了王后(玛 1631—1635),历代君主将在特洛亚人赫克托尔的独子身上复活(玛 1075)。

[①] 拉辛在 1668 年初版中一度安排安德洛玛克在终场时重新出场。皮洛斯被杀后,安德洛玛克在大段念白里表达哀思,声称自己"竟哭悼起最强大的敌人",乃至说"皮洛斯似乎取代了我的赫克托尔的位置"。1676 年再版定本里删掉了这场戏(OC1, 1367)。

12　与大师决裂

虽与欧里庇得斯的悲剧同名，拉辛却声称维吉尔才是他写作《安德洛玛克》的主要参考对象。在分别写于1668年和1676年的两篇前言里，拉辛的开场白如出一辙：

维吉尔的《埃涅阿斯纪》卷三（引自埃涅阿斯的口述）："她低下头悲声说：'普里阿摩斯的女儿多有福啊！在所有特洛亚女人中，只有她受命死在特洛亚高墙下敌人的墓旁，用不着沦为战利品被抽签分配，用不着给胜利者做奴妾，和主子同床席！我啊，祖国化为灰烬，我飘零海外，忍受阿喀琉斯之子皮洛斯的轻侮，在奴役中给他生儿子。他又去追求勒达的后人赫耳弥俄涅，与斯巴达联姻。俄瑞斯忒斯深爱他那被抢走的未婚妻，又受着那折磨弑母者的复仇女神追逐，趁皮洛斯不防备杀了他，就在他父亲阿喀琉斯的神坛傍边。'"

维吉尔的短短几行诗包含了这部悲剧的主题，包括发生的地点、故事情节、四个主人公，以及主人公的性格。除了赫耳弥俄涅的性格，欧里庇得斯的《安德洛玛克》已足够清晰地刻

画了她的嫉妒和行为举止。(OC1，195，297)

相较于初版前言，再版前言有意进一步与欧里庇得斯划清界限："尽管我的悲剧与欧里庇得斯的悲剧同名，主题却极为不同。这也是我在悲剧里借用欧里庇得斯的唯一地方。"(OC1，197)这里说的"唯一地方"即是指赫耳弥俄涅的人物性格。

拉辛采取如此态度与彼时舆论有关。《安德洛玛克》在宫中演出大获成功，年轻的拉辛成了名，同时也招惹来不少诟病——有个名叫希布里尼（Subligny）的作家甚至还把大多数批评集中起来写成一出讽刺喜剧《疯狂的争辩，或关于〈安德洛玛克〉的批评》，① 隔年由莫里哀剧团演出。在这些诟病中，有一条即是拉辛改动了欧里庇得斯悲剧里的关键情节：安德洛玛克致力于拯救的孩子不再是她与皮洛斯所生的摩罗索斯，而是赫克托尔之子阿斯提阿那克斯。

---

① OC1，258—295。值得一提的是，"关于《安德洛玛克》的批评"（*La Folle querelle ou la Critique d'Andromaque*）固然涉及戏剧美学的理念分歧，但论辩双方显然有共同的现实目的，那就是提高舆论关注。因为这样，成名作家高乃依虽被多次援引却始终未介入论战。

再版前言就此问题专门做出辩解。首先,拉辛把"另一个丈夫"和"另一个孩子"当成安德洛玛克对赫克托尔的背叛,尽管依照古代记载的不完全统计,安德洛玛克先后共有过三个丈夫和至少五个孩子。

在欧里庇得斯笔下,安德洛玛克为摩罗索斯的性命担惊受怕,这是她为皮洛斯生下的儿子,赫耳弥俄涅想要母子二人一起丧命。但在这里,根本没有摩罗索斯:安德洛玛克除了赫克托尔没有别的丈夫,除了阿斯提阿那克斯没有别的儿子。相信在这一点上我与如今我们对这位王后的印象达成一致。大多数人听说安德洛玛克,往往只知道她是赫克托尔的遗孀和阿斯提阿那克斯的母亲。人们决不相信她还会爱上另一个丈夫,生出另一个儿子。倘若安德洛玛克流眼泪是为了另外一个儿子,而不是为了她和赫克托尔的儿子,那么,我很怀疑这些眼泪还会照样深深打动观众。(OC1,297—298)

夏多布里昂在拉辛的安德洛玛克身上看出一个虔诚的基督徒典范。贞洁的人妻,慈爱的母亲。阿斯提阿那克斯是赫克托尔留给她的唯一希望:"我要去和他一起哭一会子,我今天还未拥抱过他呢!"(玛262—264)夏多布里昂赞叹这两行诗文"如此简朴,如此可爱。这不是希腊人的趣味,更不是罗马人的趣味"[①]。确乎如此。从这个角度看,拉辛做出的改动不只针对欧里庇得斯一人,甚至不只针对特洛亚英雄诗系以降的神话传统,而显示出古希腊哲学理性传统与基督宗教启示传统的区别。不止一名古代作者写道,基于希腊国家理性的考虑,阿斯提阿那克斯绝无活命的可能,而希腊人也分明从特洛亚的望楼摔死了他。在塞涅卡的《特洛亚妇人》里,安德洛玛克试图把孩子藏进赫克托尔的坟中,但被奥德修斯识破。塞涅卡甚至还安排报信人出场讲述那孩子被摔死的现场惨状。拉辛反过来设计了一个截然不同的桥段:为了拯救她的孩子免受死刑,安德洛玛克骗过机智的奥德修斯,原来从她怀中抢走的是别人的孩子,给阿斯提阿那克斯做了替死鬼(玛73—76)。

确实我不得不做出改动,让阿斯提阿那克斯活得更久一些。不过,在我从事写作的这个国度里,这一点自由不可能不

[①] Chateaubriand, *Œuvres complètes*, Gallimard, Pléiade, 1978, p.665.

被认可。且不说龙萨让阿斯提阿那克斯摇身变成《法兰库斯纪》的主角,谁不知道,古老的法兰西王公均系赫克托尔之子的后代,我们的编年史让这位年轻的王子在故国覆灭之后幸存下来,以便成为法兰西君主制的建立者?(OC1,298)

拉辛提出的第二个自我辩解的理由更为充分,也为后世的评论家著书立论提供了证据。中世纪广为流传一个传说。法兰克王的先祖名曰法兰库斯(Francus),或法兰西安(Francion),本是赫克托尔之子阿斯提阿那克斯的传人,换言之,法兰西王室乃是古远的特洛亚王族后裔。赫克托尔由此从古代英雄谱中脱颖而出,做了中世纪传说中的"骑士九杰"(neuf preux)之首。比拉辛早一个世纪的大诗人龙萨即有一部未完成的史诗《法兰库斯纪》(*La Franciade*)。拉丁诗人维吉尔通过《埃涅阿斯纪》这一罗马建城神话叙事来追溯罗马王族的神圣祖先,也即维纳斯女神之子特洛亚王子埃涅阿斯。法兰西诗人纷纷仿效,其中拉辛溯源最是彻底,他以一出悲剧直接交代安德洛玛克如何拯救赫克托尔之子,也即法兰西王族的光荣远祖。

《安德洛玛克》的故事发生在布特罗屯王宫,位于伊庇鲁斯地区,传说中皮洛斯在希腊以外的领地。维吉尔在《埃涅阿斯纪》里讲安德洛玛克的故事同样发生在此地。这印证拉辛本人的见解。欧里庇得斯讲安德洛玛克的故事发生在希腊本土佛提亚，所思所虑无不是从希腊共同体内部生活的立场出发。相形之下，法兰西人和罗马人一样自认作特洛亚王族后代，整出戏中数次提到在外乡重建特洛亚（玛 220, 230, 330, 564）。在这场关乎政治写作意图的论辩中，拉辛在寻求参考时取拉丁诗人而弃希腊诗人，既显得自然而然又发人深省。

13　巴洛克不在的年代

到了"声讨"拉辛的时候，我反而踌躇起来。我发现，我对拉辛的偏见跳脱不了三百年前那场"关于《安德洛玛克》的批评"里已经澄清的问题。我原以为明确的东西只是某个更大格局的问题里的细节，好比巴洛克装饰里一条额外蔓延开来的花边，一味执着于那条花饰就会陷入洛可可，唯有尽可能看见整个巴洛克装饰，才会明白，再怎么追求蔓延伸张的自由，也要服从对称和均衡的根本。繁复的巴洛克造型犹如一个属人性的椭圆，永在内心召唤古典理想的正圆。

我们绕着半圆的奥德翁广场一连转了三圈。我终于打破沉默,同时为抓不住重点感到苦恼:"法国几乎没有巴洛克,不是吗?正当欧洲到处兴起巴洛克的年代,法国独自坚持一种古典主义。"

贾非没有对我的离题话显出意外。他领我走出那个小小的广场,一边接道:"那是路易十四的年代,那也是拉辛的年代。"我们走到高乃依街,街的尽头是卢森堡公园,就在奥德翁剧院背后,像一只鸟,庞大安静,潜伏在冬夜更大的寂静里。

拉辛的安德洛玛克是17世纪的观众所熟悉能认可的贵妇人形象,哀伤而虔诚,温柔又坚定。她不但有爱子在身边作为寄托,更有多情的皮洛斯时刻准备效劳。拉辛在初版前言里也承认:

我自作主张稍稍缓和了皮洛斯的残暴性格,这是因为,无论塞涅卡的《特洛亚妇人》还是维吉尔的《埃涅阿斯纪》卷二,这个人物的性格均过于极端了,我想有必要略作缓解。(OC1,197)

事实上,拉辛笔下的皮洛斯俨然脱下一身古风战士的戏装,化身为风雅剧里的贵族绅士。伏尔泰后来也批评:"若干卖弄风雅的爱情场景让人更多地想到泰伦提乌斯而不是索福克勒斯,若非有此缺陷,这出戏当为法兰西古典悲剧之首。"①

那么,拉辛不是简化了欧里庇得斯笔下的不幸吗?不是冒古典悲剧之大不韪偏偏在舞台上谈情说爱吗?虽对古希腊悲剧情有独钟,他不是做了悲剧精神的反叛者吗?

我们从沃日拉尔街进入卢森堡公园。天色暗下来,脚下的沙地愈发的白,树影在头上比夜色更黑。园里人很少。偶有一两个散步的影子从眼前淡进淡出。

面对我发出的一连串疑问,贾非显得不慌不忙,而又饶有兴致。我知道,比起回答问题,他更乐于面对问题,更在乎让提问引领思考的过程。我们一路走,他一路断断续续想到哪里就说到哪里。

在不幸或恶的问题上,欧里庇得斯显得比拉辛现代。这是就我们今天对不幸的理解而言。委身一个残杀至亲的敌人,被迫为他生子,并且在母子遭难时那人根本不可依靠,欧里庇得斯让安德洛玛克在流亡的不幸之外平添了更羞辱更复杂的命

---

① Voltaire, *Remarques sur le troisième discours de Corneille*, in *Œuvres complètes*, tome. 22,Hachette, 1893, p. 301.

运：她是个奴隶，并且从头到尾被当成奴隶对待。在这一点上，波德莱尔的理解很准确，他确乎深谙恶的秘密。

> 安德洛玛克，从伟丈夫的怀里坠下，
> 落在高傲的皮洛斯手心，如低贱的畜
> 蜷着身，恍惚地枯守一座空冢；
> 赫克托尔的遗孀哎，沦为赫勒诺斯的新妇！

拉辛的悲剧部部有典可考，拉辛笔下的悲剧人物却大大有别于古代经典的样貌。我们常常忽略，希腊人最终在婚礼上杀死皮洛斯，这就如国家理性对爱情冲动的某种惩罚。其他剧中人物因为陷入爱的疯狂而纷纷自我毁灭，唯独有德性有节制的安德洛玛克活了下来。其他剧中人物的爱欲没有孕生或传世的希望，唯独安德洛玛克有机会传下世代为王的子女后代。在政治理性与自然爱欲之间，拉辛的判断有别于拉辛笔下的人物。还有一点，拉辛的爱情戏不只违背古典悲剧规范，还公然与同时代另一种谈情说爱的文坛风气大唱反调。彼时的观众习惯从《阿斯特莱》(Astrée)这样的田园史诗小说里走出来的完美情人形象。他们甚至无法接受皮洛斯对安德洛玛克难得发一次火,说几句狠话。为了解释皮洛斯不是《阿斯特莱》的男主人公,温柔殷勤的塞拉东(Céladon),拉辛甚至援引了亚里士多德的《诗学》为自己辩解:

> 亚里士多德从不要求塑造完美英雄,而要求塑造悲剧人物,也就是说,这些人物的不幸营造出悲剧性的灾难,悲剧人物既不能全好,也不能全坏。他们不能全好,因为惩罚一个好人会引起观众的怜悯和愤慨。他们也不能过分地坏,因为没有人会同情恶人。他们有一般程度的善,有不无弱点的美德,由于犯错而陷入不幸,让人怨叹而不惹人厌恶。(OCl, 197—198)

在当年的古今之争中,拉辛可是很重要的崇古派!他行之有效地贯彻亚里士多德的诗学理论。有趣的是,我们今天说到拉辛,首先想到的不是他仿古,而是他做新,如此矛盾的表象本身不是耐人寻味吗?拉辛一心思慕古希腊文学,同时知道这等理想不可能为他的时代所接受。众所皆知,他是为路易十四作传的人,他显然有能力触摸到那个时代最为严肃的问题。他确乎也尽了全力。《安德洛玛克》献给在路易十四宫中极为受宠的英格兰亨丽埃特公主（Henriette d'Angleterre）。不妨说，爱情话题迎合凡尔赛王宫的主流趣味，同时又让拉辛有效地关注他真正感兴趣的问题。作为一种新传统的发端，拉辛在欠缺巴洛克精神的法国影响深远，他开出一条新路，并且后无来者。即便拒斥拉辛，司汤达不得不承认，法国空等一百五十年也没有等到第二个拉辛。① 阿尔托在20世纪奠定残酷戏剧理论，把拉辛的心理戏视为西方现代戏剧的开端。

司汤达在讨论拉辛和莎士比亚时说，索福克勒斯和欧里庇得斯是雅典时期的做新派（浪漫主义者），正如拉辛是路易十四宫廷里的做新派（浪漫主义者）。反过来，在19世纪主张仍然要模仿索福克勒斯、欧里庇得斯或者拉辛，并且认为这种模仿不会使同时代的法国人打哈欠，那就是仿古派（古典主义者）。② 阿尔托后来宣称与大师作品决裂，大致是同一意思。③ 恰恰在拉辛的年代，做新就是仿古典悲剧。关于做新，他引欧里庇得斯来为自己辩解，说《海伦》这出戏"公然颠覆

---

① 司汤达：《拉辛与莎士比亚》，王道乾译，上海人民出版社，2006年，页24—25，页112。
② 司汤达：《拉辛与莎士比亚》，页46—47。
③ 阿尔托：《残酷戏剧》，桂裕芳译，商务印书馆，2015年，页75—86，页87。

了整个希腊的共同认信"（OC1, 298），他确实找到了最佳的例子。司汤达说过，尼采说得更清楚，欧里庇得斯当年在雅典确乎成了做新派、革命派。①

我们从美第奇喷泉的背面经过。那浮雕上刻着宙斯化作天鹅与勒达相遇的事。借着一点天光，依稀可见勒达坐在水边草木丛里，端庄美丽。她没有看见角落里的爱神已然盯上了她。那只神样的天鹅翩然而至，停在浮雕的正中央，还来不及收起翅膀，头伸向水里，化成喷泉的出水口。就是那一刻吧。那一刻孕育了海伦，那个引发安德洛玛克故事的关键人物。

喷泉的水声在夜来时格外动听。我依稀记得贾非那天在卢森堡公园里还说了好些别的话。作为乡愁的化身，安德洛玛克在不同时代现身，引出新与旧转变的诸种撕裂。拉辛身体力行地探究属于他那个时代的安德洛玛克问题。我记得他谈到卢西安·戈德曼和罗兰·巴特，谈到拉辛如何再度成为二十世纪五六十年代新批评浪潮的论辩核心。我记得他长篇大段地援引夏多布里昂，并且说我们本可以更好地领会那句意味深长的话："安德洛玛克以故乡的西莫伊斯大河为一条小溪命名，在

---

① 司汤达：《拉辛与莎士比亚》，页 46—47。

这条小溪里头藏着何等动人的真相!"①

14 重要的是活下来

闭园时间到了,我们正好走到圣米歇尔大街的出口。我们出园过街,朝圣热内维尔山坡上走。先贤祠就在正前方。抬头可见一弯新月斜斜地挂在圆穹顶的上空。我一路回味贾非的话。我被深深地打动,心里的迟疑却没有化解。我们一直在讲安德洛玛克的故事,原来这是关乎新与旧的转变问题。并且,依照贾非的说法,这似乎没有标准答案。

但至少有一点可以肯定。我原以为,安德洛玛克代表乡愁,也就代表过时,现在看来,安德洛玛克没有因为追忆过去时光而凝滞不前。她经历过数次如死一般的苦难,一次次地从时代的危机里活下来。她甚至活得比谁都长久,也比谁都有生命力。

"重要的是活下来。多少好作者淹没在历史的沙尘里,多少好纷争褪尽本朝代的鲜颜。传世的经典不会僵死,必要有活

---

① Chateaubriand, *Génie du christianisme*, I, Flammarion, 1966, p.191.

水般的流动。"

> 安德洛玛克走过万众欢声，
> 把特洛亚的记忆带到神坛。（玛1445—1446）

贾非这么说时，我们站在圣热内维尔广场。我隐约想起，就在四周不远的好几处地方，拉辛也以种种方式"活"了下来。他的骨灰安放在几步之遥的圣斯德望堂。古老的圣热内维尔图书馆前厅有他的头像。不远处巴黎高师的院落里也竖着他的像。山坡下的克吕尼索邦地铁站，抬头可见天花板上他的签名，大写的R字拖成长长一撇，由红蓝的马赛克细砖拼接而成。而在拉丁区的另一头，维斯孔蒂街24号，一扇暗绿的窄门上钉着小铜牌："1699年4月21日，拉辛在此与世长辞……"

但不止如此。远不止如此。这些是看得见的标记，石头的僵硬的。还有更多无名无形的，转瞬即逝，而又源源不断。只要有人想起他的名，有人在读他的诗，只要有人演他的戏，有人看他的戏，只要有人追问古典主义，有人反思现代性，拉辛就活在那数不尽的瞬间里。当里维特在1968年通过《狂爱》宣告一种电影美学革命时，看似与拉辛无关，而拉辛形同又活了一回，活在那个喧哗与骚动的年代里。

在里维特的电影里，一对夫妻要在三周时间里排演拉辛的《安德洛玛克》。他是导演，她是扮演赫耳弥俄涅的女主角。电影里有大量镜头表现了演员聚在一起朗读、讨论和表演拉辛剧本的现场。有一支拍摄团队进场全程跟踪，记录下三周的排戏过程。女主人公不能适应现场被拍的干扰，在与丈夫发生争执之后，中途退出排演。男主人公的前妻代而担纲。随着排戏推进，男主人公与前妻的合作越来越亲密，在生活中与妻子也越来越疏远。女主人公发现自己就像拉辛戏中的赫耳弥俄涅嫉妒皮洛斯和安德洛玛克那样，无法克制地嫉妒自己的丈夫及其前妻，更进一步说，她为无法参与丈夫以戏剧为中心的日常生活而受尽折磨。里维特说，这是一出关乎嫉妒和疯狂的电影。同样的故事情节在戏里和戏外平行展开。女主人公像赫耳弥俄涅那样，在疯狂中想要自杀并杀死丈夫。

电影交叉运用两组拍摄方式。一组是纪录片导演拉巴尔特（André Labarthe）负责用16毫米胶片全程拍下话剧排演的过程，类似于他自1963年以来制作《我们时代的电影人》（*Cinéastes de notre temps*）采用的做法。另一组是里维特用35毫米胶片拍摄演员们在排戏之余的日常生活场景，并且是以尽可能客观的态度记录演员们的即兴表演。里维特本着"电影本质上是政治的"这个理念,在当时做了好些实验性尝试,诸如导演不干预演员的表演,拍电影的行为本身即是电影的主要构成部分等等。两组记录方式的交叉组合清楚地呈现出主人公的戏剧世界和现实生活互相交错发生影响的样貌。

在这部1968年的电影里,拉辛的戏剧虽以安德洛玛克为名,却是赫耳弥俄涅真正引发时人的共鸣。她感觉、观察,乃至想象丈夫的外遇。而他就像皮洛斯那样陷入没有回报的爱中,只不过,外遇的对象与其说是前妻或某个女演员,不如说是大写的戏剧本身。他不断付出,不断挫败。从某个时候起,戏剧与现实已然交缠在一处,让人无法自拔。在里维特的版本里,作为赫耳弥俄涅无法战胜的情敌,安德洛玛克从根本上已不是某个具象的人物,而干脆化身为名曰"安德洛玛克"的那出拉辛的戏。

电影的结尾耐人寻味。开演前夕,男主人公在巴黎的街上独自走了很久。空荡荡的无人的巴黎的街。一开始他还轻快地哼着歌,东张西望,但渐渐地,他的神情越来越凝重,街两边的建筑仿佛要压到身上。有那么一刻,他在街角的一面镜子前停住,认真看镜中的自己。走在巴黎的街上,这似乎对1968

年一代具有特殊的意义。与此同时，剧场里找不见导演，观众坐等在座位上，舞台上空荡荡的。

贾非说："里维特以戏剧方式思考严肃的政治问题，当代电影导演中没有人比他更深谙古典主义戏剧。他的电影里总有人在尝试排演古典戏剧，《巴黎属于我们》中也有一群年轻人在排莎士比亚的《泰尔亲王伯利克里》，同样状况连连，连性命都搭进去。我想他的思考有一点很好的意思，甚至新评论的行家们也未必能有。今人演一出古人的戏，重点不在于重新阐释，思考今人带给老戏什么，而是思考老戏带给今人什么。重点在于越是投入戏中，越能清晰地照见每个个体日常生活的撕裂。"

15　巴黎不属于我们

我们绕过圣热内维尔图书馆，沿着窄窄的石子小路下山。

我边走边想里维特的电影。《巴黎属于我们》的本意是"巴黎不属于任何人"，语出佩吉写于1910年的《维克托-玛丽·雨果公爵》[①]。如书名所显示，佩吉仿效雨果的做法，谈论

---

① Charles Peguy, *Victor-Marie Comte Hugo*, Gallimard, 1934, p. 226.

巴黎，实为谈论人群，谈论现代性世界的人的困境。无独有偶，书中长篇大段的文学批评指向拉辛和高乃依。

从什么时候起，巴黎不再属于任何人？至少可以从试图在文学中定义现代性这个概念①的波德莱尔那里算起吧。在波德莱尔书写"巴黎的忧郁"时，巴黎不再属于任何人。我隐约想起关乎希腊古人的一个说法，生活在城邦里，就是作为共同体生活的一员并且感觉自己不可或缺。②如果说拉辛还一心思慕古希腊，在波德莱尔的心里确乎没有古希腊了。本雅明说过，波德莱尔心目中的古代是罗马，是罗马而不是雅典成了与现代巴黎遥相对应的古代城邦。古希腊只有一次进入波德莱尔的视野，从女诗人萨福生活的勒斯波斯岛（Lesbos）引申出女同性恋者（lesbienne）这一现代性世界的女英雄意象。③

在他那个时代，最接近古代英雄的任务，最接近赫拉克勒

---

① Charles Baudelaire, "La modernité", Y.-G. Le Dantec(éd), *Le Peintre de la vie moderne, Œuvres complètes*, Gallimard, 1951, p.553.

② Raoul Lonis, *La cité dans le monde grec: Structures, fonctionnement, contradictions*, Nathan, 1994, p.291.

③ 本雅明:《巴黎，十九世纪的首都》，刘北成译，上海人民出版社，2006年，页161。

斯的功绩的，莫过于时代赋予他而他也心甘情愿担任的任务：阐明现代性。……波德莱尔艺术理论中的美学思考丝毫没有呈现现代主义与古典主义的相互贯通，这在《恶之花》的一些诗歌里却有所体现。在这些诗中，《天鹅》最为重要。①

写《天鹅》的波德莱尔站在新的卡鲁索广场。那一带从前是喧闹的老城区，坐落在卢浮宫与卡鲁索凯旋门之间，和所有首都心脏的街区一样龙蛇混杂，陈旧拥挤而又生气勃勃。1848年革命期间那一带发生暴力流血事件。隔年奥斯曼启动更新计划，老房子被拆，老巴黎人被迁，老城区被夷为废墟工地。本雅明分析过奥斯曼在这座19世纪的首都进行改造的政治意图，既是避免内战杜绝巴黎再起街垒的可能，也是要抹去刚发生的武力冲突在巴黎人心里留下的伤痕记忆。②波德莱尔把这首诗献给流亡中的雨果，并在开篇提起安德洛玛克，因而是"为了忘却的纪念"。

某个清晨，天空冷而明亮，一片狼藉的工地遮蔽了城市的旧模样。整个世界在慢慢睡醒，白天的劳作即将开工，满地垃

---

① 本雅明：《巴黎，十九世纪的首都》，页150—151。
② 本雅明：《巴黎，十九世纪的首都》，页52—55。

圾在死寂的空气里扬起黑风。就在那时，仿佛在神话中般的，诗人看见一只天鹅——

> 我看见一只逃出笼的天鹅，
> 蹼足擦着街石，
> 白羽毛拖在糙地上。
> 那鸟张嘴在无水的沟边，
>
> 烦躁地在尘灰里洗翅膀，
> 一心想望故乡的好湖，它说：
> "水啊，你何时才流？雷啊，你何时才响？"
> 我看那不幸的鸟，古怪致命的神话，
>
> 几次向天，如奥维德的人物，
> 向嘲弄人的蓝得残酷的天，
> 抽搐着颈，把贪婪的头伸直，
> 仿佛那是在向神发起责难！ [1]

---

[1] Baudelaire, "Le Cygne", I, pp.108—109.

奥维德的《变形记》。维吉尔的《埃涅阿斯纪》。单从诗人指明的参考文献看,天鹅就有诸多譬喻可能。从前的宙斯王化身天鹅,从前的天鹅如神一般。这才有海伦,才有十年特洛亚战乱,才有安德洛玛克的故事。然而,在波德莱尔笔下的19世纪的首都,不但安德洛玛克,连那神样的天鹅也一起做了现代性世界的流亡者。高贵的公主沦落为异乡的奴隶,洁白的天鹅坐在城市的污秽堆里,翅膀沾满厚厚的尘土,好比赫克托尔的遭遇,他活着时骑马征战何等骄傲,死后被马拖在地上,"在自己的祖国被恣意凌辱"(伊22:404)。错位的,荒诞的,不自在的,屈辱至死的。波德莱尔以诗的意象准确地譬喻现代性生活里人的困境。

天鹅对天说话,这是诗中唯一拥有言说能力的造物。芸芸众生中只有人抬头看天。看天是希腊哲学传统的标志性动作,与启示传统相悖。[①] 看天是人的理性抬头,努力地无限接近神。这让人想到奥维德的变形故事。天鹅也许就是其中的某个主人公,因僭越与神的界限,从人形贬为鸟。半个多世纪以

---

① 施特劳斯:《犹太哲人与启蒙》,张缨译,华夏出版社,2010年,页332—334。

后,卡夫卡写出另一个更彻底的现代变形记,天鹅变成一只丑陋的虫。

> 巴黎变了!我的忧郁却没有
> 一丝偏移!新宫殿,脚手架,大片城区,
> 老旧的市郊,一切在我眼里如譬喻,
> 而我珍惜的记忆比石头更重。
>
> 这卢浮宫前有个景象在压迫我:
> 我想起我的大天鹅,发了疯的动作,
> 好似那些流亡者,可笑,崇高,
> 被无尽的爱欲撕咬!我想起你,
>
> 安德洛玛克,从伟丈夫的怀里坠下,
> 落在高傲的皮洛斯手心,如低贱的畜
> 蜷着身,恍惚地枯守一座空冢;
> 赫克托尔的遗孀哎,沦为赫勒诺斯的新妇!①

---

① Baudelaire, "Le Cygne", II, pp.109—110.

安德洛玛克从维吉尔的《埃涅阿斯纪》走出来,未加修饰直接走进波德莱尔的诗里。没有新添补的故事情节,甚至没有心理言说的机会。她只是一味哭泣,眼泪流成河,这记忆的长河激活诗人的思绪。一个古代女战俘想念故国亡夫。一只流亡的大天鹅想念故乡的湖。一个当代移居欧洲的女黑人想念非洲的椰树。"他们的共同特点是为现实悲伤,对未来绝望。这种惨淡构成了现代性与古典之间的最紧密的联系。"[1] 本雅明的话不妨进一步理解为,这一点紧密然而单薄的联系也标志现代性与古典的分离。

历代作者讲安德洛玛克的故事,无论欧里庇得斯还是维吉尔,甚至拉辛,均不可避免把关注的目光投向安德洛玛克生活其中的政治共同体的命运。身为流放者的安德洛玛克在流放地没有归属感,这是波德莱尔身在巴黎想起她的原因。身为流放者的安德洛玛克必要给流放地带去意外的生机,这最终成了《恶之花》的疑问。巴黎变成一个精神还乡的重大譬喻。数不尽的安德洛玛克流浪在这个没有国族名目的现代性荒原,不再

---

[1] 本雅明:《巴黎,十九世纪的首都》,页152。

感觉自己是共同体的成员，自我否认，也被他人否认。孤儿，被遗忘在孤岛上的水手，被俘虏的和被战败的，还有其他许多人。他们是名曰"巴黎"的现代性生活里数不尽的外乡人。没有名字，他们是褪去了声名光环的安德洛玛克。但有更惨淡的，他们在记忆的河里渐渐丢失那渐渐模糊的原乡，沦为没有赫克托尔的安德洛玛克。

> 我想起那消瘦的痨病的黑女人，
> 走在泥里，迷离的眼看向
> 看也看不见的大好非洲的椰树，
> 在那堵没有边的大雾的墙后。
>
> 我想起那些丧失之后就永远，
> 永远找不回的人！那些流泪的人，
> 吸吮痛苦就如吸吮母狼的乳汁！
> 我想起如花般枯萎的瘦孤儿！
>
> 我想起被忘在孤岛上的水手，

想起被俘的和战败的，想起其他许多人！①

我们在学府路街口左拐，走过法兰西公学院，再过圣雅克街就是索邦大学。那些白色的巨石建筑屹立在藏蓝的天空下，人在暗黄的街灯影里格外渺小。我们走过佩吉当年创办《半月丛刊》的索邦街，在羊肠小道般的尚波利昂街拐弯，一连经过三家彼此毗邻的独立电影院。最里的拉丁区电影馆赶上开映点，门前排着长队。继续往上走，经过拉辛的另一处故居，小街尽头就是索邦广场。

上晚课的学生三三两两，广场上的咖啡馆相当冷清。在我念完书的那年，大学出版社书店停业。一晃十年过去，书店新近在对街重新开张，门面很小，买书的人在电脑中随选书目并现场印刷装订，人称书业革命，轰动一时。广场上还有一家佛兰哲学书店，也是开了上百年的老店。到了打烊的钟点，白天摆在门外的几只书箱收了，陈列新书的橱窗还亮着光。

贾非轻轻伸手往空中挥了挥，好似要赶什么。他见我看他，嘴角牵起一丝笑意，低低地嘟哝一声："真安静，不是

---

① Baudelaire, "Le Cygne", II, p.110.

吗？"我努力追赶上他的思绪，想象另一个索邦的样子。1968年的索邦，到处是拥挤的人潮，梯形教室里，广场上，长廊里，楼梯上，各种论辩声音此起彼伏，空气中飘浮着热情洋溢的气味。我不由得深呼吸，但吸进的只是一股冬夜的寒气。我的想象必定是浅薄的。到我上学的时候，三大与四大的比较文学系隔着一条窄窄的走廊对峙而立早已成了传奇。好比公学与大学，渐渐地一块儿笼罩在权威的光环下，渐渐地一块儿化作不朽的石头标志，渐渐地让人好似不必在意最初那些成立理念的天壤之别。

——"老巴黎不复存在，城市的样子哎，比人心变得还快？"

我笨拙地学了一句波德莱尔的话，末了带着一个大大的问号。我再次想要向他求证那个过去的年代。但他一如既往只笑而不答。

贾非说过，他们这代人赶上了好时候，遗憾的是没能为子女后代留下同样的好。贾非没有子女，但我大约能懂他的意思。巴黎人抱怨巴黎正在僵化成一座博物馆，让人百无聊赖。我想起在我常年客居的城市，转变倒是没个消停地扰乱日常的节奏，让人措手不及。我心里突然有些怅然。我明白贾非与我的这些交谈算不得什么真正的对话,既不针锋相对,也无起承转合。很多时候,我们只是一起散步各想各的。我们的想法偶有交集,更经常是南辕北辙。我很期待听他说说年轻时的事,但他终于什么也没有说。我也很想对他说说泉州,说说少时的钟楼,或西街的双塔,但我终于什么也没有说。

那天我们在夜风中站了很久。贾非念着之前没念完的诗。我静静地听。我们彼此心知肚明,不是所有的疑惑都能从一首诗中找到答案。

16 特洛亚战争将爆发

我再走进贾非的旧书店时,那盆孤挺花花事已过。花瓣枯了瘦了,只剩一点红,挂在花枝上。我恍然注意到时间的快。我在此地暂停,很快又要离开。

贾非一见我就说,那天的话题还缺一个小小的尾声。

荷马之后,几乎无人敢重写赫克托尔在世时的安德洛玛克。但也不是没有例外。季洛杜的《特洛亚战争不会爆发》讲述荷马之前的安德洛玛克故事。整出戏发生在特洛亚战事爆发前夕,安德洛玛克新嫁给赫克托尔,尚未做母亲。这出戏于1935年11月首演，包含了作者对战争的诸多思考。正式定名前，季洛杜先后想过不同的标题，诸如"海伦"、"前奏之前奏"（Préludes des préludes），还有"伊利亚特前传"（Préface à l'Iliade）。终场最后一句话确实指向荷马：

> 特洛亚诗人死了，轮到希腊诗人开始吟唱。（季551）[①]

安德洛玛克在开场高声喊出第一句话，也即作为标题的那一句话："特洛亚战争不会爆发，卡珊德拉！"——这是注定要落空的话。特洛亚战争会爆发，而巴黎不属于任何人。人心的挣扎和撕裂在现代作品的标题里头就看得分明。在整出戏里，安德洛玛克主要有四场对话。她一次次表白心愿，试图说服对方：依次是卡珊德拉（第一幕第一场）、赫克托尔（第一幕第二场）、普里阿摩斯（第一幕第六场）和海伦（第二幕第八场），一次次以失败告终。

卡珊德拉是赫克托尔的妹妹，阿波罗女祭司。安德洛玛克没能让她也赞同"战争不会爆发"。卡珊德拉虽盼望和平，却

[①] Jean Giraudoux, *La Guerre de Troie n'aura pas lieu*, in *Œuvres complètes*, Gallimard, Pléiade, 1982, p.551. 本书简称"季"，并随文标注出处页码。

洞察到战争不可避免：

> 战争就在眼前，自从满城皆是流言以来。流言说，世界和世界的走向总的来说掌握在人类手里，特别是在特洛亚的男人和女人手里。（季484）

赫克托尔刚打完前一场仗，回到特洛亚，满怀信心要去关闭战争之门。安德洛玛克告诉他帕里斯带回海伦的事。她没有说服卡珊德拉，反倒被说服了似的，担心战争之门还会打开：

> 战争在特洛亚城里，战争刚才在城门口迎接你，是战争而不是爱情把无措的我交给你。（季489）

赫克托尔不能理解她的不安，认为只要让帕里斯交还海伦就能避免战争。赫克托尔如卡珊德拉所说的，相信"世界和世界的走向"掌握在自己手里。

赫克托尔很快发现，不但帕里斯不肯交出海伦，而且普里阿摩斯以降的特洛亚男子们一致反对交出海伦。海伦在不知不觉中颠覆了每个特洛亚男人的常态，在他们身上激发出根本性的转变。在战争正式爆发以前,每个人已然在自身掀起一场名曰海伦的战争。诗人因为海伦而大大干涉城邦政治,最终直接做了战争的导火索(季503,550)。几何学家本该讲求科学的理性和精确,却因为海伦而比诗人更像诗人,把海伦的步子、肘长、目光和声音所及的距离当成唯一的丈量标准,声称特洛亚风景因为美人的来临才有了意义(季497)。德高望重的长老们本该在城门下迎接凯旋的士兵,却变成比小青年还要狂热的仰慕者,痴痴等看海伦出城(季493)。更不用说帕里斯为海伦着迷,一改喜新厌旧的本色:她不同于"特洛亚本地类型的女人",若即若离,"她在场时又不在场,这比什么都值"(季491)。就连少年特洛伊罗斯也在海伦充满挑逗的目光下迅速长大,在终场时分接替帕里斯成为新情人(季550)。

在众人面前,安德洛玛克代表"普天下的妻子"(季501)与普里阿摩斯王展开争辩,徒然地想阻止"最英勇的丈夫死在战场上"(季502)。但她不可能说服坚决主战的特洛亚男人们,于是转而请求海伦爱帕里斯,唯有如此,她即将承受的一切苦难才有正义的理由——

人类的思想和未来若是建筑在一个男人和一个女人相爱故

事的基础上，那还不算坏……若是要把岁月福祸、思想习惯和百年风俗建筑在两个不相爱的人发生艳遇的基础上，那太可怕了。爱帕里斯吧！或者明说我错看了你，说他死了你也不想活，说你情愿为救他而毁容。这样的话，这场战争只会是灾难而不至于不义。这样的话，我会尽量忍受。（季530—531）

海伦回绝了安德洛玛克，坦承自己不爱帕里斯："如果说只须有一对完美的夫妻你就能接受战争，那么，安德洛玛克，总归还有你们这一对呵！"（季533）季洛杜还原了荷马诗中的那对特洛亚模范夫妻形象，并且始终以帕里斯和海伦作反衬。在众人批评女人天生善变时，老王后赫卡柏站出来维护："让安德洛玛克清静点吧，女人的是非与她毫不相干。"（季500）卡珊德拉说赫克托尔也许只会为了安德洛玛克一人去打仗，赫克托尔则声称他们情愿自杀死在一起："安德洛玛克和我已经商量好了躲过一切牢笼彼此重逢的秘密方法。"（季498）

在季洛杜笔下，安德洛玛克一方面当众坦言，倘若赫克托尔不是她的丈夫，那么她会不顾声名美德，情愿和他私奔，为他私生孩子（季500）。另一方面，安德洛玛克又以明白无疑的动人口吻指出，夫妻相爱的日常生活本身就如一场无休止的战争：

  人在相爱时并不相和。一对相爱的夫妻，生活永是缺乏冷静的。真夫妻与假夫妻的聘礼大致一样，就是原始的不和。赫克托尔与我截然相反。我的趣味爱好他一样也没有。我们过的日子不是互相征服就是各自牺牲。相爱的夫妻是面目不明朗的。（季529—530）

  依据柏拉图的爱欲传统，相爱不是爱的必然本质。爱本来就无法分享。安德洛玛克与赫克托尔的爱情在特洛亚城绝无仅有。即便如此，安德洛玛克渴望和平和天长地久，赫克托尔崇拜战争和声名不死。他们的趣味截然不同，对生活各有期待。赫克托尔天生热爱荣誉，渴望美好的声名，"在战斗时刻感觉自己是神"（季487）。他一方面向妻子承诺战争不会爆发，另一方面又承认，战争吸引他，向他"许诺善良、慷慨"，乃至安德洛玛克"也是战争赋予我的"（季488）。赫克托尔在与希腊来使奥德修斯谈判时发现，交不交出海伦，战争都不可避免，关键问题是希腊贪图特洛亚的富庶："拥有过分金灿灿的诸神和庄稼实在不够审慎。"（季547）出人意料的是，奥德修斯声称要和赫克托尔一起阻止战争爆发,因为"安德洛玛克那闪动的睫毛和佩涅洛佩一模一样"(季549)。

然而,从古到今,妻子的眼泪鲜少阻止得了丈夫上战场。终场时分,赫克托尔亲手松开安德洛玛克捂住耳朵的手,亲口向她宣布:"战争即将爆发。"

贾非陆续从不同的书架找出季洛杜的旧书,摆在窗前的书台上。《特洛亚战争不会爆发》有格拉塞出版社在1935年的初版,此外有同一年《小插图》(*La Petite Illustration*)半月刊和《巴黎杂志》(*Revue de Paris*)月刊的预印。《巴黎杂志》同期有瓦莱里的评论专稿,将季洛杜称为"哲学家和年轻的命运神"①。这些书里有不少我不但没读过,听也是第一次听说。1919年的初版小说《埃尔佩诺尔》(*Elpenor*),故事取自《奥德赛》。埃尔佩诺尔本是跟随奥德修斯的水手,在所有同伴里最年轻,"作战不是很勇敢,也不是很有智慧"(奥10:552—560)。他死在基尔克的岛上,既不是遇到神怪,也不是遭了海难,而是自己不小心从屋顶摔死的。埃尔佩诺尔成不了古代英雄故事的主角,活着时毫不起眼,连死去也微不足道,无论如

---

① Paul Valéry, "Le Philosophe et le jeune Parque Jean Giraudoux", in *Revue de Paris*, 1er décembre 1935, pp.431—453.

何没有举重若轻的风范。季洛杜选他做小说的主人公,让人想到波德莱尔诗中那个被遗忘在孤岛上的水手。

我站起身,绕迷宫般地绕过大大小小的书架、书箱和书台,走到书店里间那幅基里柯的画前。据说基里柯一生中多次画过赫克托尔和安德洛玛克,每次画的都不一样。贾非挂在书店的这幅小画我每次来都会看见。不知为什么,如今再看,竟像是第一次看见一样。

他们站在特洛亚城下,头顶瞬息万变的黑蓝的天,身后有战士和战马在等待出发。远方的山岭仿佛伸向某个看不见的骇人战地。他们紧紧依偎在一起。赫克托尔身披战甲,背着武器,一头黑发在风里吹拂,让人想到荷马诗中写到他死后的模样:"黑色的鬈发散落两边,俊美的脑袋沾满尘土。"(伊22:402)作为某种战争物化的譬喻,他的身体由几何形状的器具支撑起,呈现为典型的基里柯式的"形而上的人体模型"。在他身后的战友亦是如此。安德洛玛克却有别于其他版本,没有像赫克托尔那样被"物化"。她穿着一袭金子般灿烂的长袍,一边把手放在丈夫手里,一边转过脸去,不是迎向他,而是看向某个未知的远方。

我注意到画中没有孩子的身影。安德洛玛克那身飞扬的长袍让人忍不住猜测她在风中盈盈欲坠的身形。怎么！基里柯画的不像是荷马的安德洛玛克，竟像是季洛杜的安德洛玛克。一个怀孕中的安德洛玛克！我把这个新发现告诉贾非。他在书店的另一头笑了，显然早发现了我的"发现"："按说是不可能的，这画本该是在先的。基里柯和季洛杜几乎同龄，都亲近古希腊精神，在现代创作者里头实在是难得的。"

我细细地重看那画。我想象那是载入特洛亚城史册的一天。战争之门刚刚关上又重新打开，并且永远也不会再关上了。安德洛玛克刚等回打完仗的丈夫，又要送他上战场。她在相聚之时就已怀着乡愁，还没有失去他就在凭吊他。我想象她就在那时告诉他怀孕的事。她在忧心中掺着欢喜。她还不知道海伦对赫克托尔的预言——季洛杜笔下的海伦就像《奥德赛》中那样拥有看见未来的能力，海伦不仅看见赫克托尔死去，还看见他的遗子注定早夭（季511）。又或者，安德洛玛克是知道的，她只是不知道自己知道，这让她的眼底带着一抹忧郁。她在生下阿斯提阿那克斯以前就在哀悼阿斯提阿那克斯了。

基里柯的人物常常是没有脸的，犹如戴了面具，或者没有脸部细节的人体模型。独独在安德洛玛克的脸上，他画了一只眼。在我看来那真是再忧郁不过的眼。我与那只忧郁的眼对视，不知过了多久，等我移开目光转过身，才发现坐在书店另一头的贾非也在看我。我叹道："也只有她才承担得起乡愁这一传世的譬喻！"乡愁是分离之苦，也只有她，安德洛玛克（Ανδρομάχη），把"人，男人"（ἀνδρός）和"战斗"（μάχη）一起拥抱在怀中的女人，才有足够的力量也把分离拥抱在怀中。归根到底，乡愁是无法回报的爱。

巴黎的冬天阴晴不定，好似人的心情，过午还未露出阳光，旧书店里一片阴郁。贾非看我慢吞吞地来回踱步。他的目光里满是友爱。他静静地对我说："学会偏移，这是人在时间河里仅有的奢侈。"他的话像一根针那样尖锐而准确地刺中我，让我停住不安的脚步，重新在窗前坐下。

我们有一次说起《创世记》里神在六天的创造。分离是苦的，创世行为却无不与分离有关。光与暗，夜与日，天与水，地与海，都是分离。植物和鸟兽各从其类，也是分离。乃至果子成熟，从本株分离。分离是与既有的存在分开，分离也是与自身位置分开。日新月异星回斗转，天体依循路线运行，与自然本位分离。鸟飞兽动，也是分离，且无绝对路线。人作为唯一按神的形象所造之物，拥有最高级别的模仿神的创造力，也在思与行中无时不受与神分离之苦。① 与自身分离，即偏移，这是生而为人所能蒙受的最大恩典，好比收到一柄双刃的剑，在意想不到之时尖锐地刺向自身。

"巴黎不属于任何人"，这句话或者也可以理解为"巴黎属于无人"。"无人"（Οὖτις）本是奥德修斯在圆眼巨人面前的自称（奥 9:366—367）。因为这个命名，奥德修斯在那次危难中活了下来。从这个命名起，奥德修斯在回乡路上开始对以往的自我生出怀疑。那是他在认知路上一次艰难的偏移。因为偏移必定是艰难的。偏移要求自我超越，偏移不是逃避和自我保护。

我突然明白了贾非的苦心。刚才我还暗自不以为然，我们的谈话本该是无始无终的，而他是如此郑重地道别安德洛玛克的故事。季洛杜仿佛是补上了荷马以降安德洛玛克故事的最后一块拼图，由此形成某种循环往复，战争从结束到爆发，孩子从夭折到孕生，故事情节不再是线性的，而如生生不息的圆环，同时朝向过去和未来汹涌发生。每一次告别都如赴死，每一次贴近死亡都是为了活下来。世代的安德洛玛克们共有一个

---

① 参看施特劳斯：《犹太哲学与启蒙》，页 321—326。

简单不过而又心酸无比的秘密。

我抬头看贾非。他正低头看那盆开败的孤挺花,满头的银发映着花枝上的一点暗红。旧书店总给人恍如隔世的错觉。那一刻,我屏息等待,想象窗外正有一道日光从翻滚的云中艰难破开。

至道无难：

奥德修斯的拣择

七年

从特洛亚回伊塔卡这条路,奥德修斯迂回走了十年。旅人在路上免不了受诱惑。或者,旅人上路本就是冥冥中有所惑。奥德修斯受过的最大诱惑来自神女卡吕普索。在某个特定时候,神意让他的同伴纷纷丧生,一场海难把他带到她的孤岛。她救了他,对他一往情深,温存地照顾他。生之安逸加美人的爱,多少凡夫复何求。卡吕普索的诱惑远不止这些。她承诺给他永生。

这诱惑怎能不让人动心?诱惑,其实就是困惑罢。奥德修斯在那岛上整整过了七年。

七年间,人世发生天翻地覆的变化。希腊将领全都还乡了,连最迟的墨涅拉奥斯也带着海伦回了拉克得蒙。伊塔卡人不再指望奥德修斯有归期,求婚人在第四年上门意欲取代他,王宫被占,财产被挥霍,妻子被迫改嫁。孤岛上的奥德修斯远离这一切。他看不到老父晚景凄凉,看不到儿子日渐长成。

七年间,在荷马笔下,奥德修斯只做一件事,日日"坐在海边哭泣"——

他用泪水、叹息和痛苦折磨心灵，

眼望苍茫喧嚣的大海，泪流不止。①

（奥 5:83—84；5:157—158）

卡吕普索（Καλυψώ）字面含"隐者"之义。奥德修斯日后对费埃克斯王后说："任何天神和有死的凡人均与她无往来。"（奥 7:246—247）奥德修斯归途十年，三分之二在隐者地。

关乎这七年的真相大约是荷马笔下最高深难测的事。再也没有哪件事经得不同人物在不同场合反复说起，再也没有哪件事比奥德修斯在卡吕普索的孤岛度过的七年时光更神秘。关乎那七年，荷马亲口说起过②，诸神说起过③，世人说起过④，卡吕

---

① 另参看，奥 5:82,152,160 等多处。
② 荷马以作者直述的方式说起，奥 1:14 起，5:55 起，8:452 等。
③ 雅典娜对宙斯（奥 1:55 起，5:13 起），赫耳墨斯对卡吕普索（奥 5:105 起），老海神对墨涅拉奥斯（奥 4:555 起）。
④ 墨涅拉奥斯对特勒马科斯（奥 4:55 起），特勒马科斯对佩涅罗佩（奥 17:142 起）。

普索说起过①,奥德修斯更是反复说起过②。正如世间一切传说,这些说辞不总是相同。

宙斯派神使赫耳墨斯去命令卡吕普索"释放"(奥 5:112)奥德修斯。在诸神眼里,他是她的囚徒。雅典娜两次愤愤不平地提起:她"强迫他留下"(奥 5:14),"一直用不尽的甜言蜜语媚惑他"(奥 1:56),他在那岛上"忍受极大的苦难"(奥 5:13)。世人重复诸神的说法。墨涅拉奥斯向奥德修斯之子转述老海神的话,那做儿子的回去转述给母亲听:"他在一座海岛无限痛苦,被强逼留驻卡吕普索的洞府。"(奥 17:142—143)

然而,当事人卡吕普索在赫耳墨斯面前辩解道:

我对他一往情深,照应他饮食起居,
答应让他长生不死,永远不衰朽。(奥 5:135—136)

奥德修斯日后对费埃克斯人讲故事,从卡吕普索说起,以卡吕普索结尾。到达费埃克斯宫殿当晚,奥德修斯在交代自己

---

① 卡吕普索对赫耳墨斯(奥 5:116 起)。
② 奥德修斯对费埃克斯王后(奥 7:244 起),对费埃克斯国王(奥 9:29 起,奥 12:448 起),对佩涅罗佩(奥 23:333 起)。

的姓名来历之前，先对王后细细说起他刚刚离开的卡吕普索：

> 她救了我，温存地照应我饮食起居，
> 答应让我长生不死，永远不衰朽。（奥 7:256—257）

惊人一致的说辞。他们共度七年时光。这远远超过他在离乡路上与任何人（神）共处的时间，也远远超过他回乡后与妻子短暂重聚的时间。光阴的分量凭借微小的细节被予以恰当的尊重。稍后他对妻子说起此事，措辞难免谨慎些，说法却是一致的：

> ……那神女希望他做夫君，
> 把他阻留在空阔的洞穴热情款待，
> 应允使他长生不死，永远不衰朽。（奥 23:334—356）

外人传说是一番风景，当事人有别种滋味。卡吕普索不是不明白，爱情留不住奥德修斯，就算他们夜夜"享受欢爱，互相依偎，卧眠在一起"（奥 5:227），他始终离心切切。她有情而他无意（奥 5:155）。她承诺给他永生。似乎只有这样，奥德修斯才真正面临两难的抉择。自古在英雄心里,安逸算什么,美人爱情算什么,唯有生死是不得不面对的终极问题。卡吕普索的永生承诺等于向奥德修斯抛出难题:留在孤岛还是返回故乡?归根到底,哪种生活方式对奥德修斯来说更好?

当初阿喀琉斯在特洛亚也遇到类似的两难抉择。他一度坐在营帐里,眼看希腊人连连溃败,为着阿伽门农的侮辱拒绝参战。传说神谕声称等待他的有两种命运:要么早死战场,有不朽的声名传世,要么回乡安享天年,碌碌无名(伊 9:410—416)。身为古时英雄典范,阿喀琉斯在"何种生更好"这个问题上明确提供了德性仿效榜样。安逸与声名荣誉无缘,忍辱负重方能扬名后世。汉字的"辱",西文的 humilis,原意均指向人在大地上劳作的本分,耐人寻味不是吗?归根到底,摆在阿喀琉斯面前只有一条正确的路。庸碌世人也许还有得选,而他,英雄阿喀琉斯,他是没得选的。女海神忒提斯几次说到儿子注定短命,绝口不提神谕中有第二个可能:"你注定要早死,受苦受难超过众凡人。"(伊 1:417,506,18:95)所谓拣择,无非是看清何为正确,在史诗过半篇幅的挣扎里下一个艰难的决心。希腊古人相信，正确的路是更难走的那条路[①]。

相比之下，落难者奥德修斯似乎有不寻常的际遇。卡吕普索不但给他安逸，还承诺永生，不是如阿喀琉斯死后声名不朽，而是如赫拉克勒斯逃脱终有一死的必然。奥德修斯甚至无须付出辛劳就能得到，这等运气，堪比那娶了海伦而得长生的墨涅拉奥斯（奥 4:561—569）。有趣的是，与七年传说不同，这个永生承诺除当事人以外再没有谁提起。雅典娜和赫耳墨斯没有在神族间提起，老海神没有对墨涅拉奥斯提起，特勒马科斯没有对母亲提起。就连先知忒瑞西阿斯在冥府预言将来，也只字不提卡吕普索，更没说起奥德修斯会得永生。荷马小心谨慎的运笔下，从头到尾，永生承诺是卡吕普索的一家之言。这让人不禁要问，孤岛上的"永生"究竟是何种生？

荷马用二十行诗细细描述卡吕普索岛上的无限风光（奥 5:55—77）。那是天神也要惊叹的桃花源。见多识广的赫耳墨斯忘了该办的正事，"忍不住伫立，钦羡地把一切尽情观赏够"（奥 5:75—76）。但这隐者地，人不知神也不至。赫耳墨斯承认，若不是宙斯命令，"有谁愿意越过无边的海水来这里"（奥

[①] 劳 213—217，286—292。

5:100）。附近没有属人的城邦，也就没有众生给神献祭（奥 5:101—102）。诸神矢口不提是有道理的。这座孤岛在奥林波斯诸神世界的秩序之外。卡吕普索对奥德修斯承诺的永生，没有万千世人对神的崇拜，只有一个隐居的神女"对他如对神般的体贴"（奥 8:452）。有别于赫拉克勒斯和神们生活在一起的长生传说天下皆知，孤岛上的"永生"首先是一种抛弃荣誉光环的隐世。

奥德修斯离开孤岛后几次说："她改变不了我胸中的心意。"（奥 7:258, 9:33, 23:337）而她凭着神女天分对天上人间的事了若指掌（奥 12:389），岂能看不透眼前的奥德修斯？即便全希腊都在传说，他是连神也要欺骗的[①]。分手的时候，她心知肚明，抚拍他的手说："你真狡猾，不会让自己上当受骗。"（奥 5:182）她不动声色，指点他伐木造船，装备酒水干粮，为他穿上新衣，吹一阵好风送他出发。表面看她不敢拂逆宙斯的旨意。但她不欠缺"正义的理智和仁慈的心灵"（奥 5:190）。她一度吐露心声："我考虑这些如同在为我自己，如果我也陷入这样的巨大困境"（奥 5:188—189）——听上去她在为陷入

[①] 奥德修斯多次对神说谎，如见奥 5:171；13:255。

困境的奥德修斯着想，但她突然变心送他走，何尝不是为自己不自觉中陷入的困境？

赫耳墨斯随身带有两件宝物。金靴是为长途跋涉，穿越大地海洋，到达遥远的孤岛。他特意"又提一根手杖"①。那手杖的功能耐人寻味："随意使人入睡，也可把沉睡的人立即唤醒。"（奥 5:47—48）赫耳墨斯受命上孤岛，乃是为了要点化某人。在基尔克的岛上，赫耳墨斯点化了奥德修斯（奥 10:277 起），但在卡吕普索的岛上，赫耳墨斯没有看见坐在海边的奥德修斯。赫耳墨斯不是来找他，而是来找她。他受命前来点化一时为情迷误的卡吕普索。身为隐者，她的孤岛本是"不足与外人道也"。那武陵人偶进桃花源，停数日，总有辞去之时。

恍悟之下，她心领神会放他成行（奥 5:161），毫不隐瞒给他忠告（奥 5:143）。她郑重地告别，了断尘缘不复牵挂。卡吕普索就此重新从世间消隐了。

但在世人面前，奥德修斯一次次提起她！他在费埃克斯人面前讲故事讲到夜深，作为漫长的历险故事的结尾，他一边讲

---

① 早先的校勘家和译家删除这里三行诗（奥 5:47—49），似疑这个手杖的细节与行文无关，如见 Fernand Robert 的法译本（Armand Colin，1931）。

起她，一边声称拒绝再讲她，因为"不爱重复那些已经清楚说过的事"（奥 12:453）。他"处处志之"，一次次告别，一次次难割舍，仿佛那七年之惑在他生命中烙印没有消解的可能。那七年终于沉淀为奥德修斯的一道伤口。

十字

先知预言奥德修斯的未来没有卡吕普索。他必将度过辛劳的一生，尝遍各种灾难，失去所有同伴，如此回乡之后，还要因杀人再度流亡他乡。他有机会在"安宁之中了却残年"，安详地等待死亡降临（奥 11:135）。正如世间一切值得期盼之事，此等生命终结是有代价的。

早在踏上卡吕普索的孤岛以前，奥德修斯已经见过先知，已经知晓未来。奥德修斯拣择的结果本无悬念，让人在意的是拣择的经过。"何种生更好"？是孤岛的永生？还是有死的人生？死前的苏格拉底对依依不舍的朋友们说了一句艰涩的话：某些时候而且对某些人来说，死比生更美好（《斐多》，62a）。孤岛七年，日日坐在海边哭泣的奥德修斯莫非也在等待这样的时候降临？

奥德修斯坐在海边哭泣，让人想到阿喀琉斯坐在海边哭泣（伊 1:349—351）。阿喀琉斯哭泣同样与拣择有关，克制还是愤怒，荣誉还是安逸，战死还是生还。阿喀琉斯情愿战死，以求声名不死。倘若奥德修斯没有在冥府见到阿喀琉斯，那他本该追逐同一种命运。当奥德修斯看见死去的阿喀琉斯在众英雄亡魂的簇拥中走来时，他依然相信"过去未来无人比阿喀琉斯更幸运"，"生时被敬若神明"，死后"威武地统治着众亡灵"。此等命运让奥德修斯称羡，"纵然辞世也不应该伤心"（奥 11:483—486）。

可是，死去的阿喀琉斯却伤心哭泣。他明白告诉奥德修斯，情愿做贫穷困顿的雇农，也不要做统治亡灵的阿喀琉斯！（奥 11:489—491）不只阿喀琉斯，所有在世时辛苦获取功名的英雄们，死后在冥府里要么哀伤地不住哭泣，要么如秃鹰啄食肝脏的提梯奥斯、喝不到水吃不到果子的坦塔罗斯和推石头上山的西绪福斯（奥 11:576—600）持续遭受惩罚。奥德修斯在冥府中亲眼看见"另一种生"，这使他对生死问题有了切实的认知。有死者"欲求不死地流芳百世"，德性和声誉"被不死地铭记"①。此种英雄生活方式恰恰被冥府中的英雄们自我否定。

离开冥府以前,奥德修斯惊见赫拉克勒斯的亡魂。整个希腊大地上传说,这位最出色的英雄早已去到奥林波斯,"在诸神之中尽情宴饮,身边有美足的赫柏陪伴"(奥 11:602—603)。当赫拉克勒斯的魂影"双眼噙泪"(奥 11:616)站在眼前时,奥德修斯经历了思想的恐惧与战栗,惊颤得说不出话。他从前信仰奉行的英雄生活方式被彻底颠覆。伯纳德特说,正因为遇见赫拉克勒斯,奥德修斯才下决心拒绝卡吕普索的永生承诺②。冥府见闻让他认识到,人世的诸种美好期盼无不如梦幻泡影,就像他三次想抱住母亲的亡魂,而她三次"如虚影或梦幻",从他手中滑脱(奥 11:205—206)。

柏拉图在《会饮》中总结有死者欲求不死的几种方式,第一种即为"成名的爱欲",为了"不死地流芳百世,不惜历尽艰险,无论什么辛劳也在所不辞,乃至为之而死"(208 c-d)。这是《伊利亚特》里的英雄生活方式。《奥德赛》似乎从

---

① 柏拉图:《会饮》,208 c-d,译文引自:刘小枫编译,《柏拉图四书》,生活·读书·新知三联书店,2015 年。
② "正是由于见到赫拉克勒斯,才让人明白奥德修斯拒绝卡吕普索的那个决定。"伯纳德特:《弓与琴:从柏拉图解读〈奥德赛〉》(重订本),程志敏译,华夏出版社,2016 年,页 149。

多方面尝试予以质疑。史诗开场,伊塔卡的歌人为求婚人歌唱希腊英雄"从特洛亚的悲惨归程"(奥1:326)。荒诞苦涩的场景不是吗?奥德修斯的传奇成为求婚人吃饱喝足之余的娱乐。他们吃他的,喝他的,求娶他的妻,窥伺他的王位,同时以听他的故事为乐,心安理得仿佛奥德修斯在现实中已死去,从此只活在歌人的吟唱里。费埃克斯人同样以听歌人唱英雄故事为娱乐,他们不能理解有人听了歌不是欢喜反而哭泣(奥8:91,369,538)。身为传唱英雄故事的歌人,荷马对诗教传统的现世影响亲自发出疑问。《伊利亚特》讲述英雄如何建立不朽声誉成为更好的人,《奥德赛》关心英雄如何逃脱传奇的光环更好地存活下来。

柏拉图提到爱欲不死的第二种方式是生育,一种"凭身体",即生育子女繁衍后代,另一种凭智慧和诸种德性"在灵魂中生育",包括诗人和艺匠的传世之作,而"最大最美的实践智慧涉及治邦和齐家"(208 e—209 e)。子女后代是冥府中的英雄们最关切的事。阿喀琉斯开口即询问儿子的消息(奥11:492—503),听闻儿子出众,他收住眼泪欣然离开(奥11:540)。阿伽门农悲痛中不忘打听儿子(奥11:461)。就连奥德修斯遇见母亲的亡魂,也切切问起幼子(奥11:174—179)。

不止如此，从冥府回到人间的奥德修斯放弃卡吕普索所承诺的永生，未来的希望就此转向他那刚成年的儿子。特勒马科斯不只是他"凭身体"生育的子女后代，还是他"凭灵魂"实践智慧齐家治邦的传人。因为这样，特勒马科斯的第一次游历是奥德修斯认知版图的必要构成部分，在回到伊塔卡的最初日子里，特勒马科斯还是奥德修斯真实身份的唯一知情者。

虽说"明知答案"，奥德修斯这番拣择历时七年，经过本身耐人寻味。至道无难，唯嫌拣择。若说两部荷马诗的重点均在拣择二字不为过。在阿喀琉斯那里，拣择之难贯穿二十四卷中的前十八卷，直至牺牲好友的性命，才令他下决心去走本该走的路。奥德修斯的归乡路上布满分岔小径，时时犹疑，反复思虑何为正确。不只卡吕普索，基尔克和塞壬各有诱惑，或者说，各自代表奥德修斯心头的一种困惑，连瑙西卡亚公主也盼他留在费埃克斯王宫做驸马。每一次诱惑都是一个困惑的十字路口。然而，没有哪个十字路口像卡吕普索的孤岛七年那样，因为奥德修斯本人的意愿而得到隆重反复的标志。

希腊古人热爱十字路口的譬喻，比如赫西俄德诗中的佩耳塞斯，色诺芬笔下的赫拉克勒斯。站在人生路口的青年面前有两条路，一条路好走，另一条路难走，一条路叫虚妄或无度或堕落，另一条路叫劳作或正义或美德。所有十字譬喻的故事多是为世人解惑。惑，既是诱惑也是困惑。

> 要想接连不断陷在困败中
> 很容易，道路平坦在邻近。
> 要通向繁荣，永生神们事先
> 设下汗水，道路漫长险陡。（劳 287—290）[①]

在明眼人那里，正确的路只那一条，何用拣择？禅宗公案里的老僧说："是拣择？是明白？"之所以还要拣择，说到底是"不在明白里"[②]。明白了何为正确也就无所谓拣择。但我们总是不明白的，所以我们总是还在听故事。上行之道如此艰难，每走一步可能付出无比疼痛的代价。在属人的心路交会处，难免生出就此安顿的一丝贪念。好比卡吕普索说奥德修斯："要是你心里终于知道，你在到达故土之前还需要经历多少苦难，那时你或许会希望仍留在我处，享受长生不死。"（奥

[①] 十字路口的赫拉克勒斯，参看：色诺芬，《回忆苏格拉底》2, 1, 21 起。
[②] 文远记录，张子开点校：《赵州录》，中州古籍出版社，2001 年，页 27。

5:206—209）有了"一丝微小的贪恋"[①]，也就有了拣择的两难。所以约拿躲在鱼腹里三日三夜，奥德修斯留在孤岛上七年。拣择，因此又称"时人巢窟"。

故事

有关奥德修斯遇见卡吕普索以前的事，荷马不曾直接讲起，而是让奥德修斯自己去讲。荷马直接讲奥德修斯离开卡吕普索（卷五），去费埃克斯人的国度（卷六至卷八），在那里讲他遇见卡吕普索以前的故事（卷九至卷十二）。

在这些故事里，奥德修斯并非孤身一人，他有同行的伴侣。他们一路有惑。这些惑有所区别，一类是同伴们的惑，另一类是奥德修斯本人的惑。在前一类里，同伴们总是不顾奥德修斯苦劝，因贪恋而惹祸。他们沿路洗劫城邦，没有及时离开，反倒摆宴庆功，以致遭对方援军反攻（奥 9:29 起）。他们欣欣然吃下洛托斯花，从此忘却归乡（奥 9:94 起）。他们贪图礼物偷偷解开风神的皮囊，致使狂风大作归途无望（奥 10:19

[①] 薇依：《柏拉图对话中的神》，华夏出版社，2012 年，页 170。

起）。他们为了果腹宰杀太阳神的牛羊，终于全军覆没，一个也没有存活下来（奥12:260起）。初次见面时，独眼巨人一语中的，他们"就像海盗在海上四处漫游飘荡，拿自己的生命冒险，给他人带去灾难"（奥9:254—255）。

讲故事的奥德修斯小心翼翼地区分。尽管旅人无不是受诱惑，无不是心中有困惑，但他，奥德修斯，与他们不一样。

他深入独眼巨人的部落、女巫基尔克的住所，目的不是别的，是为了探察（奥9:174，10:152）和见闻。同伴们劝他趁着巨人不在，偷走山洞里的牛羊奶酪，起航逃离。他没有听，一心想见"不知正义和法规"（奥9:215）的巨人。他吃了亏，但终于凭计谋胜过那强大的对手。更重要的是，通过认识异邦的族类，他对自己有新的发现。在希腊世界里，歌人不倦地传唱神样的英雄奥德修斯的事迹。在不信宙斯和众神（奥9:275）的异族天地，他只是巨人口中的"瘦小、无能、孱弱之辈"（奥9:515），他确乎就是他对巨人自称的"无人"（Οὖτις，奥9:408）。

同伴们吃过苦头开始懂得怕痛。他们在忧惧中两次劝阻他远离基尔克（奥10:265起，10:429起）。他没有听，这让人惊讶。一向冒失的同伴反过来指责奥德修斯冒失（奥10:436），而他明明比任何人享有审慎的美名。他一步步走向女巫的宅邸，一路"思虑着许多事情"（奥 10:309）。走向基尔克对奥德修斯而言意义重大。他的见识因此一再地超越凡人不曾踏足的领域。他在赫耳墨斯的引领下见识到只有神才能辨认的摩吕魔草（奥 10:306），他在基尔克的指引下去到"活人很难见到的冥府"（奥 11:156），他从先知忒瑞西阿斯那里得到未来的预言（奥 11:96），他还差一点儿从塞壬海妖们的歌唱中知悉"大地上的一切事端"（奥 12:191）。

讲故事的奥德修斯区分寻求解惑的两类旅人。一类为了劫城的财富和胜者的荣誉而远行，一类因为欲求认知而出发。一类是伊利亚特式的英雄，包括奥德修斯的同伴们，乃至奥德修斯本人，一类是讲故事的当下的奥德修斯。他仿佛脱胎换骨，简直就像死过一次。"活着去到哈得斯的居所，两度经历死亡"（奥 12:21—22）。从前的奥德修斯不能在愤怒的宙斯降下的海难中幸免。他和同伴们一起死去，他们的船在汪洋大海中化成碎片，他们的尸体像乌鸦一样漂浮在发黑的船边（奥 12:288,418）。唯独追求认知的奥德修斯孤身活了下来。

独自活下来的奥德修斯遇见卡吕普索，在隐者的孤岛避世七年。七年间，人世发生天翻地覆的变化，日日坐在海边哭泣的奥德修斯同样发生天翻地覆的变化。他为那死去的自己和英雄伴侣们哀悼，他在七年间还对以往种种做出漫长的省思。没有这隐忍沉寂的七年，奥德修斯不可能坐在费埃克斯人面前用那样的方式讲述那些故事。

费埃克斯人为这些故事心醉神迷。他们送他礼物，护送他回家。他们向来乐于护送世间一切飘零人（奥13:174）。但这一次代价惨重。奥德修斯带走的礼物据说超过他自特洛亚一路得而复失的战利品（奥5:38—40）。这批富可敌国的礼物成为费埃克斯人的负担，在某个时候，君王不得不向民众征税（奥13:14—15）。更严重的是，帮助奥德修斯使他们触怒一向爱护他们的海神波塞冬。那艘护送奥德修斯回家的快船没能归航。费埃克斯人原本过着轻快无名的日子，好比他们的船只"迅疾犹如羽翼或思绪"（奥7:36）。奥德修斯之后，这个族群受了诅咒，美好的船只固定成海上生根的巨岩（奥13:164），奇丽的都城被群山围困（奥13:158,177,182）。海洋本是世界的起点，就此成了陆地的尽头。费埃克斯乐土在声名远扬的同时消逝无踪，从此只活在传奇里。

在费埃克斯人的快船上，奥德修斯经历"如死一般"（奥13:80）的睡眠。醒来时他身在伊塔卡却没有认出故乡。他以为命运带他去了新的异地。他心神俱碎,声声呼喊"明媚的伊塔卡"(奥 13:212)——

> 奥德修斯怀念乡土,
> 沿着喧嚣的大海岸边漫步徘徊,
> 不断悲怆地叹息。(奥 13:219—221)

有那么一刻,我们几乎以为,他又回到卡吕普索的岛上,经历过死后重生,长久坐在海边哭泣。奥德修斯又一次处在人生的关口。他用了七年时间在隐者地完成对从前的自己的认知,现在他面临在这宛若异地的故乡的自我认知。伊塔卡是奥德修斯认知路上的起点和终点,标注着英雄自我认知的过去、现在和未来。雅典娜神给他提示:"不让他的妻子、国人和家人们认出他,在他惩罚所有求婚人之前。"(奥 13:192—193,308 起)离家二十年,不但他彻底变了,故乡也成了他乡。伊塔卡礼崩乐坏,胡作非为的求婚人即是一例。他们不尊敬主人,不礼遇客人,不保护乞援人,不信鸟卜,不敬神灵。死后重生的奥德修斯面临新的困境,他必须在故乡争取容身之地,重新完成自我定义。

他继续讲故事。回到伊塔卡以后,他讲故事的手段大大升级。他对雅典娜的化身讲故事(奥 13:258 起),对牧猪奴讲故事(奥 14:199 起),对求婚人讲故事(奥 17:419 起),对妻子讲故事(奥 19:165 起),临了还对父亲讲故事(奥 24:244 起)。在这些故事里,他隐藏起真实身份,佯装成外乡乞丐。某个身份不定的克里特人,时而庶出,出身不高贵,母亲是买来的奴妾,时而是米诺斯的孙儿,显赫的王族后裔。他"天生不喜农活家事",只喜"率领战士和船只侵袭外邦人民"(奥 14:223, 230—233)。他参加过特洛亚战争,去过埃及和腓尼基,一路掠杀,积累无数财富,神意让他随后丧失这些财富,沦为一无所有的人。奥德修斯的谎言里掺杂着事实。这个克里特人与二十年前从伊塔卡出发去特洛亚的奥德修斯何其相似。

从奥德修斯开始"把谎言说得如真的一样"(奥 19:203)的传统。有正义意图的谎言是可能的吗?奥德修斯言说传统里的真实与正义的悖论引发出太多话题,迄今有些仍然无解。据说维特根斯坦的全部哲学沉思起源于同一命题,孩提时代的某一天,他经过一个门口时站住,思考如下问题:"谎言若是对自己有利，为什么要说实话？"①让我们还是先回到荷马讲述的奥德修斯故事，既然一切从这里开始。《奥德赛》一分两半。前十二卷是奥德修斯回伊塔卡以前，后十二卷是奥德修斯回伊塔卡以后。后半部有整整八卷（卷十三至卷二十），奥德修斯的身份是外乡乞丐，直至最后四卷，他才做回奥德修斯，杀死求婚人，与亲友相认。

这个外乡乞丐衰老肮脏，满是皱纹，两眼昏暗，衣衫褴褛，在所有人眼里是"一个卑贱人"（奥 13:403），一个"大地的重负"（奥 20:379），一个"无人"。忠实的牧羊奴看见他，忍不住泪流满面，"想起奥德修斯，我想他也穿着这样的破衣烂衫到处游荡在人间，如果他还活着，看得见太阳的光辉"（奥 20:204—207）。外乡乞丐虽是佯装，却与奥德修斯的自我认知相契合。外乡乞丐讲起从前的故事，大发感慨，说出奥德修斯本人心里的话：世人"为了可恶的肚皮，经受各种艰辛，忍受游荡、磨难和痛苦……装备坚固的船只，航行于喧嚣的海上，给他人带去苦难"（奥 15:343 起，17:286 起）。外乡乞丐对以往生活方式的省思和拒斥，正是奥德修斯本人对以往生活

---

① 蒙克：《维特根斯坦传：天才之为责任》，王宇光译，浙江大学出版社，2011 年，页 3。

方式的省思和拒斥。

他在费埃克斯人的异乡竭力放大"奥德修斯"的光环，到了故乡，"奥德修斯"反而消隐了，只剩一个处处遭凌辱的异乡人，乃至在自家宫殿门口与乞丐争食大打出手。英雄如何安顿，如何逃脱传奇的光环存活下来，这是奥德修斯归乡难的根本所在。奥德修斯如此，其他人亦如此。无论生还的涅斯托尔和墨涅拉奥斯，还是冥府的亡魂阿喀琉斯和阿伽门农，英雄的思与言无不凝固在从前，仿佛当下比从前更不真实，仿佛再无朝向未来开放的可能。在某个特定时刻，奥德修斯要杀死未参加特洛亚战争的求婚人，也就是最后一批幸存的史诗英雄，似乎只有这样的方式才能让他亲手摧毁他所置身其中的那个世界的禁锢。①

在那之后，一切不是结束，而是新的开端。在那之后，他还要第二次起航，还要"前往无数的人间城市漫游"（奥23:267）。他一路不停地讲故事，讲了好些个世纪。因为那些故事，世人渐渐躲在名叫奥德修斯的伤口里。

---

① 伯纳德特："求婚人被认可为英雄世界仅存的硕果，而奥德修斯要么是命中注定、要么是蓄意要毁灭那个英雄世界。"（《弓与琴》，页217—218）

修辞

"在太阳光下。世界之音变得沉寂和稀少。"

古人说一个人看见太阳光,意思是这人还活在世上。看不见太阳光,这人就去了哈得斯的冥府。奥德修斯的同伴们为口腹之欲宰杀太阳神的牛羊,赫利俄斯一怒之下说要沉入哈得斯,照耀冥府,让亡魂"看见太阳光"(奥 13:383)。极有震慑力的威胁。宙斯果然惩罚那群贪吃的人,让他们全丢掉性命去了冥府。

音是调和,与秩序相连。听见世界之音,如同认知世界秩序。世界之音变得沉寂和稀少,确乎是奥德修斯传统的古今关键。

在一段长笔记里,卡夫卡在这句开篇语之后接连讲了三个故事,均系认知爱欲的譬喻。其中第三个故事讲到奥德修斯与塞壬。①

在荷马诗中,塞壬的故事同样出自奥德修斯本人之口。奥

---

① 卡夫卡:《误入世界:卡夫卡悖谬论集》,黎奇译,陕西师范大学出版社,2002年,页34。

德修斯从冥府回到人间，第二日即遇到塞壬。基尔克给出详备的指点。这是一群半人半鸟的女海妖。她们的歌声迷人，有死者难以抗拒。过往的人受到诱惑，渴望亲近她们，倾听她们歌唱，就永远回不了家。好些人确乎没回成家。"她们坐在绿茵间，周围全是腐烂尸体的大堆骨骸，还有风干萎缩的人皮。"（奥 12:45—46）

基尔克指点奥德修斯，凡人用蜡堵住耳朵即可顺利通过。奥德修斯的同伴们就是这么通过的。至于奥德修斯本人，基尔克给出两个选项，他可以和同伴一样用蜡堵住耳朵，但"如果想听歌唱"，他可以让人绑在桅杆上，并且要事先说好，万一他听从塞壬的诱惑求人松绑，这时要把他绑得更牢（奥 12:49—54）。

奥德修斯稍后向同伴们转述基尔克的指点。他的转述并非一字不漏。他只说，他们应避开塞壬的歌唱，他是唯一可以聆听的人，仿佛基尔克没有给出两个选项只能这么做似的（奥 12:158—160）。他果真绑在桅杆上没堵住耳朵。当他们行船经过时，他听到塞壬对他一人独发出的诱惑：

光辉的奥德修斯，阿卡亚人的殊荣，

快过来,把船停住,倾听我们的歌唱……

我们知道在辽阔的特洛亚,阿尔戈斯人

和特洛亚人按神明的意愿忍受的种种苦难,

我们知悉丰饶的大地上的一切事端。

(奥 12:184—185, 189—191)

塞壬的歌唱穿透人心,这是因为她们懂得触摸人心最柔软的所在,她们唤醒人心最隐匿的爱欲。不难想象,她们对每个旅人的歌唱定然不尽相同。当她们对奥德修斯歌唱时,她们的歌声就是奥德修斯最为欲求的知识。在遇见塞壬以前,过往的旅人很可能不知道自己最想要什么。奥德修斯原以为他想要回家,现在他知道他更想要认知。但塞壬提供的认知方式是有代价的,选择倾听就回不了家。故事里说,奥德修斯情愿不回家也要倾听塞壬歌唱。他哀求同伴们为他松绑,他们依照约定把他绑得更牢。就这样,他们没有停船靠近塞壬,平安经过那致人死命的地方。奥德修斯临了也没有听成塞壬专为他唱的歌。

没能听成塞壬歌唱,这成为奥德修斯的心结。塞壬($Σειρήν$)一词的词源不详,一说与 $σειρά$ 同根,也即"绳索"或"纠缠"。塞壬的歌声在奥德修斯心中萦绕不去。越得不到越想得到。他对卡吕普索的永生诱惑说不，但对塞壬的认知诱惑，依照奥德修斯本人的说法，他是被迫放弃的。基尔克事先没有明言塞壬的歌唱与认知有关。倘若奥德修斯事先知道，也许事情经过就会两样。无论如何，听从基尔克的指点使他预先对塞壬说了不。事后他极为懊悔，乃至对基尔克的指点生出疑心。在遭逢下一个妖怪斯库拉时，他声称"彻底忘记基尔克的严厉嘱咐"（奥 12:226—227）。

我们不会忘记，整个塞壬的故事出自奥德修斯之口。当奥德修斯把不能认知归咎于基尔克时，荷马小心翼翼与之保持距离。正如卡吕普索的永生方式在诸神秩序里不可能，塞壬的认知方式在太阳光下也不可能。如果奥德修斯接受卡吕普索的永生，那么他将从此消隐于那座孤岛，不可能身为隐者而为世人所知。如果奥德修斯去听塞壬歌唱，那么他将和其他无名旅人一样，不可能活着回来见证歌声里的真相。

奥德修斯要活着回来讲故事，这意味着奥德修斯听不到塞壬的歌唱。当卡夫卡的奥德修斯重新出发时，他严格遵守这一悖论的限定。他采用基尔克给出的第二个选项。奥德修斯和同伴们一样用蜡堵住耳朵。这似乎意味着，奥德修斯更想要回家，情愿放弃认知。

我们于是看见奥德修斯用蜡堵住耳朵绑在桅杆上。他天真地相信这足以抵挡住塞壬的歌声诱惑。他凭靠这个手段欢喜地走向塞壬又胜利地离开。只是，天真在荷马以降的奥德修斯传统里没有容身之地不是吗？世人皆知，奥德修斯老谋深算，几乎不相信一切。这个手段幼稚信仰坚定的奥德修斯怎么看都是奥德修斯传统的反叛。

在卡夫卡的故事里有两个声音。一个声音在说天真幼稚的奥德修斯，另一个声音却说奥德修斯狡猾多谋，像只狐狸，命运女神也看不透。卡夫卡的故事还有第二个奥德修斯。他根本不相信传说中的那点蜡和那捆铁链。作为某种计谋和谎言，他在塞壬和诸神面前佯装天真。他假装不知道塞壬的沉默是比歌唱更可怕的武器。他假扮的那个奥德修斯天真地相信自己堵住耳朵所以没听见塞壬在唱歌。老谋深算的奥德修斯说，他的佯装完美无缺，连塞壬也未识破。她们落入他的陷阱，被他征服，做了他的女奴。她们惊愕无比，恋恋不舍，眼睁睁地看他扬长而去。

作为对荷马的忠实模仿，卡夫卡不但依样区分当事人和讲故事的两个奥德修斯，还保留第三种声音，卡夫卡的声音。这个不足千言的故事迷宫充满双关意味。在卡夫卡的认知譬喻里，奥德修斯策划这场佯装作为"对付塞壬和诸神的盾牌"。①传说即便有人能躲过塞壬的歌唱，也无人能躲过塞壬的沉默。事实上，唯一活着经过塞壬歌唱的人不是别人就是奥德修斯。现在，他想更进一步，做那个活着经过塞壬沉默的"无人"（$Oὖτις$）。这个最初在独眼巨人面前的自况，可以无比卑微，也可以无度狂妄——"那种凭自己的力量战胜塞壬的感觉，那种由此产生的忘乎一切的自豪自傲，是人间任何力量都无法抵抗的。"

荷马诗中只提到塞壬的歌唱。塞壬的沉默是什么？沉默比歌唱更可怕，是否与开场白遥相呼应？——"在太阳光下。世界之音变得沉寂和稀少。"卡夫卡小心翼翼地说，塞壬的沉默"超出有死者的理解能力"，超出太阳光照的限度。无论如何，荷马的奥德修斯不可能活着回来见证塞壬的歌唱，卡夫卡的奥德修斯也不可能在佯装时证明塞壬的沉默。他没法说出他听不见，只好絮絮说起他看见或自认为看见的。她们"颈项婉转，呼吸深沉，眼噙泪，口微启"，她们"舒展扭动身姿，长

---

① 本节里的卡夫卡引文均由作者依据法文译本译出：Kafka, "Le Silence des Sirènes", trad. A. Vialatte, in *La Lettre Horlieu-(X) η°5,* Horlieu, 1997, pp.3–4。

发披散风中,在礁石上肆意伸张手爪"。他甚至声称,塞壬放弃诱惑的驯服样子"比以往任何时候更美"。

"塞壬若有意识,她们当时就会被毁灭。但她们依然在,唯独奥德修斯躲过她们。"谜一般的话。以此界定奥德修斯的认知极限。塞壬若当场识破奥德修斯的诡计,当场也就会自行毁灭,因为这意味着她们承认被一个有死者识破——从荷马到卡夫卡讲故事的前提在于,塞壬的秘密不可能为有死者识破。作为唯一可能的结局,塞壬必须"败"给奥德修斯,才能两相保全。故事开头有句话:"手段即便有缺陷又幼稚也能救命。"这是老谋深算的奥德修斯对天真的奥德修斯的戏谑。这也是卡夫卡对奥德修斯乃至包括他本人在内的一切有死者的戏谑不是吗?今人不再信亦无可能天真。这个自嘲的姿态无奈且恰当,并且必须总在无奈中才恰当。反讽(ironia)作为现代性修辞隆重取代了苏格拉底式的佯谬(εἰρωνεία)。当自信满满的奥德修斯自恃凭技艺愚弄塞壬和诸神时,有一扇认知的门在他经过时悄无声息地消隐了。

岁月不断流逝,塞壬永是奥德修斯的心结。他盘算着再试这一次。这一次,他堵住耳朵佯装出只想回家不要认知的样子。他不信基尔克,他谁也不信。他肆意彰显那些时光镌刻在他身上的转变，以此小心掩饰从古有之的本性。他再次出发的时候或许已经明了，等待他的是继荷马之后的又一次认命，又一次无可言说的滋味。

认命

塞壬唤醒奥德修斯的灵魂爱欲，让他从此自觉走在认知的路上。依据塞壬提示的认知顺序，他在卡吕普索的孤岛上省思七年，在费埃克斯人那里回顾从前，在伊塔卡人面前杜撰外乡客人的身世，无不是在探究特洛亚战争中包括他自己在内的人类"依照神明意愿忍受的种种苦难"（奥 12:184,189）。他和妻子相认，当即转述先知的预言，特地添一句："他要我前往无数的人间城市漫游。"（奥 23:267）先知原本只说他要"出游"（奥 11:121）。游历人间城市犹如塞壬常留心底的那声召唤，催促奥德修斯再度出发，去探知"大地上的一切事端"（奥 12:185, 191）。

在这一切发生以前，奥德修斯先要亲身经验属人的诸种限度。

基尔克告诉奥德修斯，经过塞壬以后有两条路可走。这一次，她不能向他"指明应选择两条道路中的哪一条"，他要靠自己"用心判断"（奥 12:56—57）。前一条路上有巨大的撞岩夹击，宙斯的鸽子也飞不过去，更别说凡人的船只，唯一的例外是伊阿宋，他在赫拉女神的庇护下乘坐阿尔戈船经过此处（奥 12:60—70）。后一条路两边布有危险的悬崖，一边崖洞住着六头女妖斯库拉，另一边崖下有吞吸海水的卡律布狄斯海怪，行船走这边要被女妖一次抓走六人，走那边连船带人会遭海怪吞噬——要么"损失六个同伴"，要么"全体遭覆灭"（奥 12:109）。索菲的选择。

摆在奥德修斯面前的两条路没有简单区分为好走的路和难走的路。基尔克让奥德修斯自行选择，这似乎意味着两条路没有绝对的正误。前一条路无异于死路，除非如伊阿宋般有神相助。后一条路看似尚有一线生机，但一部分人活命的代价是牺牲另一部分人的性命。依据希腊古训，正确的路是更难走的路。但究竟哪个更难？何为正确的问题放大为前所未有的严峻挑战。

奥德修斯没有走前一条路。早在开篇的奥林波斯诸神会议上，我们已经知道，奥德修斯（Ὀδυσσεύς）是为神"愤恨"

（ὀδύσσομαι，1:19—21,62）的人[1]，他不可能如伊阿宋般有神相助。风王也不敢接待这个"人间最大的渎神者，受常乐神们憎恶的人"（奥 10:72—74）。稍后他在卡吕普索的孤岛七年，日日坐在海边哭泣，在自我思省中看清这一重大事实。整整十年归途，神未与奥德修斯同在。直至整部史诗完结前的最后十天[2]，雅典娜女神才在费埃克斯城外重新现身在他面前（奥 7:19）。还在特洛亚的时候，奥德修斯一度殷勤地向诸神献祭，宙斯王也承认他的祭品"最丰盛勤勉"（奥 1.59—63, 66—67）。回乡路上，除开宙斯王拒绝他从独眼巨人处逃命之后的那次献祭（奥 9:553），奥德修斯只向冥府的亡魂行过献礼（奥 11:26—37）。到了伊塔卡，他几次遇到隆重的献祭仪式，诸如牧猪奴（奥 14:420 起，446 起）和父亲拉埃尔特斯（奥 24:375 起，520 起）的献祭，每次奥德修斯均在场，却好似不在场。

没有神助的信心，奥德修斯选择相信自己，这使他在走第二条路时没有完全听从基尔克的嘱咐。奥德修斯不肯接受命运

---

[1] 参看：刘小枫，《昭告幽微：古希腊诗品读》，牛津大学出版社，2009年，页86—87。
[2] 程志敏：《荷马史诗导读》，华东师范大学出版社，2007年，页240—242。

的安排,他既想躲过海怪的吞噬,又想保护同伴免受伤害。尽管基尔克明白告诉他不可武装自己,不得妄图"与不死的神明抗争"(奥 12:117, 227),他还是"穿上辉煌的铠甲,双手紧握长枪"(奥 12:228—229),全副武装站到船头甲板。他眼望黯淡可怖的悬崖,努力搜寻女妖的踪迹,做好与之作战的准备。在那一刻,奥德修斯似乎相信他有能力拯救同伴,相信凭靠自身力量可以扭转命运。好比卡夫卡笔下那个老谋深算的奥德修斯,他完全凭靠自己策划计谋,期盼全新的胜利。一切僭越注定白费。女妖毫无悬念地抓走六名同伴。他们在洞口被吞噬前,悬在空中不住呼喊,可怕地挣扎,向他伸着双手(奥 12:256—258)。一路上奥德修斯亲见太多同伴受难的场面,他们被独眼巨人活活生吃作晚餐(奥 9:289—293),被基尔克下药变作九岁肥猪(奥 10:238 起, 390),更不用说在没完没了的战争和海难中纷纷丧生。然而,眼见六名同伴求救却无能为力,"这是我亲眼见到的最最悲惨的景象,虽说我在海上久飘零经历过诸般不幸"(奥 12: 258—259)。

斯库拉($Σκύλλα$)一词源自动词 $σκύλλω$,意思是"撕碎,扯破"。这个可怕的六头女妖确乎伤透奥德修斯的心。伯纳德特说,奥德修斯从斯库拉女妖那里发现自己没有能力战胜邪恶。[1]更有甚者，随着这一英雄行为的失败，斯库拉进一步撕破某种道德底线：既然化解这场灾难要有人做牺牲，为什么知情的奥德修斯不牺牲自己，而让同伴在不知情中送死？仿佛某种形式的赎罪，奥德修斯后来讲故事说道，在海难中失去所有同伴以后，他孤身一人再度闯关，拼死渡过斯库拉和卡律布狄斯的险境（奥 12:426—446）。

斯库拉粉碎奥德修斯以个人力量征服命运的自信，也彻底撕破同伴的信任。他们怨恨他没有事先明言牺牲六人的代价，这直接导致他们经过太阳神的岛屿时群起抗拒他的领导。先知和基尔克先后强调，他们不伤害太阳神的牛羊就能安然回乡，否则奥德修斯必失去所有同伴，迟迟难归乡（奥 11:110—113；12:137—141）。同伴满带敌意，奥德修斯明白"恶神在制造种种祸殃"（奥 11:295）。这一次，他没有催促他们起航。仿佛认命般的，他转而仰靠神的庇佑。他沿着海岛独行，远离同伴，洗净双手，在一避风处祈求诸神（奥 12:334—337）。就在神意让他沉沉睡着的时候，同伴宰杀了太阳神的牛羊。

从冥府回到人间以后，奥德修斯三番两次触礁撞到属人的

---

[1] 伯纳德特：《弓与琴》，页 153。

可及边界。在他对费埃克斯人讲的最后三个故事里,他没能听见塞壬歌唱,没能战胜女妖拯救同伴,没能在太阳神的岛上躲过命中劫难。伯纳德特说,"先是自己,再是神,三是同伴,这些是他前行路上的万重关山。奥德修斯被迫认命"。①

在太阳神的岛上,诸神没有呼应奥德修斯的诚心祈祷,这使他醒来后"对不死的神明大发怨诉"。奥德修斯责难的矛头指向"天神宙斯和所有永生常乐的众神明"(奥 12:370—371)。接下来的孤岛七年,他日日坐在海边哭泣,不妨理解为他放弃祈神的一种措辞。哭泣,好比弥补没有呼应的祈祷,好比探寻与神相通的别种方式。直至神意让卡吕普索放他走,奥德修斯才重新祈求诸神②。但他不是一厢情愿求乞神满足人的心愿,不如说他带着顺服命运的姿态寻求神的启示。因为这样他不再献祭,甚至宙斯王在黎明前的伊塔卡王宫打下响雷给他兆示(奥 20:97—101),他也没有承诺献祭。离开孤岛之后,奥德修斯只有一次向伊塔卡的山林女神承诺"像往常一样敬献礼

---

① 伯纳德特:《弓与琴》,页 153。
② 离开卡吕普索的孤岛以后,奥德修斯多次向神祷告:向河神祷告(奥 6:445—450);走进费埃克斯都城以前,在雅典娜圣林向女神祷告(奥 7:323);多次向宙斯王祷告(奥 7:330—333;17:354;20:97—101 等)。

品"(奥 13:358),不是为答谢奥林波斯神界,而是为他一度以为无望再见的故土山水。

诗人蒲柏模仿中世纪修女爱洛伊斯的口吻写过一首情诗。诗中那个因灵魂爱欲而受尽苦难的女子告诉往昔爱人阿贝拉尔,把人生交付给神的命运是多么让人喜悦:褪去一切属人的光环,"被世界遗忘,亦把世界遗忘"(The world forgetting, by the world forgot)——

> 无垢灵魂的永生光照呵!
> 祈者纷纷蒙恩,祈愿全被放弃。①

回到伊塔卡以后,衣衫褴褛的外乡乞丐奥德修斯坐在自家宫殿的门边,默默接受乞来的食物。有个求婚人可怜他,赏他一杯酒,称呼他"外乡老公",祝他"以后会幸运,虽然现在不得不忍受许多不幸"(奥 18:122—123)。奥德修斯语重心长地回答他:

---

① Alexander Pope, "Eloisa to Abelard", 209—210, in *Complete Poetical Works*, Boston and New York: Houghton, Mifflin & Co., 1903; on line edition, Bartleby.com, 2011 (www.bartleby.com/203/).

大地上呼吸和行动的所有生灵中

没有哪一种比大地抚育的人类更可怜。

一个人任何时候都不可超越限度,

要默默接受诸神赐予的一切礼物。

(奥 18:130—131,141—142)

这是哭泣的奥德修斯在卡吕普索的孤岛七年想明白的一件事。生活在大地上的人类遭遇不幸,很大程度在于"他们以为永不会遭遇不幸"(奥 18:132)。不幸源自不会遭遇不幸的祈愿或者说,不幸源自对属人限度的认知欠缺。所谓拣择,看清何为正确,首先竟要放弃人心中自以为是的美好愿望。奥德修斯历尽苦难回家的真相由此显露:回到伊塔卡,是为了再次离开伊塔卡。

相认

伊塔卡不只一次标志奥德修斯认知路上的起点和终点,而佩涅洛佩这个女人,就是在变幻世界里所有那些渴望静止不动的东西的载体。

佩涅洛佩在史诗第一次出场,是为阻拦歌人再唱希腊英雄"从特洛亚的悲惨归程"(奥 1:327)。这位荷马口中的"女人中的女神"款款走下高楼,披戴面纱,侍女相随,含泪对歌人说:"且停止唱这支歌,它让我心破碎,激起无限凄怆"(奥 1:340—342)。在世人眼里,不能回乡的奥德修斯是如死一般的传奇,连儿子特勒马科斯也认为父亲与许多亡故的特洛亚英雄没有两样(奥 1:354—355)。但只要佩涅洛佩还守在伊塔卡宫中,还在等待不放弃,奥德修斯就活着,不是活在声名的光环里,而是活在亲人的泪水里。

整部《奥德赛》,佩涅洛佩几乎没有不在流泪中出场和退场。二十年间,奥德修斯的妻日日以泪洗面,"幽坐家中,任凭凄凉的白天和黑夜不断流逝"(奥 13:337—338)。不但雅典娜女神这么告诉刚刚踏上故土的奥德修斯,牧猪奴也这么告诉游历归来的特勒马科斯:

> 你的母亲心灵忍受着极大痛苦,
> 留在你家里,她一直泪水不断盈眼睑,
> 伴她度过那一个个凄凉的白天和黑夜。(奥 16:37—39)

就连在冥府中,奥德修斯从母亲的亡魂那里听到的也是一样的说辞:

你的妻子仍然忠实地留在你家里,
内心忍受着煎熬,凄凉的白天和黑夜
一直把她摧残,令她泪流不止。(奥 11:181—183)

在佩涅洛佩和她的求婚人之间,对比是惊人的。他们有年轻的心和年轻的身体,吃喝玩乐快活轻松,生活在他们面前盛开,有多少变化就有多少希望。而她心如止水,身体也已枯萎,"自从他乘坐空心船离开,诸神早已毁掉我的容颜"(奥 18:180—181; 19:124—126)。在求婚人与女仆夜夜寻欢的伊塔卡宫中,佩涅洛佩的身体披挂着悼亡的重纱,让人感觉不到与任何活物有关,更像是一件古器,一块墓碑。他们有多少轻狂的喧哗嬉戏,她就有多少刻骨的困顿思虑。她用尽计谋拼了命地抵抗瑰丽变幻的生活节奏,因为这样,在伊塔卡宫中年轻的追逐古老的这一罕见现象自有其合乎情理之处。在荷马笔下,作为佩涅洛佩的一种典型退场,至少有四处重复出现如下三行诗文：

> 她和女仆们一起回到自己的寝间，
> 禁不住为亲爱的夫君奥德修斯哭泣，
> 直到目光炯炯的雅典娜把甜梦降眼帘。①

佩涅洛佩先是为出门不归的夫君哭泣，等到儿子长大出行，她为儿子哭泣。王后要么"陷入巨大的忧伤，坐在门槛旁哭泣"（奥 4:716—719），要么"躺在楼上寝间，点食未进，滴水未沾"（奥 4:787—788）。特勒马科斯说："她会一直为我不停把泪流，直到看见我本人。"（奥 17:7—9）整部《奥德赛》实际讲述的是奥德修斯离家二十年的最后四十天里发生的故事。在这些时日里，奥德修斯离开卡吕普索，去过费埃克斯都城，终于回到伊塔卡，特勒马科斯第一次远行，去到皮洛斯和斯巴达拜访涅斯托尔和墨涅拉奥斯。父子二人分头完成重大的生命历险，而佩涅洛佩守在家中，为他们以泪洗面，度日如年。这个从头到尾没有停止掉泪的女人，实在配得上一度在孤

---

① 奥 1:362—364，16:449—451，19:601—603，21:356—358。

岛日日哭泣的奥德修斯。他在外磨难她在家流泪,"二人历尽种种苦难",在奥德修斯事后的感叹里,俨然是同甘共苦的夫妻之道(奥 23:350—352)。

一路上,从基尔克到塞壬,从卡吕普索到瑙西卡亚,留下还是回家,是奥德修斯不得不面对的问题。佩涅洛佩同样面临拣择,留下还是改嫁,这个问题随着儿子长大日趋严峻。奥德修斯在孤岛第四年,求婚人相约上门,佩涅洛佩用计谋拖延。三年后奥德修斯离开卡吕普索之际,求婚人也揭穿佩涅洛佩白天织布在夜里拆毁的秘密。现在,她织好了寿衣(奥 2:93—114; 19:140—156;24:128—146),二十年的等待也到了头,要么夫妻重聚,要么改嫁他人,伊塔卡人早已不耐烦,佩涅洛佩必须赶紧做了断。

一心一意的佩涅洛佩不得不改嫁,除非奥德修斯立即出现在她眼前。当奇迹真的出现时,关键时刻阻碍夫妻二人重聚的竟是他们自己。先是他不肯相认,再是她不肯相认。夫妻相认之难,构成荷马诗中最耐人寻味的篇章。

回到伊塔卡王宫的头一夜,奥德修斯佯装成外乡乞丐,坐在妻子面前,"说了许多谎言,说得如真事一般"(奥 19:203)。当初阿伽门农在冥府曾流泪告诫他不要轻信女人。

他果然以试探为名,迟迟不肯让妻子知道自己的真实身份。在杀死求婚人以前,奥德修斯选择相信儿子和忠实的女仆男奴,但不与妻子相认。

那天夜里,佩涅洛佩泪水涟涟,没认出盼了二十年的亲人就坐在眼前。这是让人惊讶的,不但老狗阿尔戈斯一眼认出主人(奥 17:301),连老女仆也起了疑心,因为这位外乡乞丐与主人外表太酷似(奥 19:380)。作为奥德修斯最亲近的人,也是最盼望他回来的人,佩涅洛佩只是伤感地说,眼前历尽沧桑的外乡客人让她想到,流浪中的夫君必然也饱受岁月摧残,"人们深陷患难,很快会衰朽"(奥 19:359—369)。

在那夜与奥德修斯交谈之前,佩涅洛佩没有放弃夫君回乡的信念,也不放过向外乡人打听消息的机会。特奥克吕墨诺斯向她预言奥德修斯必能回家,佩涅洛佩信了他的话,还承诺赠礼给他(奥 17:152—165)。可是,在听完奥德修斯伪造身世的种种谎言之后,佩涅洛佩突然说:"现在我再也不能迎接他返回亲爱的故土。"(奥 19:257—258)尽管"外乡乞丐"连连用话语安慰她,赌咒发誓地保证她的夫君定能回家,佩涅洛佩的回答却莫测高深:

> 可是我心中预感，事情会是这样：
> 奥德修斯不会归来，你也不可能归返。（奥 19:312—313）

那夜交谈似乎让佩涅洛佩相信，当年乘坐空心船离开的奥德修斯不会再回来。直到这时她才下定比武招亲的决心：谁能有奥德修斯的神力在弓箭比赛中胜出，她就改嫁那人；谁能做到与从前的奥德修斯相似，她就跟随那人。佩涅洛佩新生出的信心是如此坚定，以至于当老女仆上楼来报信时，乃至提起奥德修斯脚上的伤痕作为确凿无疑的证据，她依然不肯相信夫君已经回来，坚持认定是哪个天神杀死了求婚人（奥 23:63）。

她下了楼。奥德修斯坐在一根高大的柱旁，低着头，默默等待。她迟迟不肯上前，"在他对面墙前的光亮处坐定"，"久久默然端坐，心中仍觉疑虑"（奥 23:89,93）——

> 她心中反复思忖：
> 是与亲爱的夫君保持距离询问他，
> 还是上前拥抱亲吻他的手和头颈。（奥 23:85—87）

这个相认场景哀婉动人，不输给后世所有那些专为言情的爱情故事。佩涅洛佩陷在拣择的挣扎中，一边是重聚的欢乐冲动，一边是认知现实的理性。佩涅洛佩似乎不怀疑（也无理由怀疑），眼前的奥德修斯不是奥德修斯。她的疑虑不在此。她不是认不出眼前的奥德修斯，而是认不出从前的奥德修斯。佩涅洛佩怀疑（也完全有理由怀疑），眼前的奥德修斯不再是从前的奥德修斯。我们说过，奥德修斯之妻的本性是天长地久，变化是佩涅洛佩的敌人。

就这样，别人反复说服她奥德修斯已经回家，她却一而再再而三说起记忆中的他。"我的奥德修斯已经死去不能回来。"（奥 23:67—68）"我清楚记得你乘坐长桨船离开伊塔卡是什么模样。"（奥 23:175—176）莫非是夫妻情深？佩涅洛佩的知觉比任何外人敏感。离家二十年，几番死里逃生，奥德修斯已然和从前两样！她苦苦等待的那个人不会回来，她所熟知的那个人已经死去。那天夜里，尽管他就在近旁，她却一夜无眠地哀悼他：

今夜里他似乎又睡在我的身边，
　模样如同当年出征时。（奥 20:88—89）

佩涅洛佩不肯与奥德修斯相认。这让人想到另一个女人。当年在特洛亚，奥德修斯同样是"装成乞丐，用另一种模样掩饰自己"，同样是"潜入城市，瞒过众人"，独有海伦在人群中一眼认出他（奥 4:247—250）。从各方面看，海伦确如佩涅洛佩的反面。一个善变，一个忠贞。一个通灵，一个审慎。一个擅长如歌人般讲故事，一个连歌人的歌也要杜绝。一个拥有使人忘忧的魔力，一个日日哀伤以泪洗面。甚至同是亲手织布，一个用来做婚衣，一个却是做丧服。因为海伦，奥德修斯才离家二十年。佩涅洛佩不肯相认，恰恰以海伦的教训为理由（奥 23:215—220）。

佩涅洛佩濒临绝望的边缘。她必须从眼前的奥德修斯身上得到哪怕一丝不变的承诺。那张不可撼动的婚床的意义在于此（奥 23:177—204）。他亲口说出婚床的种种秘密标记，也就亲口承诺她赖以呼吸和生存的夫妻情分尚在，这让她如同在风起云涌的变幻世界里抓住最后一根救命稻草。他们终于相认。当他含泪搂住她时，她就像"海上飘零人望见渴求的陆地"（奥 23:233）。奥德修斯无数次遭遇过海难，荷马这时用来形容佩涅洛佩，真真是让人心酸的好譬喻。

身为奥德修斯的妻，她"受苦远超过任何同时代女子"

（奥 4:723），"思想和聪慧的理智方面也超过其他妇人"（奥 19:325—326）。她有与夫君相般配的"聪敏的心灵和计谋"："古人中从未见有人如此聪慧，美发的阿开亚妇人中也没有，谁也不及她工于心计。"（奥 2:117—121）在相认这件事上，佩涅洛佩确乎与奥德修斯棋逢对手。夫妻二人同享"审慎"之名，在古代神话中仅此一例。

回到伊塔卡以后，佯装身份的奥德修斯先后六次与亲友相认。在这个严整的环形结构里，父与子成对，忠实的男女仆奴成对，最发人深省的对子是奥德修斯的狗和他的妻。

a– 儿子特勒马科斯（奥 16:186）

b– 老狗阿尔戈斯（奥 17:291 起）

c– 老女仆欧律墨诺（奥 19:467 起）

c– 牧猪奴牧羊奴（奥 21:205 起）

b– 妻子佩涅洛佩（奥 23:85 起）

e– 父亲拉埃尔特斯（奥 24:318 起）

老狗阿尔戈斯躺在秽土中，遍体生满虫虱。主人常年外出，女奴们疏于照管，致使它饱受不幸。它认出伪装的主人，却无力走到他身边，当场被黑色的死亡带走（奥 17:302—303, 326）。和奥德修斯的妻一样，奥德修斯的狗在二十年间忠贞不二坚守阵地，并且为他不在家而受苦。他的狗以死成全不变的承诺，他的妻还要活下去，就不得不接受残酷的事实，正如奥德修斯随即告诉她："夫人，我们还没有到达苦难的终点。"（奥 23:248）

佩涅洛佩欲求天长地久。"我俩一起欢乐度过青春时光，直至白发的老年来临。"这个美好的愿望注定落空。她自己也承认，此等幸福诸神也要嫉妒（奥 23:211—212）。奥德修斯不会留在她身边，很快要离开。她既无缘相伴奥德修斯在外乡的经历，也无缘参与奥德修斯在伊塔卡的战斗。杀死求婚人，又与求婚人的亲人和解，奥德修斯在做这些事时并非孤身一人，但佩涅洛佩一概与此无关。他给她下的最后一道命令不是别的，就是不要出门，"不见任何人也不询问"（奥 23:364—365）。连那刚刚长大的儿子也屡次教训她区分女人的本分和男人的事情（奥 1:356—359；22:350—353）。

她做不得海伦，连充当男人们发起战争的借口也不能（奥 23:215—220）。她是奥德修斯的妻，除此以外一无所是。她在奥德修斯的故事里如一粒微尘。他重新上路，认知的足迹遍及大地。他下到冥府，去过隐者地，在神灵的边界穿行。这一切全与她无关，这一切又绕不开她。她置身于所有运动之外，又是他在变幻世界里静止的家，好比那单独留守诸神之家的赫斯提亚[①]。薇依在谈自由时说："我们所能为人类构想的最伟大的事，莫过于这样一种命运：人直面赤裸裸的生存必然，除了自己别无等待，一个人的生活就是一场无休的创造，由他本人完成关于他自身的创造。"[②] 这样一种理想准则在现实中几无可能实现，但奇迹般地存在于荷马以降的奥德修斯故事中。出于某种奇妙的悖论，佩涅洛佩的妇人眼泪拯救了这个故事，让英雄传奇从死里活了下来，让世人得以长久躲在名叫奥德修斯的伤口里。关乎这一切，佩涅洛佩告诉我们："神们给大地上的有死者为每件事安排尺度。"（奥 19:592—593）荷马则告诉我们，在奥德修斯的故事里，开头没有佩涅洛佩，结尾也没有佩涅洛佩。

[①] 柏拉图：《斐德若》，247a。
[②] Simone Weil, "Réflexions sur les causes de la liberté et de l'oppression sociale", in *Oppression et liberté*, Gallimard, 1955, p.117.

十字路口的

佩耳塞斯

公元前 8 世纪某一日，忒斯庇亚城邦[①]会场挤满了人，王爷们也来了，肃然围坐在里圈的石凳，传令官努力让喧哗的人群安静下来[②]。本地诗人赫西俄德今儿要当众吟诵新作。听说他在优卑亚岛上的卡尔基斯城凭神谱诗得过头奖。平日是个低调安隐的人，常住阿斯克拉乡下，极少来城里。他祖上原在伊奥尼亚的库莫，其父行船为生，后转务农，定居波奥提亚乡间，白手起家，辛苦留下几分薄产。赫西俄德尚有一弟，名叫佩耳塞斯（Perses），常进城来，成日凑热闹听讲诉讼，和王爷们混得熟脸。早些时候，他们兄弟分家产还闹过纠纷，王爷们也搀和进去[③]。这会子，佩耳塞斯站在看热闹的人堆里头，脸带轻笑，心中好奇，装出一副满不在乎的样子。

这一天，赫西俄德当众吟诵一首长达 828 行的诗篇，也就是流传后世的《劳作与时日》。在简洁的开场白中，赫西俄德先依循传统礼法，祷告宙斯王和缪斯神，随即宣称要对弟弟佩

---

① 赫西俄德诗中从未提及忒斯庇亚（Thespiae）。但他住的阿斯克拉（Ascra，劳 641），只是一个小村落，没有城的规模，最近的城便是相隔几公里外的忒斯庇亚。在《伊利亚特》的点将场景中，忒斯庇亚在波奥提亚（Beotia）地区的榜上有名（伊 2:498）。
② 古希腊城邦会场议事场景，参考伊 18：503—504。
③ 这一段"前情提要"依据《劳作与时日》中的诗人自述改写而成。

耳塞斯"述说真相"（*ετήτυμα μυθήσασθαι*，10）。"佩耳塞斯"这个名像极英雄诗唱中的神或英雄，提坦神克利俄斯之子、女神赫卡忒之父便叫这名；最早的英雄珀尔修斯，也就是砍下墨杜萨脑袋的那个半神，有个儿子也叫佩耳塞斯①。总之，诗人的这个弟弟真的存在，还是纯属虚构（出于规训意图而设计的角色），历代注家争论不休。大约两百年后，希腊另一位诗家忒奥格尼斯（Theognis）在贵族会饮场合发表同样带有教诲意味的、千行诗体讲辞《忒奥格尼斯集》，诗里头同样频频出现某个叫居尔诺斯（Kurnos）的青年。教诲青年作为哲学介入城邦的路径，自古是哲人不能绕过的关口。赫西俄德和忒奥格尼斯之后，我们至少还能数出柏拉图和色诺芬的苏格拉底（这是学生反过来写老师）、亚里士多德笔下的尼各马可、马基雅维利笔下的君主、卢梭笔下的爱弥儿等一连串闪亮的名字。

这样看来，赫西俄德有没有这个弟弟不是重点所在。即便没有这个佩耳塞斯，别的佩耳塞斯也会挤进城邦会场的人丛，充当诗人心目中的理想读者。有一个问题也许更值得关

---

① 提坦神克利俄斯（Krios）之子、赫卡忒（Hecate）之父佩耳塞斯（Perses）和降服墨杜萨（Medusa）的英雄珀尔修斯（Perseus）均出现于《神谱》（377，280）中。

注,那就是佩耳塞斯作为理想读者的戏剧性角色设计。表面看来,《劳作与时日》是一首单人吟诵的长诗,犹如诗人的一次公开讲辞,在场的听者一言不发。但细细读来,这首诗的行文谋篇竟藏有纷繁的戏剧场景。在偌大的城邦会场里,不只赫西俄德和佩耳塞斯两人。全邦人都在听。王公贵族们在听,不同意见的人们在听,聪明的人们在听,一知半解的人们在听。整场诗唱会,看似只有一个声音,却要应对来自四方的诸种表情反应,随时变幻修辞和角色,演绎戏中戏。在诗人的身教言传中,有一个人在悄然转变,正如人不能两次踏入同一河流,终场时分的佩耳塞斯也不再是起初那个佩耳塞斯。

赫西俄德要对佩耳塞斯诉说真相,自然是因为佩耳塞斯不明真相。在人生旅途中,事关一个人的最根本的真相,莫如德尔斐的神谕古训,"认识你自己"。唯有自知之明,才能分辨周遭时局,规定个人的身份和姿态。流浪中的奥德修斯先要弄清楚自己是谁,才能真正走上还乡之路,也才会每到一处陌生的土地,无论费埃克斯人的城邦,还是独眼巨人的荒岛,乃至他没认不出的故乡伊塔卡,问出那个根本性的问题:"这里的居民是无度蛮横,不明正义,还是热情好客,心中虔诚敬神明?"(奥 6:120—121,9:175—176;13:201—202)有了自知,再明辨城邦与个人的张力,这是古人教诲的常见路线。佩耳塞斯不明真相,首先在于他不知道自己是谁,更不知道自己在城邦中的身份位置。

从开场交代的兄弟纠纷(劳26—41)中,我们知道佩耳塞斯很穷,家里连粮食也不够吃。之所以入不敷出,是因为他不劳作。之所以疏于劳作,是因为他天天在城邦会场混日子,凑热闹看纠纷。之所以过着这样的生活,是因为他不明公正法则,为抢别人的财产不惜滋生纠纷。短短几行诗间,一个在人生的十字路口迷失方向的青年形象跃然纸上。

青年天性活泼轻浮,善感好学。大多数时候,在他身处的环境里,什么看上去像是美的好的东西,就有样学样。佩耳塞斯看轻父亲和兄长的生活方式,做一个老实的乡下农夫没有前途,辛苦没好报。他天天往外头跑,向城里有能力吃得开的聪明人学习钻营。他尝到这种聪明的甜头。先前和兄长分家产,他学着去贿赂王公贵族,果然占了不少便宜。佩耳塞斯不是没有想法。他(他们)怀有模糊而美好的理想,因为瞥见真相的某个面具而自信认识了真相本身。他(他们)站在人生道路的起点,学习如何在现有社会共同认知中生存,尽可能让自己轻松又过得好。还有什么比这更正当的呢?所有人不都是这么想的吗？

一开始，赫西俄德的言说对象就是这样不明真相而理直气壮的青年。他们天真、纯洁、满带希望。但越是干净的东西，越容易沾惹尘埃，无益的习气几乎总在不知不觉中蔓延。佩耳塞斯喜欢滋生纠纷。从前分家产惹出纠纷，如今又要挑起新的诉讼。名目何出，不得而知，想是日子过不下去，向兄长求援又遭拒绝，干脆再挑事端。在同一段落短短六七行里，"纠纷"（νεῖκος）一词重复出现四次（劳29，30，33，35）。佩耳塞斯相信，聪明人利用纠纷能为自己争取权益。他天天混在城邦会场的人堆里头，想来不只是玩乐，而是为了观摩聪明人的争辩技巧。

佩耳塞斯不明劳作的根本，又沾染上纠纷趣味，不是没有缘故。我们说过，他有一个与古风英雄相仿的名字，自小听惯荷马的英雄诗唱，崇尚诗中那些贵族英雄的生活方式。就拿纠纷来说吧。英雄事迹的传唱多以纠纷为肇端。《伊利亚特》从阿伽门农与阿喀琉斯分配战利品的纠纷说起，《奥德赛》从宙斯与波塞冬的权限纠纷开场，而以奥德修斯与求婚人的纠纷收尾。今已佚失的循环史诗《忒拜伊德》起源于俄狄浦斯对两个儿子的诅咒，其中那个带外邦军队攻打忒拜抢夺王权的名叫波吕涅刻斯（Polyneikes），字面意思是"许多"（Πολυ）-"纠纷"（νείκης）。在这些传统诗唱中，英雄挑起纠纷冲突是为了争取正当的荣誉权利。佩耳塞斯为了生存权益而挑起诉讼纠纷，难道不是在仿效英雄行为吗？这么做有错吗？

这就是赫西俄德面临的根本挑战。如何用恰当的方式让青年意识到自己可能错了？换言之，如何引导青年从自信转为困惑，重新站到两难的十字路口？作为教诲技艺的辩证术稍后在柏拉图对话中得到充分发展。在这里，我们见识了最早的一次示范。

佩耳塞斯崇拜诗人荷马。事实上，在场的听者谁不是呢？但凡听到有别于荷马的诗唱，他们会意外不安，不能理解，无趣退场，乃至发怒叫嚣。赫西俄德不得不频频向这位万人崇拜的诗人致敬，无数次援引他的言说，并无数次移转内中乾坤。为了让佩耳塞斯看清荷马诗中的真相，他采取再怎么审慎的姿态也不为过。何况，青年不可能凭空独自生成那么些想法，而是受到聪明的过来人的影响。我们说过，全邦人都在听。这一天，诗人在城邦中近乎四面楚歌。他并不知道，很多年过后，雅典有个苏格拉底也像他这样，特地洗过澡，穿上鞋，站在诗人阿伽通家门前，犹豫很长时间，才走进坐满智术师和修辞家的夜饮(《会饮》,174)。他们心里都清楚,这是要只身闯敌营,这是要做不可能的事,并且只准成功不能失败。

正是在这样充满微妙政治张力的城邦舞台上,赫西俄德拟定必要的修辞手法,并首先讲起故事。很久以后,基于同样的顾虑,卢梭在发表书信体小说《朱丽,或新爱洛伊丝》时说道:"大城市需要戏剧,败坏的民族需要小说。我看见我的时代的风尚,于是发表这些书信。但愿我能活在非烧掉这些书信不可的另一个世纪!"[①]在败坏的时代或城邦才有必要运用隐微叙事。卢梭判定他的时代需求戏剧小说,赫西俄德也自称不幸生逢不得不求助隐喻的败坏城邦。

赫西俄德一连讲了三个故事。第一个故事(劳42—105)讲宙斯王为应对普罗米修斯的挑衅,造最初的女人潘多拉,由此规定人类现有生存状态:劳作、繁衍和有死。在某个消逝不再来的年代,人类也许过着如神一般的生活,远离死亡恐惧,也无须劳作。但那样的好日子不会再有了。佩耳塞斯必须明白,人类注定要"终身辛劳,才能从地里得吃的,必汗流满面

---

① Jean-Jacques Rousseau, *Œuvres Complètes,* tome 2, Gallimard, Pléiade, 1959—1964, p.5.

才得糊口"①。

第二个故事（劳106—201）延续同样的思路，讲人类先后经过从黄金到黑铁五个世代，起初的美好生活渐次沦落，一代不如一代。其中的英雄叙事尤其让人在意。赫西俄德费心用隐喻讲故事，目的是要教化佩耳塞斯，让崇拜荷马诗唱的青年明白英雄的真相。听过故事的佩耳塞斯隐约明白了，原来阿喀琉斯既有英雄种族的高贵，也有青铜种族的无度，英雄的原样比自己先前的想象纷繁得多。赫西俄德还说当下的黑铁社会"劳累和悲哀没个消停"（劳177）。傻乎乎的佩耳塞斯原以为进步是时代的真相，没想到真相乃是正义的沦落。

在对青年接连讲过两个故事之后，赫西俄德突然掉转头为王公贵族讲起第三个故事（劳202—212）。"王爷们"一直在场，密切关注青年乃至其他城邦成员听故事的反应。第一个故事讲到某个挑衅王权的人的下场，反叛者终将受到惩罚，青年还顺带被教育必须劳作，顺应命运的安排。王爷们听得颇为满意。第二个故事很不同。有关黑铁种族的种种现世影射让他们沉不住气，开始暗自琢磨，为了维护城邦的安全秩序，是不是

---

① 《创世记》，4：17—19。

该叫停这场危险的公开言说。正是在这个特定时刻，赫西俄德出其不意地直接对他们说话。"现在，我给心知肚明的王爷们讲个寓言。"（劳202）

鹞子与莺的寓言从第二个故事结束的地方开始，继续探讨城邦的正义问题。但赫西俄德的讲法相当出人意料。鹞子抓住了莺。没有英雄来营救弱者，没有神灵来教训坏蛋，反倒是鹞子对莺恶狠狠地训了一通话。借助强大的鹞子的言说，赫西俄德看似在宣扬贵族王公的绝对权威，细究之下似乎又有别的隐喻。聪明的王爷们是不是真的心知肚明，不得而知。无论如何，赫西俄德的三个故事滴水不漏。

在全邦人面前，赫西俄德围绕正义女神狄刻的话题展开第一次规训（劳213—285），两次直接呼唤王爷们（劳248，263），提醒对方重新认识狄刻，遵从正义法则，履行自己在城邦的职责。

在赫西俄德严辞大战贵族王公的过程中，青年佩耳塞斯始终站在一旁，带着好奇表情，努力看懂眼前的这出戏。王公们的真相一经揭穿，让佩耳塞斯意识到，他所崇拜的荷马英雄与眼前的贵族老爷相去太远，荷马诗中的世界也与眼前的忒斯庇亚城邦相去太远。青年若有所思，不觉看清人生的十字路口，究竟该继续痴迷古风英雄神话,还是该倾听教诲面对现实?在这个叫人为难的路口上,仿佛贴着两个路标,一个叫让人神往的荷马,另一个叫迫人清醒的赫西俄德。佩耳塞斯头一回明白两难的真谛。是时候了断年少轻狂,清醒审慎地迈出成熟人生的第一步。

> 至善的人亲自思考一切,
> 看清随后和最后什么较好。
> 善人也能听取他人的良言。
> 既不思考又不把他人忠告
> 记在心上,就是无益的人。(劳 293—297)

这五行诗文堪称全诗的教诲核心,在关键时刻提出,再恰当不过。为了帮助佩耳塞斯认清自己在城邦中的身份位置,赫西俄德区分了最好的、好的和不好的三种人。少数人有能力亲自思考一切,有全局思考的智慧,能够站在城邦整体的角度思考,预先看清楚何种言说在随后和最后对个人和城邦有益,这样的人"至善",也就是"在所有人中最好"($πανάριστος$)。这样的人显然不会是城邦中的普通一员,更像是那些有能力决定城邦兴衰的贵族王公们本应扮演的角色,很可惜,诗人当着全邦人的面说过,现实中的王爷们只是一些"傻瓜","吃了苦头才明白"(劳218),无力承担做少数人的重任。除此以外的多数人不具有这种能力,也不需要亲自思考城邦的命运,不必做"专家"。在这些人中又有区分。一种能够听取他人忠告,这样的人是"善人"($\dot{\varepsilon}\sigma\theta\lambda\dot{o}\varsigma$),或明智的人。另一种不分是非好坏,没有"认清什么较好"就擅自言行,这样的人就是"无益的人"($\dot{\alpha}\chi\rho\eta\iota o\varsigma$),无用之外,乃至有害。愚妄的人不明智,恰恰在于他们自以为聪明,有能力影响他人,没有什么比这个更危险。

少数人与多数人的区分据说是古典政治哲学的重要议题。在公元前8世纪的诗人笔下,我们俨然经历了最早版本的教诲。无疑,赫西俄德自视为至善的前一种人。这不仅因为他在诗中是给出良言的人,还因为他确乎如先知一般对黑铁现世做出预言。问题在于,青年佩耳塞斯应该成为哪一种人?当他挤在城邦会场中看热闹出风头大放厥词时,他几乎和第三种人看齐。但所幸他还有兄长的规训。尚无智慧的青年需要良言忠告。他应努力做第二种人,而避免沦落为有害自己进而有害他人的第三种人。贵族王公本该是第一种人,但倘若事实上他们没有这个能力，那就至少应该做第二种人，而避免成为有害城邦以至有害自己的第三种人。在场的全邦人，聪明的或不聪明的，都面临类似的选择。

希腊古人热爱十字路口的譬喻，并且十字路口总似与青年有关。苏格拉底对追随他的青年讲过一个故事。年青的赫拉克勒斯在孤独之中思考未来的生活道路，忽遇两个女子，一个叫美德，一个叫恶习，她们分别劝说赫拉克勒斯追随自己，最终这个希腊的孩子摆脱恶习的诱人承诺,选择美德的艰难道路①。仔细想来，这个被古代圣贤判定为符合正义的选择，归根到底是一个让人意外乃至背离人心的选择。因为，喜欢走轻松近路是人的自然天性，而所谓正确的道路往往辛劳。在《劳作与时日》里，赫西俄德两次提到两条路的譬喻，一次在正义规训（劳213—217），一次在劳作规训（劳286—292），两处说法彼此呼应，反复强调的是同样的道理。摆在佩耳塞斯面前有两条路。一条路平坦邻近，能轻松走到，另一条路却艰难险陡，要汗水不断。在前一种说法里，两条路分别通往无度与正义。在后一种说法里，两条路分别通往困败与繁荣。正义的路和劳

---

① 色诺芬:《回忆苏格拉底》, 2, 1, 21 起。

作的路就此重叠在一起，不妨说，正义的路其实也就是辛劳的路。

正因为这样，在做出城邦三种人的区分之后，诗人随即要求佩耳塞斯时刻记住一个"告诫"（ἐφετμῆς，劳298）。这个用法在荷马诗中一律指神的告诫，除了一处例外，忒提斯没有忘记儿子阿喀琉斯的呼告（伊1:495）。但荷马诗中不乏将神的用语用在阿喀琉斯身上，阿喀琉斯的呼告也确乎影响了宙斯王的"神义"的实现，比其他神还要灵验。赫西俄德把自己的言说称作ἐφετμῆς，犹如赋予自己某种能够给出属神的告诫的特殊能力。换言之，这个告诫具有绝对的有效性，不会轻易受时代和场合的影响。这个告诫说来简单，就是劳作。

选择正确的生活道路，意味着活得艰难。活着就是辛苦。明白辛苦就是人生的真相，也就不肯再对各种虚妄妥协。在解决这个根本思想问题之后，赫西俄德作为有能力思考一切的至善者，还要给佩耳塞斯和在场的全邦人一系列良言忠告。礼法初训（劳320—380）的中心思想是如何在城邦中符合正义法则地获得财富和保管财富，也就是如何过一种正直又富足的生活。我们说过，大多数人不需要费神思考城邦的命运，只要能够听取智者的忠告，过正直良善、自食其力的生活，就是明智的第二种人。佩耳塞斯只要遵守正义礼法，加上辛勤劳作，就有机会获得众人想望的幸福生活。

这样，赫西俄德当众讲完故事又讲道理，终于让青年佩耳塞斯明白自己先前确乎错了。在辛劳变成必然的人生中，只能信靠宙斯王的正义。天天待在城邦会场混日子不是办法，老老实实干活谋生才是明智的人生。佩耳塞斯想是想通了，但教诲还远远没有结束，他还必须掌握各种生存的技艺，学会如何依靠自身努力过上好日子。赫西俄德接着耐心地向他讲解如何度过一年的农夫生涯，观察星辰鸟虫花草的变迁，掌握最佳的农事时机（劳381—617），适时出海买卖添补家用（劳618—694）。这个部分占全诗大半篇幅，就连诗篇也以之为标题主旨，只是，倘若没有前头艰难的循循善诱，佩耳塞斯如何肯静下心来学习农时技艺？世人常误以为赫西俄德单写"劳作与时日"，开创了农事诗先河，是了不起的诗人，殊不知他还运用辩证术，教诲城邦青年，无愧哲人的尊名。

在赫西俄德的言说中，不知不觉，佩耳塞斯抛下先前仰慕的荷马英雄，在心里树立起新的偶像。这个新的英雄不是别人，就是赫西俄德。怎么！在青年的心中发生了怎样翻天覆地的变化！他原先看不起这个兄长，这个在诉讼中输给他的人，这个想法过时不谙进步的人,这个在新城邦时代被淘汰的人,他也许还恨过这个兄长,这个拒绝接济自己却喋喋不休讲道理的人。但突然之间,他重新认识这个兄长的真相,英雄原来远在天边近在眼前,英雄就是这个被他轻视又敌视的兄长,这个看上去平常不过的乡下农夫。青年佩耳塞斯的人生就从顿悟的那一刻起发生了转变。

这样,佩耳塞斯从既不能思考又不分是非的第三种人,正式转变成明智听取忠告的第二种人。赫西俄德给他的最后忠告与娶妻有关(劳695—705)。卢梭后来谈教育,同样以引导爱弥儿娶妻生子收尾——《爱弥儿》第五章以爱弥儿的未来妻子"苏菲"命名,也是"论教育"的最后一章。受教的青年必须娶妻生子,生养后代,才能把自己收获的教诲传给后世,形成循环不息的教育传统。

给出最后的忠告,本该大功告成。但诗歌出人意料地继续进行下去,做出礼法再训(劳706—764)和以月份为单位的时日说明(劳765—828)。比较前后两次礼法训话,好些说法彼此不同,甚而有出入。我们说过,初训是为了引导佩耳塞斯成为明智的人,成为城邦中的好公民。只要他懂得听取忠告,就有机会过上幸福生活。相比之下,再训繁复难懂,隐晦不清。诸如娶妻要避免成为远近笑柄，交友要有理有节，言辞要谨慎有分寸，日常行为要谨守禁忌，尤其要避免触怒神灵（劳697—706），种种教诲均与城邦人群里头的个体姿态有关。掌握言辞分寸是关键（劳719—720）。切忌表里不一，或让人以为交友不善，或轻易责辱他人的贫穷，或说人坏话，或在众人集会上显得乖张（劳714—723），这些禁忌旨在如何于城邦中树立和保持好名声，也就是如何在公众面前掌握言说的限度。什么样的人尤其需要在公众面前树立好名声并掌握言说技巧呢？显然不是听从忠告的人，而是给出忠告的人，也就是城邦中的第一种人。我们注意到，自再训起，诗中再没有提起佩耳塞斯的名字，转向某个模棱两可的第二人称的"你"说话。种种细节似乎在暗示，此时的听者已非彼时的听者。

在最后的教诲中，赫西俄德的对话人不再是追求正直富足生活的多数人佩耳塞斯，而是少数"深明事理的敬神的人"（θεῖος，劳731）。在荷马诗中，θεῖος专指英雄、先知和歌人，也就是和神具有特殊联系的人，比一般人看见更多东西的人。他们不像多数人那样满足于"想望财富"（劳381），把一己的幸福看成最高追求，而关心什么样的言说对城邦有益。从某种程度而言，他们要担当起王公贵族本该在城邦中担当的职能。

诗中最后提到一个新神,传言女神（*Φήμη*,劳761—764）,显得意味深长。传言可好可坏,坏的传言就是谣言,好的传言则有助于个人在城邦中持守名望并发挥影响。接受礼法再训的人因而要认知和供奉传言神,提防恶言,促进善言（也就是神意在人间的启示和传说）,向城邦中人提供忠告和引导。这是他们在城邦中的使命。他们可能是继赫西俄德之后的先知、歌人,乃至王者。

在传授农时技艺的诗章中,有两个重要段落不讲农作而讲农歇,耐人寻味。第一段讲冬日里,动物冷得哆嗦,老人缩成一团,只有少女躲在家中,待在母亲身旁,并不怕寒（劳504—546）。第二段讲夏日里,男子坐在石下荫处,没有家人陪伴,面对西风山泉,独享美酒佳肴（劳582—596）。这两个生活场景反映了人生的两种不同时刻。在多数时候,一个人辛勤劳作,生活在老人、妻子和女儿身边,勉力照顾家人,履行在家庭和社会中的义务——父亲保护女儿,正是文明社会的表现,充分体现一个人的城邦时刻。但在某些特殊时刻,比如在炎热的夏天,他也需要离群独处,倾听蝉鸣的秘密,冥想诸神透过花开水流所传递的消息,正如在许多年后的某个正午,苏格拉底也曾带着青年斐德若,悄悄走出雅典城邦,在蝉鸣的梧桐树下度过短暂然而永恒的哲人时刻。

在诗歌言说的尽头，青年佩耳塞斯经历了第二次根本性转变。如果说第一次转变发生在第二与第三种人所形成的十字路口上，那么，这一回，少数（而不是全部）青年从第二种人变成第一种人。按如今时髦的话说，赫西俄德设计了一个性格跨度极大的角色，将城邦中的三种人竟先后扮演了一遍。《劳作与时日》的理想读者因而不只一种。赫西俄德的教诲意图相应的也不只一个。城邦要有多数能听忠告的明智的人，也要有少数能给忠告的智慧的人。对刚刚起步的青年佩耳塞斯而言，更要紧的也许是少纠结少数人与多数人的对峙，多想想如何才能避免做无益有害的第三种人。

话说回来，躺在夏日阴凉处，美美睡个午觉，岂非理直气壮的人生乐事？却有人偏要在正午时刻保持清醒，艰难地努力，不被蝉们如塞壬女妖般的歌唱所催眠[①]。两难之所以是困境，在于它如影随形，佩耳塞斯不可能一劳永逸地一生只遭遇一次十字路口。

---

① 柏拉图:《斐德若》，259a。

故事的另一半

不同文明的创世故事都讲分离。世界生成的过程实为分离的过程。在庄子《逍遥游》，是鲲化鹏，鱼化鸟，是南冥与北冥的分别。在旧约《创世记》，是光与暗，昼与夜，是人对神的背离。有了分离，才有"怒而飞"的艰难自在，才有柏拉图以降反复熟悉亲近的爱若斯，"其翼若垂天之云"。作为对创世的无穷尽摹仿，人世间的诸种生成一应绕不开分离这件事，从新生儿脱离母体的一次诞生，到脱胎换骨的一次思想生成。

《神谱》里讲，大地生天空、深海，犹如从自身分离出另一个物态（气态、液态）的我，与之相爱生育，与之相争分离，开天辟地诸神大战的故事就这样成了。《劳作与时日》里一连讲三个故事：普罗米修斯和潘多拉、五代人类种族、莺与鹞子。这些故事同样是连在一起的，从人世初始一直讲到末世。开始是分离："当初神们和有死的人类最终分离在墨科涅"（神535—536），收场也是分离："羞耻和义愤加入永生者行列抛弃人类。"（劳199—200）

不知为什么，这三个故事都只留下半个传世。普罗米修斯的故事缺了厄庇米修斯，英雄种族只把英雄故事讲了一半，鹞子与莺的寓言也少了一半训谕。

幸好。讲故事以前，赫西俄德丢给我们一句费解的古训：

"一半比全部值得多。"(劳40)

第一个故事

1

宙斯策马去到神圣的伊达山顶。日至中天,"神和人的父"架起黄金天平,一边是特洛亚人的命数,一边是希腊人的命数。他提起天平,希腊人的沉些,降至养育万物的大地,特洛亚人的轻些,升到无边的天空。伊达山顶笼罩一片芬芳的云气,飞马静静停在馨香的祭坛边,等待远眺众生的神王。这是《伊利亚特》至关重要的一幕(*伊* 8:68—74)。十年特洛亚战争,成败就在那一刻定下来。

命运倾向希腊人。神王宙斯思绪万千,"独自坐在山上心里烦闷"(*伊* 8:207)。他想到对女海神忒提斯的承诺。他答应给她的儿子阿喀琉斯应有的荣誉。他欠她一份情,从前有一回多亏她才免遭波塞冬和赫拉起首的诸神反叛(*伊* 1:397—400)。眼下阿喀琉斯受侮辱拒绝出战。忒提斯当着诸神的面向宙斯乞援,左手抱住他的膝,右手摸他的下巴,"请他重视她那劫掠城市的英雄儿子"①。宙斯当着诸神的面点了头。一缕发丝从他头上飘下,霎时"震动天山"(伊1:530)。

一诺千金。这意味着特洛亚战局又多起伏。希腊人在得胜前先得吃苦头,得在节节败退之际恍悟阿喀琉斯的价值。然而,当着诸神的面点头,这让宙斯很烦恼(伊1:517)。满足忒提斯的乞援,就是在满足一个"充满灾难的祈求"(伊15:598—599):

> 这件事真有害,你会使我与赫拉为敌,
> 她会用一些责骂的话使我生气。
> 她总是在永生的天神当中同我争吵。(伊1:518—520)

神王对付男神们颇有一套。波塞冬抱怨希腊人在特洛亚平原上修建城垒,抢了他和阿波罗造老城墙的风光,宙斯面色不愉几句话让对方不再言语(伊7:454—463)。阿瑞斯跑来哭诉雅典娜在战场上打伤自己,宙斯反倒狠狠教训他一顿,声称在所有奥林波斯神中最恨这个小厮(伊5:888—898)。但女神们

---

① 荷马诗中多次重复宙斯对忒提斯的承诺,如见伊1:512—513;8:370—371;15:76—77。

不同。雅典娜与阿佛洛狄特关系紧张，赫拉与阿尔忒弥斯时有纷争，神王不得不小心应酬分别安抚，恩威并施不轻易得罪谁（*伊* 5:426—430，21:508）。尤其赫拉一心庇护希腊人，总在诸神聚会时"大搞阴谋"（*伊* 15:31），一会子甜一会子酸，还在伊达山顶施美人计，让他一时迷误，波塞冬乘机助希腊人打伤了赫克托尔（*伊* 14:292—360）……

从一开始起，希腊人与特洛亚人的这场战争就不只是人间的事务，而与奥林波斯神界的不和相关。那颗引起女神争美的金苹果，当初就是不和神故意丢下的不是吗？充作裁判的特洛亚王子帕里斯为此从希腊带走海伦，酿下十年战祸。诸神纷纷在特洛亚亲身参战形成两大阵营，天庭政局大受影响。宙斯不怕别的，但怕赫拉"总是在永生的天神当中同他争吵"。当众争吵与夫妻间的情分无关，而与天庭的政治利害有关。宙斯仿佛又一次面临波塞冬和赫拉起首的诸神反叛危机，他们当初"想把他绑起来"（*伊* 1:400），而这一回，恰恰是帮忙解过围的忒提斯让他束手受困。

这场战争要有个输和赢，特洛亚人注定覆灭。不过在一切完结以前，正义的天平在宙斯的手心儿里颤颤巍巍。每一次抖动都有一个神的孩子人的英雄流血牺牲。在荷马诗中，宙斯另一次摆弄黄金天平是在阿喀琉斯与赫克托尔决斗时。当着神和人的面，两军最好的战士连绕特洛亚城三圈，一个逃一个追。宙斯不忍心他所宠爱的赫克托尔这样死去。事实上，谁能忍心出色美好的赫克托尔这样死去呢？但有死者的命数早注定好了。当天平上赫克托尔的死亡那一边倾向哈得斯时，时时庇护在旁的阿波罗神当即抛弃了他。（伊22:157—213）

无数英雄死在长枪下。前一刻他们还美好如神样，坐在首领的营帐中，切割新杀的牛羊，虔诚地祭献诸神，再把肉串烤好，佐着美酒，与甜蜜的伴侣们一道享用。① 在遥远的故土，还有庄严的宫殿，慈爱的父母，甜美的妻子，美好的财富，十年中痴痴守望。② 但他们就这么一个个倒下了。某个耐人寻味的夜，阿喀琉斯与普里阿摩斯这对死敌面对面坐到一处哀叹："神们是这样给可怜的人分配命运，使他们一生悲伤，自己却无忧无虑。"（伊24:524—525）荷马诗中的英雄无条件地顺服如下法则：这么些悲伤的死亡（伊8:69），尽管充满暴力苦痛，终究没有违背宙斯的黄金天平所象征的正义秩序。

---

① 参见达那奥斯人向阿波罗奉献的百牲祭（伊1:457—474）。
② 奥德修斯即是一例。另参阿喀琉斯哀悼好友帕特罗克洛斯时所说的话（伊19:315—337）。

> 这毁灭性的愤怒带给阿开亚人多少苦痛。
> 把多少勇士的英魂送给
> 冥神,使他们的尸体成为野狗和各种
> 飞禽的食物:宙斯的意愿得以实现。(伊1:2—5)①

英雄的血性意气,相互的厮杀暴力,乃至尸身不得安葬的厄运。没有哪个《伊利亚特》的人物身世浮沉能够逃脱宙斯的意愿这一至高的必然法则。也没有哪个诗人能如荷马那样用一种苦涩不失优雅的笔调述说人类的伤心命运。那日正午,宙斯从伊达山顶把雷电抛向希腊军中,他们看见了却不明所以,他们不知刚刚受命运之神垂青终将攻陷特洛亚城,他们也不知先要打多少败仗从平原溃逃连船只也被烧。他们只是感到惊异,"苍白的恐惧笼罩他们"(伊8:76—77)。

赫西俄德一样强调宙斯的意愿,但表现出不一样的朴质。《神谱》和《劳作与时日》反复出现这些相似的表述。有一处甚至说,早在宙斯出生以前,"大地和天空告诉克洛诺斯,命

---

① 此处译文引自:刘小枫,《昭告幽微》,页80。

中注定他要被自己的儿子征服：伟大宙斯的意愿如此"（*Διὸς μεγάλου διὰ βουλάς*，神 463—465）。就事件发生顺序看，这个表述相当不合常理不是吗？宙斯如何在出生之前决定世界的命运，宙斯的意愿又如何存在于宙斯的诞生之前？这些疑问看来并不困扰讲述诸神世代谱系的赫西俄德。贯穿整部《神谱》，自最初的混沌起，世界生成的每个步伐无不是在为建构一种名曰宙斯的秩序做准备。

在所有诗人中，赫西俄德最早以无华的文字直抒对于此种最完美的宇宙秩序的信仰。

> 伟大斯的意愿如此。（神 465 = 劳 122）
> 克洛诺斯之子的意愿如此。（神 572 = 劳 71）
> 聚云神宙斯的意愿如此。（神 730 = 劳 99）
> 雷神宙斯的意愿如此。（劳 79）

具体到诗歌叙事，这些表述多与同一个神话有关。《神谱》和《劳作与时日》分别讲道，普罗米修斯反叛奥林波斯神王宙斯，为人类盗取火种，作为反击，宙斯送给厄庇米修斯一件礼物，也就是最初的女人（神 535—616，劳 42—105）。"意愿"

（βουλάς）以外，赫西俄德还多次说起宙斯的"智"（νόος）或"意志"，在两首诗中，同一个神话故事的收尾诗行相近：

宙斯的意志难以蒙骗也无法逃避。（神613）
宙斯的意志没有可能逃避。（劳105）

普罗米修斯与宙斯斗智，终究难逃神王的意志。这场诸神之战的重头戏，让我们从头认真看起。

普罗米修斯无愧"狡黠"的美称（神521，546，559，616；劳48，54）。作为正义的化身，神王宙斯本无可指摘，不料普罗米修斯竟抓住他可指摘的要害。宙斯即正义，普罗米修斯偏要在正义上做文章。

于是，在人神同宴的墨科涅，普罗米修斯别有意图地分配一头牛：一份是丰肥的牛肉却盖着牛肚，其貌不扬；另一份是骨头却涂着脂肪，光鲜无比。他一边摆出两份不平等的食物，一边轻笑说道：

至上的宙斯，永生神里最伟大者，
请遵照你心里的意愿，挑选一份吧。（神548—549）

这一出招着实厉害。墨科涅众目睽睽下,宙斯心里不是滋味。谁都知道,宙斯的意愿是公正平等。眼下摆在面前的两份选择却有质的悬殊,一点儿不公正平等,宙斯不管"挑选"哪一份都无异于承认自相矛盾。正义的宙斯原来不正义,高调宣传的政治口号原来是一场虚妄的梦幻泡影。自神有谱系以来,这大抵算得上最严重的政治危机。

宙斯很生气。赫西俄德用各种修辞表现他如何生气:"心里恼火"(神533),"气上心头,怒火中烧"(神554),"不快"(神558),"时时把愤怒记在心里"(神562),"心里似被虫咬,忿怒无比"(神568),"心中恼恨"(劳47),"呼风唤雨的宙斯心中气恼"(劳53)……宙斯越是生气,越是让人觉得不妙。果然——

……但宙斯计划从不落空,
面对骗术心下洞然。他心里考虑着
有死的人类的不幸,很快就会付诸实现。
他用双手拿起那堆白色的脂肪,
不由得气上心头,怒火中烧,

当他看见牛的白骨,那诡诈的计谋。(神550—555)

前三行与后三行,这段诗文耐人寻味。前三行(神550—552)还说,没有什么骗术能瞒过神王,宙斯的计划从不落空,他甚至开始考虑如何对付人类给他们带去不幸。既然宙斯胸有成竹,后三行(神533—535)怎么又说,神王像是中了普罗米修斯的圈套,一副才刚醒悟的愤怒模样?

愤怒是英雄的真性情。好比阿喀琉斯。愤怒,或无度(hubris)。但宙斯在墨科涅这出公开戏里扮演的角色不是英雄而是王者。赫西俄德说,因为宙斯,大地上才有王(神96),宙斯王是大地上一切王者的仿效榜样。好王者明智不愤怒,谦和严谨,且懂得"温言相劝,轻易扭转不公平的局面"(神88—92)。荷马诗中也说,好王者"演说动人,为人虚心严谨,超越集会的人们"(奥8:171—172)。审慎清明才是王者的德性。审慎,或适度(diké)。看来前三行里的清明才是宙斯的真貌,后三行里的愤怒不是神王真性情的流露,乃是一种必要的政治技艺。

果然愤怒之下,宙斯宣布一个重大对策:给人类送去潘多拉(劳54—58)。潘多拉被称为最初的女人,可见男人女人的分别此前不存在。诸神在墨科涅事件之后才造女人。早先的人类与神同住同食，人界与神界似乎没有质的分别，人类共同体生活也无第二性别的必要。有了男人女人之别，人神之间才界限分明，人类独有的共同体生活也才清晰成形。可见神王愤怒是假，让"女人"进入共同体政治生活才是真。

"人和神的父说罢，哈哈大笑"（劳 59）。大事已定，宙斯流露出满意的表情。普罗米修斯的挑衅给了宙斯佯装的理由：佯装愤怒，佯装不得不实行更大的计谋。赫西俄德诗中一连两次说："宙斯计划从不落空。"（神 550 = 神 561）

宙斯为什么费心策划这一系列计谋，甚至不惜牺牲公共形象，把"女人"推上政治舞台？一切还得从天神乌兰诺斯家族的天庭权力斗争史讲起。事实上，《神谱》大半篇幅都在交代这些事件。

起初天地未开，天紧贴大地，无一丝空隙。天地的子女"从一出世就不能见天日，被尽数掩藏在大地的隐秘处"（神 157—158）。换言之，他们被迫留在受孕的母腹，不得脱胎出世。大地承受不住天神这样无时无刻求欢，"在内心悲嚎"（神 159）。她若不"想出一个凶险的计谋"（神 160）摆脱困境，终止天神无休止的交合欲求，世界的生成将就此停滞。那天神仇视自己的子女，他们出生长大意味着空间的需求，迫使他与大地分离。

永是漆黑的夜里，小儿子克洛诺斯用一把尖利的刀割下父亲的生殖器。天神丧失性交和繁衍的能力，不再可能如前覆盖于大地之上。天地就此分离。原本被压抑的生命从此在时空里发展。但克洛诺斯的行为不可否认是一种背叛。那事以后，不和、仇恨和暴力在世间应运而生。天神遇难时诅咒这些叛逆的子女，将他们命名为提坦（神207—210）。这个诅咒终将实现，克洛诺斯注定同样败在子女手里。正如古代诗人经常讲起的阿伽门农家族悲剧，阿特柔斯背叛自家兄弟，由此开启一家三代被诅咒的命运，克洛诺斯背叛父亲乌兰诺斯也吹响了诸神之战的号角。

克洛诺斯执政天庭时，大地和天神预言他的儿子终将打倒他，一如他当初偷袭父亲。为了逆转命运，他把刚出生的子女全又吞进肚里。但在大地的计谋下，他误把一块石头当成刚出生的小儿子宙斯吞进肚里。宙斯秘密长大，终于征服那中了圈套的父亲，逼他吐出腹中之物，也就是被吞进肚里的其他子女。"他敌不过儿子的技巧和力量，最先吐出那块最后吞下的石头"（神496—497）。在宙斯征战克洛诺斯时，不再有暗夜的尖刀和暴力的偷袭,取而代之为一系列计谋的运用。神权战争逐步升级。

克洛诺斯的孩子们从父亲腹中得到解放,随即带领众神驻守奥林波斯山,与俄特吕斯山上的提坦神作战。诸神苦战十年,双方势均力敌,直到宙斯使用库克洛佩斯的武器,得到百手神支援,才定下胜局。新神王把战败的提坦神囚禁在迷蒙的地下深渊(神720—819)。提坦被黜,又出一个提丰,"差点儿统治有死的人和不死的神"(神837)。提坦是大地与天空的孩子,提丰则是大地与地下的塔耳塔罗斯所生。神王打败他,也就征服天上地下的整个世界。

宙斯取得王权,但神权战争尚未划上句号。宙斯重新整顿神界秩序,用一连串联姻巩固王权。他的头一个妻子是墨提斯。预言里说这绝顶聪明的女神注定要生下"一个狂傲无比的儿子,人和神的王"(神888—900)。历史眼看要再次重演。宙斯眼明手快抢先把墨提斯吞进肚里,有效阻止新一代神王的问世,确保奥林波斯宙斯王权永世不朽。

从乌兰诺斯到克洛诺斯再到宙斯的三代神王争权故事有若干相似之处,仔细看竟与神族中的"第二性别"有不解之缘。三代神王战争均与大地的计谋相连。大地是众神的母亲。依据她的预言，当权的神王必为自己的后代所颠覆：乌兰诺斯注定遭克洛诺斯偷袭，克洛诺斯注定误入宙斯的圈套，宙斯也差点儿被墨提斯之子取代。大地又是所有王权政变的幕后操纵者。她为克洛诺斯制造了锋利无比的刀，安排他埋伏在一旁行刺父亲。她答应瑞娅的请求，让宙斯秘密出生长大，并用一块石头替代宙斯瞒过克洛诺斯。她建议宙斯向克洛诺斯设下圈套，逼他吐出腹中的兄弟姐妹。最后，她指点宙斯稳固王权的办法，也就是吞下墨提斯，连同她肚中的孩子。

三代神王战争还集中表现为神王挑战大地母亲所代表的生孕传统。生孩子本是女人的事儿，不归男人管。历代神王为避免子承父业的命数，纷纷致力于翻转传统繁衍模式。在遭到致命打击的瞬间，乌兰诺斯用血滴和生殖器创造后代，宛如向大地母亲的生殖能力示威。克洛诺斯先吞下自己的孩子又被迫把他们吐出来，仿佛在仿效怀孕分娩的过程。宙斯更妙，他吞下怀孕中的墨提斯，再"独自从脑袋生出明眸的雅典娜"（神924）。这么做，一来彻底避免新一代神王诞生，二来改变生孕模式，成功地独自生下雅典娜，三来有墨提斯"帮他出主意，分辨好坏"（神900）。克洛诺斯的固定称谓是"狡猾多谋"，宙斯干脆与机智合为一身，由此得了"大智的"（神457，劳

51，104，273，769）这个固定称谓。宙斯娶墨提斯又吞下怀孕中的她，呼应起初大地生天空又与之结合。神王独自从脑袋生出雅典娜，就此终结天地家族独具有的繁衍模式。

宙斯迅速整顿新政治秩序，为诸神平均分配荣誉。只是，奥林波斯秩序一旦确立，诸神也就处于某种凝滞永恒的矛盾状态，再无发展的时空可能。一个没有合法继承人的政权必然是停顿无前途的政权。神的世界必须获得开放式的补充，大地母亲式的传统繁衍能力不能就此泯灭。当初宙斯把墨提斯一口吞进肚里，这么做虽有诸般好处，可从另一方面看，有些事情单靠男人还是办不成的。

正是在这个天庭政治共同体发生命运转折的关键时刻，神王构想出潘多拉计划。神的世界的开放性要得到延续，但必须是有限存在条件下的延续，必须避免沦为天地无度繁衍的简单翻版，否则一切将从头来过无济于事。区分男人女人，区分人界神界。作为这两种区分的结果，人类生活共同体重新得到定义，并且被赋予两大相互牵制的特质，一是繁衍后代，一是终有一死。潘多拉在终有一死的人世间模仿大地母亲的繁衍方式。我们注意到，自潘多拉计划启动以来，大地不再作为"军师"出场。

从前普罗米修斯分牛肉盗火,宙斯都独力应对。这一回事关重大,神王审慎地安排一些亲近的奥林波斯神参与——赫淮斯托斯、雅典娜、赫耳墨斯都是心腹(劳60—68)。不料消息传开,好些神不请自来,比预想的还多——不知为什么,独独阿佛洛狄特没有到场(劳69—80)。奥林波斯世界如此团结,除了大战提坦那次以外,实在罕有。足见宙斯王佯装愤怒的政治手段大有成效。

众神合力很快把女人造好,神王宙斯的计划从不落空(神550,561)——

他带她去神和人所在的地方,

伟大父神的明眸女儿把她打扮得很是神气。

不死的神和有死的人无不惊叹

这专为人类而设的玄妙的圈套。(神586—589)

直至女人被造,神与人的分别才在诗中清楚得到揭示:"不死的神和有死的人"(神586)。宙斯不仅赋予女人繁衍后代的能力,同时也决定人类必死的命运。这样一个"专为人类而设的玄妙的圈套"(神589),堪称宙斯领导奥林波斯以来最漂亮的政绩，如何不让在场者惊叹？在神和人面前，神王突出表彰雅典娜，赞扬她为女人的装扮做出杰出贡献（神587），却不提造出女人真身埋头苦干的赫淮斯托斯，因为，潘多拉的美丽表象必须为民众所认知，潘多拉的秘密真相只为王者服务。

神王宙斯完满化解了一场天庭政治危机。还剩一个问题。如何处置那反叛者普罗米修斯？

2

赫西俄德说，普罗米修斯家有四个兄弟（神507—511），个个命途多舛。

老大是刚硬不屈的阿特拉斯（Atlas），在大地边缘迫不得已地支撑着无边的天（神517—518），宙斯怕他与生俱来的力气反过来对抗自身。依据稍后的神话作者记载，阿特拉斯是提坦之一，和克洛诺斯一起搞过反叛，罪状包括密谋反抗宙斯、把狄俄尼索斯撕成碎片等。[1]

---

[1] 参看：《俄耳甫斯教辑语》，华夏出版社，2006年，页377。

二哥是傲气十足的墨诺提俄斯（Menoitios），参加过提坦之战①，后来遭宙斯雷击，被抛入幽冥（神515—516）。

三弟四弟就是鼎鼎有名的普罗米修斯和厄庇米修斯。这哥俩一个"狡黠无比"，一个"缺心眼儿"。单从名字看，一个"先行思考"（Pro-metheus），一个"太迟思考"（Epi-metheus），让人不免关心这样的命名安排究竟藏着什么乾坤曲折。

普罗米修斯挑战神王上演了一场接一场的斗智好戏，最终还是败下阵来。墨科涅聚会上，宙斯代表诸神选中骨头，人类分到牛肉。分食意味着分开生活。"从此大地上的人类为永生者们在馨香的圣坛上焚烧白骨"（神556—557），这是祭神的开端。天上下界，神与人就此分离。宙斯受此挑衅，"不再把不熄的火种丢向梣木"（神563）。普罗米修斯再次出手，盗走天上的火种送给人类。宙斯远远看见人间的火，"心里似被虫咬"（神568），使出绝招把潘多拉送给厄庇米修斯，就这样开始了有死人类的悲伤命运。

……宙斯用牢固的绳索

---

① 阿波洛多罗斯：《藏书》，1，2，3。

和无情的锁链把他缚在一根柱子上,

又派一只长翅的鹰停在他身上,啄食

他的不朽的肝脏:夜里它又长回来,

和那长翅的鸟白天啄去的部分一样。(神521—525)

宙斯惩治普罗米修斯分两步:先是用"牢固的绳索和无情的锁链"剥夺自由,再用鹰的可怕吞噬加深折磨。大鹰吞噬肝脏,正因为去了又来无止境,这苦楚让人绝望难忍,更像一种精神折磨。事实上,这一精神折磨的警世作用也超过绳索和锁链。一直以来,我们这些听故事的人往往着迷于解释大鹰的寓意反而忽略受困的根本不是吗?

在肝脏被反复吞噬的惩罚充分发挥警世作用之后,宙斯王派赫拉克勒斯去杀死大鹰(神526—528),目的倒不是要减轻普罗米修斯的苦难,而是要英雄"在丰饶大地上享有比以往更好的荣誉"(神531)。宙斯王没有消解"愤怒"(神615),普罗米修斯没能逃脱"困在沉重的锁链里"的命数(神616)。赫拉克勒斯的英雄行为治标不治本,精神折磨像是解除了,普罗米修斯的命运始终微妙地操纵在神王宙斯的手心。

自赫西俄德起,这位天庭的盗火者出现在西方历代写家笔下。从品达到奥维德，古代作者纷纷追述他在人类起源神话中的重要角色。到了近代，卢梭在1751年《论科学与艺术》卷首特意放一张执火把的普罗米修斯插画，稍后的歌德、席勒、贝多芬纷纷颂赞他，马克思多次借用这一革命者形象反对宗教束缚为人类争取自由。不夸张地说，多少世纪以来这个启蒙斗士的形象深入人心，普罗米修斯的风头甚而远远盖过奥林波斯神王宙斯。

这个启蒙形象据说并不起源于启蒙时代，早在一般认为出自埃斯库罗斯手笔的诗剧《被缚的普罗米修斯》中已初露端倪[①]。在这部诗剧中，普罗米修斯给人类带来技术文明，虽受重罚却不以为意，公开炫耀自己的功劳。在柏拉图对话中，公元前5世纪的智术师普罗塔戈拉第一次造访雅典，为了向苏格拉底证明"美德是可教的"，讲过一个很不寻常的人类起源故事：诸神派普罗米修斯兄弟去分配地上生物的秉性，厄庇米修斯把所有生存能力分配给各种生物，单单剩下赤条条的人类无所依赖，普罗米修斯只好从天庭偷走火和赫淮斯托斯的技艺给人类（《普罗塔戈拉》，320c8—322d5）。普罗塔戈拉在讲故事以前

---

① 参看：刘小枫，《普罗米修斯之罪》，载《昭告幽微》，页1—94。

还把荷马和赫西俄德等古代诗人视为智术的祖宗(《普罗塔戈拉》,316d)。从赫西俄德年代到《普罗米修斯》或《普罗塔戈拉》问世,古希腊的城邦学发生了根本性翻转。

有趣的是,赫西俄德这个迄今所知最古老的故事版本与流传后世的普罗米修斯形象并不一致。首先,在墨科涅这出戏里,如果说宙斯扮演好王者的话,普罗米修斯不像英雄更像反派。人类本来"只要劳作一天,就能得到一整年的充足粮食"(劳43—44)。普罗米修斯"企图蒙骗宙斯",惹恼了神王,"为人类安排下致命的灾难"(劳47—49)。盗火没有解决人类的生存问题,普罗米修斯救人不成还害苦自己。其次,普罗米修斯有个弟弟叫厄庇米修斯。厄庇米修斯接受神送来的礼物潘多拉,从此给人类带来不幸(神512—514;劳84—89)。后世版本绝少提及厄庇米修斯。换句话说,赫西俄德只有半个神话故事流传后世。

在四兄弟中,厄庇米修斯尤显独特。他仿佛脱离神族,更像有死的凡人。虽然普罗米修斯吩咐他,不要接受宙斯的任何礼物,他还是从赫耳墨斯手中接过潘多拉那最初的女人,这使他在某种意义上成为最初的男人。一般认为《劳作与时日》的这段描述是希腊古人最早的婚姻记述:神的使者赫耳墨斯护送穿"白袍"(神574)的新娘出嫁,去到新郎家中。人类的历史似乎在宙斯实现计谋的那一瞬间展开。厄庇米修斯和潘多拉双双走进人的世界做人类祖先。

依据许多古代作者的记载,在人类祖先的神话叙事中扮演主人公的不是厄庇米修斯而是普罗米修斯。希腊古人广泛流传一个与人类起源有关的传说:洪水[①]之后,丢卡利翁(Deucalion)和妻子皮拉(Pyrha)成为唯一幸存的人类,他们往身后不停地丢土块,土块纷纷落地化作人形[②]。许多古代作者称,普罗米修斯和潘多拉是丢卡利翁的父母[③],还有的说普罗米修斯就是丢卡利翁本人[④]。我们从现存的《列女传》残篇看到,赫西俄德也称潘多拉是普罗米修斯的妻子![⑤] 那么,诗人为什么要在这里一反通常说法,让缺心眼的厄庇米修斯取代兄弟普

---

① 品达最早讲到远古时代的洪水,参看:《奥林匹亚竞技凯歌》,9,49—53。

② 参看 Acusilaos 辑语,2 F35;Strabon,9,5,23,阿波洛多洛斯,《藏书》,1,7,2;3,14,5。完整叙述见拉丁诗人奥维德的《变形记》,1,383。

③ Hesychius 辑语 2;Strabon,9,5,23。

④ 赫西俄德辑语 2;参看 Epich 辑语 114—22;品达:《奥林匹亚竞技凯歌》注疏,9,68b;柏拉图:《蒂迈欧》注疏,22a。

⑤ 参看 Martin Litchfiel West, *Hesiode. Works and Days*, Oxford University Press, 1978, pp.164—167。

罗米修斯,娶潘多拉为妻,成为人类的祖先?

弄清这个问题要从《神谱》的谱系笔法说起。顾名思义,"神谱"讲述诸神的世家。在赫西俄德的神谱体系中,最初的神有三个:混沌卡俄斯、大地该亚和爱若斯。从混沌和大地分别发展出两大家族世系。最初的繁衍与世界生成有关,带有宇宙起源意味。混沌生幽冥(Erebos)和黑夜(Nuit);幽冥和黑夜又生天光(Aither)和白昼(Hemere)。混沌家族的后代繁衍呈现为明暗对立的二元形式(神123—125)。与此不同的是,大地孕育了她自己的配偶,即天神乌兰诺斯(神126—128),这使得大地与天神的家族演变呈现为三元(或3的倍数)的累积形式,永远向未来开放。

天地家族的第三代子女包括:六男六女的提坦神(神133—138)、三个库克洛佩斯(神139—140)、三个百手神(神147—149)、天神受伤后生下的厄里倪厄斯、癸干忒斯巨人族和自然神女墨利亚(神183—187)。阿佛洛狄特虽系单独诞生,却有爱若斯和愿望女神为伴,三个一组(神201—202)。

第四代中,仅以提坦神后代为例:克洛诺斯和瑞娅生有三女三男(神453—457);俄刻阿诺斯和特梯斯生有三千个大洋女儿（神364）和三千个河神（神367）；许佩里翁和忒娅生有太阳、月亮和黎明（神371—374）；克利俄斯生有三子：阿斯特赖俄斯、帕拉斯和佩耳塞斯（神375—377）；科伊俄斯和福柏有二女：勒托和阿斯忒里亚，加上同一段落重点交代的赫卡忒，同样是三个一组（神404—411）。

第五代中，宙斯家族更鲜明地遵循此种构成特点。诗中提及宙斯的9次婚姻和21组子女。这些子女有的是三个一组，比如时序女神（神901）、命运女神（神217，904）和美惠女神（神907），有的是九个一组，比如缪斯（神76—79），还有的是三个兄弟姊妹，比如赫柏、阿瑞斯和埃勒提亚（神922）。不难看出，在记述天地家族谱系时，《神谱》严格遵循三元叙事规则。

例外出在提坦神伊阿佩托斯这一家身上。四个兄弟中，阿特拉斯和墨诺提俄斯是传统意义的提坦神，都反叛宙斯，都受到惩罚。这两位做老提坦伊阿佩托斯的儿子再合适不过。剩下的普罗米修斯和厄庇米修斯哥俩才是问题所在。

柏拉图的《会饮》借阿里斯托芬之口讲过一个让人难忘的奇异神话。从前人类有四只手四条腿，颈上有两张一模一样的脸，属于同一个脑袋，只不过方向刚好相反，耳朵有四个，生殖器有一对，可以想象所有别的器官也都成双（会189d—190a）。这时人类力量可怕，见识也伟大，竟想登上天去攻击诸神（会190b）。他们被比作荷马诗中的奥托斯（Otos）和埃菲阿尔特斯（Ephialtes），这对巨人兄弟从前反叛诸神几乎要成功，没成功是因为他们在长大成人以前被宙斯和阿波罗处死了（奥11:305—320）。诸神显得不满意当初的做法，在面对新一轮反叛者时绞尽脑汁另想他途。于是，为了限制人类的力量，"让他们活着又不再放纵"，宙斯和阿波罗最终采取"让世人变得虚弱"这个办法，"把他们个个切成两半"（会190d）：

> 世人的自然天性被切成两半后，每一半都渴望与自己的另一半走到一处，双臂搂住相互交缠在一起，恨不得欲求生长到一起……我们个个都是世人符片，像比目鱼从一个被切成了两片。所以，每一符片总在寻求自己的另一半符片。（会119a–d）[①]

这个故事让人想到普罗米修斯和厄庇米修斯哥俩不是吗？

[①] 刘小枫编译：《柏拉图四书》，页201—203。

他们和那对巨人兄弟一样是诸神的反叛者。他们没有在长大成人以前被处死,而是做了人类的祖先,与人类的起源息息相关。厄庇米修斯从始至终以普罗米修斯为存在依据。无论命名天性还是实际行动,他宛如普罗米修斯分身而出的一个影子。他们一正一反,一实一虚,好比同一个人类被切成的两半。这样看来,伊阿佩托斯家族谱系没有违背既有叙事规则:刚硬的阿特拉斯、忤逆的墨诺提俄斯、双生的普罗米修斯和厄庇米修斯,同样是三个一组。

那么,同一个个体被切成两半来写,厄庇米修斯与普罗米修斯并存究竟要解决人神分离这一关键时刻的何种分歧?在两部诗篇中,赫西俄德赋予厄庇米修斯的使命仅止于一个动作,那就是接受宙斯送来的女人。《神谱》仅有两行半诗文:

他从一开始就是吃五谷人类的灾难,

他最先接受了宙斯造出的女人:

一个处女……(神512—514)

《劳作与时日》略微详细些,共六行诗文:

> [父神]派光荣的弑阿尔戈斯者、迅捷的神使
>
> 把神们的礼物送给厄庇米修斯。他倒是
>
> 没多想,当初普罗米修斯吩咐他莫要
>
> 接受奥林波斯宙斯的任何礼物,送来了
>
> 也要退回去,以免使人类蒙受不幸。
>
> 他收下礼物,等遭遇了不幸才明白。(劳 84—89)

除此以外诗中再无对厄庇米修斯有任何补叙。《劳作与时日》接着讲,潘多拉随身带着一个神秘的瓶子。她用手揭去瓶盖。瓶中的不幸散布人间,充满大地和海洋。唯有希望留在瓶内,没有飞出去(劳 94—104)。

长久以来,我们这些听故事的人习惯分开来看"先行思考"的普罗米修斯与"太迟思考"的厄庇米修斯。在赫西俄德笔下,宙斯王才是独一无二的正角,普罗米修斯哥俩顶多是配戏的反派。随着时光流转,盗火以及一系列对宙斯的挑战给了普罗米修斯倨傲的理由。他在历代解读中摇身变成众人眼里的英雄,渐渐以轻盈姿态飞翔在暴风雨夜里,拥抱闪电霹雳,质

问诸神和世人,一如青年马克思诗中歌颂的革命者形象。[1] 相形之下,厄庇米修斯和潘多拉似乎各因一个动作分别沦为历史的罪人:他接受不幸的潘多拉,她揭开不幸的瓶盖。三千年来,在世人的记忆里,厄庇米修斯一脸蠢相站在尘土飞扬的大地上。就像西班牙导演布努埃尔的电影中那些扛着麻布袋走在路上的陌生人一样,他肩上负荷沉重,他连肉身也一并是沉重的。世人很难想起,这两个反差巨大的人物形象原本是同一个个体被切成的两半。

赫西俄德说,当初普罗米修斯吩咐弟弟,"莫要接受宙斯的任何礼物,送来了也要退回去"(神 84—89)。值得再三推敲的表述不是吗?从普罗米修斯的吩咐看来,人类似乎还有选择的余地,似乎还能够拒绝宙斯的礼物把它退回去。换言之,人与神的关系似乎还停留在墨科涅以前——墨科涅之后人类只剩祭神的义务,哪有拒斥神意的自由?正是在这个似乎可能拒斥的前提下,厄庇米修斯主动收下致命的礼物。《神谱》在唯

---

[1] 有关普罗米修斯的意象取自马克思的诗歌《暴风雨之歌》。马克思在博士论文中曾引用《被缚的普罗米修斯》中的一句告白:"我恨所有的神灵",从而把反叛上帝的历史追溯至希腊时期。另参见:沃格林,《没有约束的现代性》,张新樟、刘景联译,华东师范大学出版社,2007 年,页 36—40。

一提到厄庇米修斯的那两行半诗文里,连续使用"最初"(神512)和"最先"(神513)两个字眼,仿佛暗示"太迟思考"的厄庇米修斯这回比"先行思考"的普罗米修斯更早。

在这段精妙的诗文里,普罗米修斯先创造某种似乎可能选择的余地,厄庇米修斯再在有可能拒绝的时候选择接受。接受神的礼物,也就是接受神与人的不平等关系,接受人类的虚弱和有死的必然。在人神分离的关键时刻,普罗米修斯和厄庇米修斯一个拒斥神意,一个接受人性,一个代表机智,一个强调审慎。兄弟二人的分歧像同一个体的两半不离不弃,在彼此的张力中重建了正义的尺度,也成就了人类的历史。

几乎同一瞬间——厄庇米修斯接受礼物在行83—89,潘多拉打开瓶子自行94起,赫西俄德犹如手法高超的电影导演,不仅运用蒙太奇,还在两段叙事之间插入一段画外音的追溯,在听故事的人耳边响起一阵对从前美好时光的咏唱:

> 从前,人类种族生活在大地之上,
> 远离一切不幸,无须辛苦劳作,
> 也没有可怕的疾病把人带往死亡。(劳90—92)

这是收下礼物的厄庇米修斯心中的歌唱，如凤凰的悲歌，不无伤感，然而坚定。从前的好时光宛然还在眼前，却就此远去，远去了。在那个瞬间，紧紧拉住潘多拉的手的人，既是审慎的弟弟，也是机智的哥哥。他们因分离而变虚弱，唯有认同彼此的残缺，方能还原为完整的个体。当普罗米修斯和厄庇米修斯重新合二为一时，人类才成为真正意义的大地上的人类。

奥德修斯在冥府遇见各种受难的魂灵：有的被罚横躺在地，两只秃鹰在两侧啄食他的肝脏内腑；有的全身淹没在湖中却喝不到湖水，站在果实累累的树下却摘不到果子；有的一次次推动巨大的石头上山，又一次次眼看石头从山顶滚下（奥 11:576—581；581—592；593—600）。这些魂灵的命数与伊阿佩托斯的儿子们何其相似！阿特拉斯在大地边缘支撑着天，他天生刚硬不屈，却不得不屈服于自己与生俱来的力气；墨诺提俄斯有无与伦比的傲慢勇气，却无法逃脱永久消失于大地之下的命数；普罗米修斯在忍受过老鹰吞噬的苦楚之后还有坚实的枷锁长久相伴。这些神话在不同程度上映射人生的困境。手牵着潘多拉的厄庇米修斯何尝不是？他们就此走进有死人类的生存现状，走进正义缺失劳作无效的黑铁时代。加缪想象从山顶走回山脚的西绪福斯，汗水淋淋，浑身沾满尘土，却近乎是幸福的。这个传说中最明智的人清醒地意识到自己荒诞而绝望的处境。他安详而沉默地接受了命中注定的那块石头。加缪没有想象某个幸福的提梯奥斯或坦塔洛斯,而想象一个有勇气宣布"一切皆善"的西绪福斯,① 个中原因,大约与赫西俄德让愚钝的厄庇米修斯而不是聪明的普罗米修斯接受神的礼物一样。

柏拉图说,普罗米修斯从天庭偷走火和赫淮斯托斯的技艺给人类,但宙斯小心藏在身边的政治技艺无从偷起(普321c—d)。黄金时代远去以后,人类需要火,需要生存的诸种技艺,也需要认知哲学与宗教,以此弥补宙斯的完美政治的缺失,弥补神渐渐远去的现实。黑铁时代的人类要有"狡黠无比的"普罗米修斯的机智,也要有看似"缺心眼儿的"厄庇米修斯的审慎,唯有如此,技艺的行进与德性的修养才有可能持续保持有益的张力冲突。

这样,最初的男人主动接受了潘多拉,也自觉接受了她所带来的神秘的希望(Ἐλπίς,或"等待")。当不幸散布人间时,唯有希望留在瓶中。希望是什么?古往今来听故事的人努力解释它,终究无法有完满的答案。希望是苦难的人类的唯一寄

---

① Albert Camus, *Le mythe de Sisyphe*, Gallimard, 1942, pp.161—166.

托？希望是人类灾难里的最大不幸？当年为解释《论科学与艺术》卷首的普罗米修斯插画，卢梭讲了一则寓言：萨图尔第一次看见火时，想要拥抱亲吻它，普罗米修斯告诉他："萨图尔，你的胡子会着火，哭都来不及。"[①] 这个插图另附有一条图注："萨图尔，你不知道！"（Satyre, tu ne le connois pas）。启蒙时代的卢梭一边以普罗米修斯自居，宣告行将发表惊动世人的真知灼言，一边以厄庇米修斯的审慎告诫世人，不要轻易玩火，或者，不要轻易碰触智慧。哲人尤其不应轻信哲学除爱智以外的希望。这也提醒我们这些听故事的人，普罗米修斯形象从古至今的嬗变，恰恰起源于赫西俄德那半个神话故事的失传，起源于作为原初人类的一半的厄庇米修斯长久被人遗忘。自从宙斯王在伊达山顶摆弄黄金天平那日算起，人世在三千年里迎来送去无数正午。在那个倾斜向一边的天平上，长久欠缺一块属人的砝码。

---

① 参看《论科学与艺术》正文第五条注释（Jean-Jacques Rousseauh, *Œuvres Complètes,* tome 3, p.15.）。另参看：迈尔，《卢梭论哲学生活：〈孤独漫步者的遐思〉的修辞和意图》，中译本见刘小枫、陈少明主编：《回想托克维尔》，华夏出版社，2006年，页188—216。

第二个故事

起初人活得像神仙一样。有的说时间原本定格在黄金年代,有的指地点为东方的伊甸。后来发生了一些事大抵与吃有关。人世缘起于肚皮的危机,要么因为墨科涅宴会上的分食,要么因为两棵树,传说一棵树使人长生,另一棵树上的果子人吃了必死①。自此才有了空间的变化时间的流转。人世先后经过从黄金到黑铁的五代,渐次沦落,来到了末世。

以金银铜铁譬喻人类共同生活,俨然是古代各族的传统。波斯古经以此喻示琐罗亚斯德教的兴衰,希伯来圣经中多有相关说法②。若要说赫西俄德的五代种族神话有什么特别,那就是英雄在别处看不见。不但古代各族传统里头没有,就连柏拉图在《理想国》卷三中讲"腓尼基人的传说",又在卷八中谈论几种城邦体制,几番或直接或间接地援引这则神话,也绝口不提英雄(理414c—416,546e)。

---

① 《创世记》,2∶17。
② 《但以理书》,2∶31—35,38—41;《以赛亚书》,1∶25;《杰里迈亚书》,6,27—30;《以西结书》,22∶19—20。

英雄是这个故事里的例外。英雄与其他种族格格不入。没有金属署名,没有某种形态的畸异(其他种族均有别于当前人类的奇特之处,黄金种族不见衰老,白银种族童年持续百年,青铜种族不食五谷,黑铁种族婴儿白发),没有延续人类的持续沉沦反而是"更公正更好"(劳158),"死后"拥有两种而不是一种命运等等。① 赫西俄德写英雄,究竟依据和参考何种传统?在严密规范的故事里穿插这么个例外,又是出于何种用意?

第一个问题容易回答。尽管《神谱》篇末和仅余残篇的《列女传》也提到神族与凡人所生的英雄后代,但《劳作与时日》明确将英雄种族界定为"我们之前的族群"(劳160),也就是先后参加过忒拜战争和特洛亚战争的两代英雄(劳162—165)。古代英雄诗系多数佚失,完整流传迄今的仅有两部荷马诗,主人公恰恰是参加特洛亚战争的一代英雄,并且时有追述他们的父辈,也就是参加忒拜战争的前一代英雄。赫西俄德写英雄,因而依据和参考由现存的两部荷马诗和比之更早的佚失诗系所代表的传统。

---

① 英雄种族是解读人类种族神话的难点重点,参看:德拉孔波等编《赫西俄德:神话之艺》,华夏出版社,2004年,页37起,页57起,页197起等。

第二个问题却不易回答。赫西俄德写英雄，与荷马诗文时时相遇，又仿佛刻意保持距离。他显得熟悉荷马式的英雄诗系表述，这使得他有可能在大量沿用一些诗行的同时做出不容忽视的修改。很多时候，我们这些听故事的人几乎难以分清，这是在向荷马致敬，还是在进行某种反荷马的沉思。从思想史上某些至为珍贵的经验看来，或许二者相依而存，互不可缺。

1

黄金种族生而有金子的美质。无瑕疵，就是不带一丝烟火气。那还是克洛诺斯做王的时候（劳111），神族的战争如火如荼顾不上其他。人类好似诸神归置在大花园里的心爱玩偶，看上去与神无异，不知悲哀、辛劳和衰老。他们没有出走历险的必要，所以一生远离不幸，知足和乐。他们时常与神们同欢庆，死亡如沉睡般甜蜜。

白银种族同系"居住在奥林波斯的永生者"（劳110,128）所造，际遇与黄金种族大不相同。他们仿佛是经历墨科涅事件的那一代人。在此之前，人生犹如漫长无忧的童年，神话里说是一百年在母亲身边玩耍度过。突然他们被迫成年，被迫面临生存必然法则："从此大地上的人类为永生者们在馨香的圣坛上焚烧白骨。"（神556—557）他们被要求祭神，被要求遵守正义礼法（劳137）。可是没有父辈的教诲，人类难以仓促形成共同体生活的政治心智。他们"懵然无知彼此行恶，不敬神，不肯在圣坛献祭"（劳135—136）。这一族横遭变故不能幸存，"只活短暂时日，受苦连连"（菲133）。白银时代在墨科涅事件之后很快终结。

世道变了。宙斯王当政，他"怒中淹灭"（劳138）那不敬神的白银种族，亲手造了新的人类一族。他光顾前车之鉴，要使青铜种族"全然不像白银种族"（劳144），致使人类一度背离人心的柔软。

> 生于梣木，可怕强悍，执迷阿瑞斯的
> 悲哀战争和无度行径。他们五谷
> 不食，却又心硬如铁石；
> 粗蛮不化，威力难当，无敌双臂
> 从粗壮的身躯上的肩膀长出。（劳145—149）

同是宙斯王的造物，潘多拉巧夺天工，青铜种族却未经雕琢，一副粗糙胚样。"粗蛮不化"（ἄπλαστος）这个说法也形容在提坦大战中声援宙斯的百手神（神 617 起）。青铜种族确乎与之十分相像。这里形容他们的"无敌双臂"（劳 148= 神 649），与百手神的一行诗文如出一辙（劳 149= 神 152）。青铜种族让人想到那些参加提坦大战的巨人族群。他们"不食五谷"（οὐδέτισῖτονήσθιον），不事农耕，靠野生果实或捕食兽类为生。这与荷马诗中那些古远未开化的独眼巨人（奥 9:107—111）或巨灵族（奥 10:98）十分接近。宙斯王新造的这一族人类生来不是要与诸神玩耍同乐，而是要加入诸神之战发挥举足轻重的作用。

青铜种族因而信奉战神阿瑞斯，生性尚武好战，为命运驱使，永不停息地互起战争彼此厮杀。他们让人想到荷马诗系传统里的英雄不是吗？奥德修斯在冥府看见赫拉克勒斯的亡魂，其胸前的黄金绶带上镌刻着记载英雄生平的"混战、争斗、杀戮、暴死"等诸种场景（奥 11:612）。《神谱》援引此行诗来记述不和神的四个子女（神 228），也就是各类形式的战争灾难，他们在青铜年代肆意横行无所禁忌。赫西俄德形容青铜人类"可怕"（δεινόν，劳 145），荷马诗中常用来形容阿喀琉斯（伊 1:146, 18:170）和赫克托尔（伊 9:238）这些最善战的英雄。特洛亚战场上不也反复赞叹英雄们的雄健肩膀和无敌手臂!青铜种族后来因自身的力量而毁灭,去了冰冷的冥府。与荷马英雄不同的是,他们没能获得不朽的声名(劳153—156)。

> 但自从大地也掩埋了这个种族,
> 又有了第四代,在丰饶的大地上,
> 由克洛诺斯之子宙斯造出,更公正更好。(劳156—158)

行156与行140如出一辙,和行121相似。前两处分别引出黄金和白银两族的死后命运,这里却是作为从青铜到英雄的过渡。英雄种族与青铜种族在好些方面确乎像是"今世前生"的关系,一样由宙斯所造(劳143,158),一样尚武好战。但赫西俄德说,英雄"更公正"($\delta\iota\kappa\alpha\iota\acute{o}\tau\epsilon\rho ov$)也"更好"($\check{\alpha}\rho\epsilon\iota ov$),这似乎是说,比起青铜种族,他们更文明更守礼法。英雄降生在提坦大战结束以后,有幸赶上宙斯王朝的"黄金年代"(此金非彼金!)。英雄也搞战争,但总有堂皇正当的理由,他们是在为新世界秩序斩妖驱邪。他们想望荣誉,讲求卓越和正义。宙斯王甚至处心积虑为爱子赫拉克勒斯谋求"更大的荣誉"(神531)。英雄追求正义,因为"正义是最好的"

($δίκη...ἀρίστη$,劳279)。

> 不幸的战争和可怕的厮杀让他们丧生,
> 有些在七门的忒拜城下,卡德摩斯人的土地,
> 为着俄狄浦斯的牧群发起冲突;
> 还有些乘船远渡广袤的深海,
> 为了发辫妩媚的海伦进发特洛亚。(劳161—165)

忒拜在古代英雄诗系与特洛亚齐名。依据古代作者记载,今已佚失的史诗中至少有三部讲忒拜战争,八部讲特洛亚战争。"俄狄浦斯的牧群"($μήλων ἕνεκ' Οἰδιπόδαο$),即忒拜的王权财富。不是指俄狄浦斯王弑父娶母的悲剧,而是指俄狄浦斯死后两个儿子争王权的战事,其中一个败走之下,带外邦兵力回来攻打母邦。兄弟俩最终一道死在战场,走的是"混战、争斗、杀戮、暴死"的老路。循环史诗《忒拜伊德》今已佚失,我们唯从后世诗人笔下,诸如埃斯库罗斯的《七将攻忒拜》或欧里庇得斯的《腓尼基妇女》,索福克勒斯的《俄狄浦斯在克洛诺斯》卷末或《安提戈涅》开场,得以一窥究竟。忒拜城沦陷在特洛亚战争之先。提丢斯之子狄奥墨得斯几度在特洛亚战

场上追忆父辈攻打忒拜的往事（伊 4:377—399, 14:113）。英雄虽作古，声名却不死。

赫西俄德以一种中立姿态追述旧时英雄的两场战争。平和的基调不带赞美，也几乎找不出批判的痕迹。英雄深陷"不幸的战争和可怕的厮杀"（πόλεμός τε κακὸς καὶ φύλοπις αἰνή），这个说法几次出现在荷马诗中。在墨涅拉奥斯与帕里斯单独决斗分出胜负之后，宙斯和赫拉起了争执，究竟要在希腊人与特洛亚人之间继续挑起"不幸的战争和可怕的厮杀"，还是安排双方就此休战（伊 4:15, 82—84）。奥德修斯杀了求婚人，后者的父亲家人赶来复仇，雅典娜与宙斯商量，究竟要让这场"不幸的战争和可怕的厮杀"继续下去，还是让双方和平缔结盟誓（奥 24:475）。从荷马诗中的表述看，战争还是和平，胜利还是败亡，一切全系神的安排，英雄做不得主，只能依从神意行事。赫西俄德沿用荷马诗中的说法，这给人一种印象：英雄虽和青铜种族一样热衷战争，却不是毫无缘故地互相残杀，而是在顺服某种冥冥中的神意。何况英雄在战斗中献身无不有动机：他们为"俄狄浦斯的牧群"而战，为"海伦"而战。

英雄就此与青铜种族树起鲜明的对比。青铜时代的人类只信奉阿瑞斯神。荷马史诗讲战争故事，阿瑞斯贵为战神，在诸神面前毫无尊严，被斥为"两边倒的东西"（伊 5:831, 889），无故挑起战斗，在诸神之间惹争端（伊 15:122）。父亲宙斯嫌弃他，母亲赫拉诅咒他（伊 21:412），雅典娜多次辱骂他是"愚蠢的不守法的东西"（伊 5:761）。他在阿波罗面前软弱无力，甚至败给凡人狄奥墨得斯狼狈逃跑（伊 5:855 起）。青铜种族执迷于这个不讨喜的战神的"无度行径"（ὕβριες），自然不受奥林波斯神族待见。他们更像是为暴力而暴力，违背正义，远离神意，最终在战争中自毁毁人。

同样是战争，赫西俄德分而谈之。在特洛亚战场上杀人如麻的英雄们难道不是阿瑞斯的侍从吗？狄奥墨得斯冲过平原所向披靡，犹如冬季洪水冲毁丰产的葡萄园和人类的许多美好东西（伊 5:86—94）；赫克托尔火烧希腊战船，犹如一头凶猛的狮子冲进牛群咬住一头牛，吓得其他牛惊慌逃窜（伊 15:630—636）；帕特罗克洛斯乘胜追击敌兵，一路杀敌，犹如秋雨倾泻在大地，喧嚣着毁坏沿途农人的劳作（伊 16:384—393）；更不用说重现沙场的阿喀琉斯，他仿佛要杀死所有的特洛亚人才能泄恨，连河神也气愤地抗议："我的可爱的河道充塞无数尸体，你还在继续诛杀。"（伊 21:218—220）

在战场上厮杀的英雄中最优秀勇敢的难道不也最"可怕强

悍"吗？希腊人洗劫特洛亚城池难道不是"无度的行径"吗？波吕涅刻斯兄弟二人同室操戈难道不是"悲哀的战争"吗？诗人避而不谈。他把负面的批评全转嫁给青铜种族，而对英雄种族保持某种适当的敬意。不妨说，他把同一场战争搬上舞台，却起用两组不同的演员来扮演同一群主人公。我们不会忘记，赫西俄德讲故事是要给崇拜史诗英雄的青年佩耳塞斯听，目的是要告诉他英雄的双重真相。阿喀琉斯既属于更高贵更好的英雄种族，也从某种程度上对应无度的青铜种族。阿喀琉斯身上有些品质值得仿效，另一些未必。佩耳塞斯要看清楚了。

在那里，死亡湮没他们中的一些人；

另一些远离世人，受用生命和居所，

[168] 由克洛诺斯之子父神宙斯安置在大地边缘。

[170] 他们住在那里，心中不知愁虑，

涡流深沉的大洋傍边的极乐岛。

有福的英雄啊，甘美的果实

一年三次生长在饶沃的土地。（劳 166—173）

赫西俄德不讲英雄的生平，直接讲他们的死亡。有一些英

雄在战争中丧生，另一些得获永生，宙斯安置他们住在极乐岛。这个说法出人意料。荷马诗中的英雄们死后大都去了冥府，连阿喀琉斯、阿伽门农和埃阿斯也不能幸免（奥11:387—565）。唯一的例外是墨涅拉奥斯，因为是海伦的丈夫宙斯的女婿，特别获得恩宠，"注定不是死在阿尔戈斯"，而被"送往大地边缘的埃琉西昂原野"（奥4:563—564）。赫西俄德给出新说法，仿佛不只墨涅拉奥斯，好些英雄幸免有死的命运，在极乐岛过神样的生活。

《奥德赛》借助未来君王特勒马库斯的眼睛，近身观察两个从前远征特洛亚的前辈英雄，其中一个是宙斯偏爱的女婿墨涅拉奥斯，另一个是涅斯托尔。这两位英雄步入生命的晚年，不再是四处征战的战士，而是和平年代的君主，治理各自的城邦，安享天伦之乐。他们以回忆过去度过当下的时光，似乎也没有什么未来可供展望。他们喜乐无忧的生活与极乐岛上的英雄颇为相似。对观《奥德赛》卷三和卷四（部分在卷十五）分别讲述涅斯托尔和墨涅拉奥斯的当下生活是很有趣味的事。

特勒马库斯在皮洛斯赶上涅斯托尔祭奠波塞冬的隆重礼仪，在斯巴达却赶上截然不同的世俗礼仪，墨涅拉奥斯娶媳妇嫁女儿。祭神与婚庆分别暗示两样的生活方式。涅斯托尔是波塞冬的后代，祭海神，是祭神，也是祭祖。从黄昏至天明，涅斯托尔至少祭神五次（奥 3:5 起，40 起，337 起，393 起，419 起），恪守古老仪式传统。第三卷几乎是在一个接一个神圣仪式的循环繁复中构成叙事。老人涅斯托尔和雅典娜同席共宴，言说恰当，教子有方，德过三代，多次为女神所赞赏（奥 3:52 起，357 起），还破解鸟飞的神兆（奥 3:371 起）。相比之下，墨涅拉奥斯在接待外乡客人的过程中没有祭过一回神，雅典娜没有留下同宴，他似乎看不懂鸟兆，要靠妻子海伦解围（奥 15:160—178），他自称只追求两种待客的荣誉，"礼物和食物"（奥 15:78），慷慨送给特勒马库斯好些贵重礼物，尽管年轻人是来寻求长者的教诲。墨涅拉奥斯拥有让世人艳羡的宫殿和财富，到头来他似乎不满足，反倒钦羡起宙斯"不断赐给涅斯托尔好运气，在家安度晚年，儿子们高贵明智"（奥 4:209—211）。荷马以不动声色的促狭笔法暗示，全希腊人都知道，我们这些听故事的人也都知道，宙斯究竟最偏爱谁，给这人的好运气超过别人，尽管他未必名副其实……

墨涅拉奥斯与涅斯托尔在《伊利亚特》中有过一次不显山不露水的对比。在阿喀琉斯为纪念亡友举办的战车比赛上，涅斯托尔之子凭技巧胜过墨涅拉奥斯，输家忿忿不平，阿喀琉斯却当场添加一件奖品送给涅斯托尔（伊 23:616—619）。涅斯托尔被称为"言语甜蜜"（伊 1:248），在关键时刻扮演智者，出面调解阿喀琉斯与阿伽门农的争执，在全军大会上发表劝训演说，阿伽门农几番承认他"在演说上胜过阿尔戈斯儿子们"（伊 2:370—371）。"阿尔戈斯儿子们"不是别人，正是墨涅拉奥斯哥俩。

墨涅拉奥斯本该是一等一的英雄人物。身为海伦的丈夫，特洛亚战场上的焦点，他不如涅斯托尔能言善道，不如阿喀琉斯勇敢，不如奥德修斯明智，不如狄奥墨得斯善战，不如埃阿斯坚强。阿波罗嘲笑他是"软绵绵的武士"（伊 17:586—588）。阿伽门农几次召开长老议会把他排除在外（伊 1:409,10:65）。有一次他不请自来，柏拉图在《会饮》中戏称"一个更差的人赴一个更好的人的宴"（会 174c）。

赫西俄德不必重复说起荷马如此擅长讲述的英雄生平。他直接说起英雄的死亡。然而有死者谈生死，归根到底依然是在关注"何种生更好"。赫西俄德的说法颇不寻常。不只墨涅拉奥斯凭运气得到永生，好些英雄凭自身的高贵公正也去了极乐岛。稍后，在诗人品达那里，所有义人死后全住在极乐岛（《奥林匹亚竞技凯歌》，2，67—88）。

这个极乐岛位于"大地边缘"和"大洋傍边",两处方位表述耐人寻味。据《神谱》记载,大地边缘住着阿特拉斯(神518)、百手神(神622)和提坦神(神731)。他们其实是同一类人物,即反叛新王宙斯的老神,多数是提坦神。他们在提坦大战中败给宙斯以后住到大地边缘。原诗欠缺的行169有一句变文:"克洛诺斯做了王。"(劳173a或169a)这些进一步印证英雄与青铜的隐秘关联。《神谱》还记载道,大洋彼岸住着奇异的生灵,戈尔戈姐妹(神274—276)、赫斯佩里得斯姐妹(神215)、牧犬俄耳托斯(神293—294),传说中的金苹果也长在那里(神216)。他们多数为英雄所征服,而英雄的征战与世界秩序的整顿密切相关。极乐岛位于大洋傍边($παρ'$ $Ὠκεανὸν$),似是与大洋彼岸($πέρην$ $Ὠκεανοῖο$)相对的所在,世界的正义秩序在此已然确立,英雄在此过着神样的生活——"心中不知愁虑"(劳170),同样指黄金种族(劳112)和缪斯女神(神61);"果实一年三次生长在土地"(劳172—173),对应黄金时代和正义城邦"大地结满果实"(劳117—118,237)。

"一年三次"($τρὶς$ $ἔτεος$),让人在意的细节不是吗?依照赫西俄德的神谱记叙笔法,数字3代表神王家族的神性完美。

身为潘多拉的后人,本有一死的英雄在极乐岛上似乎无限接近不死的神性。这让人难免心生一个最根本的问题:究竟何谓英雄?

> 如神一般的英雄种族,又被称作
> 半神,无边大地上我们之前的族群。(劳 159—160)

赫西俄德一连给出三种称谓:"如神一般"($\theta\varepsilon\tilde{\iota}ov$)、"英雄"($\eta\rho\omega\omega\nu$)和"半神"($\eta\mu i\theta\varepsilon o\iota$)。这三个称谓全部在荷马诗中出现过。这三种称谓也全在界定英雄与神的微妙关系。"如神一般"是最常见的修辞,荷马诗中随处可见。英雄虽是有死者,却是神族后代:"神和人有同一个起源。"(劳 108)这个亲缘关系让英雄总在有意无意中混淆与神的距离。愤怒的阿喀琉斯被劝说要向诸神看齐:"天上的神明也会变温和",神族无非是比英雄有"更高的美德、荣誉和力量"(伊 9:498)。天神和人类在同一战场上作战,甚而吃过不少苦头。狄奥墨得斯刺伤阿佛洛狄特和阿瑞斯,在雅典娜等诸神眼里只如寻常的笑话(伊 5:418 起)。

但英雄只是像神一样。英雄不是神,永生的分界无法逾越。即便宙斯王也必须服从这个必然法则。神王一度心生恻隐，想把爱子萨尔佩冬"活着带出令人悲伤的特洛亚战场，送回故乡"（伊 16:436—437）。但赫拉不答应，因为其他神明也会学样"从激烈的战斗中救出各自心爱的儿子"（伊 16:447）。公正勇敢的萨尔佩冬多么可爱呵！他远道而来，完全为荣誉而战，"虽是外邦人却是特洛亚的坚强堡垒"（伊 16:549—550）。他的死让人痛心。宙斯能做的，也只有"把一片濛濛血雨撒向大地祭祀儿子"（伊 16:459）。

英雄是"半神"，是"凡人英雄"（ἀνδρῶν ἡρώων）。在神与人的无尽距离里，一边是神性的完美，另一边是属人的欠缺。英雄受尽这距离的折磨，也许超乎其他人。柏拉图对话《克拉底鲁》中如此界定英雄：

> 英雄自神和人的爱欲所生，要么是男神和凡间女子生养，要么是女神和凡间男子生养。想想这个字在古阿提卡方言中的写法吧，英雄（ἥρως）和爱欲（Ἔρος）差别很小，英雄全由爱欲所生。（克 398d）

对观柏拉图另一部对话《会饮》中的爱欲说，这个定义相当惊人。传说在诸神庆祝阿佛洛狄特出生的夜里,爱若斯由"贫乏"和"丰盈"二神偶然孕育生成。他像母亲贫乏,不修边幅,居无定所。他像父亲丰盈,向往美和好的东西,终生爱智慧(会203b—204a)。爱若斯天生是有欠缺的,因为欠缺才会去欲求那些本没有的东西。在《神谱》篇末,神与人分离之后的某些特定时刻,神族与凡人有过短暂结合生下英雄。英雄是不死的神和有死的人在分离之后和好相爱的结果。

在讨论英雄与爱欲时,柏拉图自然援引到赫西俄德(克398b):黄金种族死后,大地只是掩埋了肉身,他们变成和爱若斯一样的"精灵"($\delta\alpha i\mu\omega\nu$),"介乎会死的和不死的之间"(会202d),继续在大地上漫游,庇护有死的人类,享受王般荣誉(劳121—126)。希腊古人敬重祖先英雄,相信他们死后继续留在人间,拥有对人类施恩加罚的能力。赫西俄德把这项荣誉给予整整一个种族。"王般荣誉"($\gamma\acute{\epsilon}\rho\alpha\varsigma\ \beta\alpha\sigma\iota\lambda\acute{\eta}\iota o\nu$,劳126)的说法进一步强调英雄王者与爱欲精灵的微妙关联。

赫西俄德似乎有意区分"宙斯的意愿"($\Delta\iota\grave{o}\varsigma\ \beta o\upsilon\lambda\grave{\alpha}\varsigma$)和"永生者们的意愿"($\dot{\alpha}\theta\alpha\nu\acute{\alpha}\tau\omega\nu\ \beta o\upsilon\lambda\tilde{\eta}\sigma\iota\nu$),以此呼应荷马那尽在不言中的苦涩笔法。他把世人伤心运命的无常归给以提坦为代表的永生者们,把追求正义和真实的可能性保留在对宙斯的

信仰中。在说到黄金种族死后做了庇护人间的精灵时,他说伟大宙斯的意愿如此(劳 122)。至于世人敬拜坏的不和神,他却说是迫于永生者们的意愿(劳 16)。有趣的区分不是吗?据说柏拉图的爱欲理论以赫西俄德为参考出发点,恰恰在于从不和到爱欲的某种微妙转承。英雄若追随永生者们的意愿去敬拜不和神,好比那青铜族,终将丧命于"不幸的战争和可怕的厮杀"(菲 161),唯有追随宙斯的意愿,生前得到爱欲精灵的庇护,死后有机会去极乐岛。

英雄($ἥρως$)与爱若斯($Ἔρος$)相近,这是不是意味着,除去如神一般的外表,英雄的本来样貌和一切有死者无异,就是欠缺?《奥德赛》引人入胜地描述奥德修斯从君王到乞丐的诸种佯装,最动人的一幕莫若他作为外乡人走进阿尔基诺奥斯的宫殿。众人高高端坐在镶银的座椅上把酒言欢,独有他伸手抱住王后的双膝乞援,再走到炉灶旁边的灰土里,席地而坐(奥 7:153—154)。那一刻,他不是歌人咏唱的显赫的王,而是一个卑微不过的人,一个自愿受羞辱的人。他就如希伯来先知所预言的那些"滚在灰中"的"群众的头目"[①]。他和爱若斯一

[①] 《耶利米书》,25:34。

样,"粗糙,脏兮兮的,打赤脚,居无住所,总是随便躺地上,什么也不盖,睡在人家门阶或干脆露天睡在路边"(《会饮》,203c-d)。从某种程度而言,坐在尘灰中的奥德修斯比任何时刻更接近柏拉图对话中的英雄界定。

从青铜到英雄因而暗指一次属人的攀升,从自然爱欲到灵魂爱欲的一次过渡。正如追忆黄金时代不是要回归原初,极乐岛或许也只是一个譬喻,暗示英雄在今生后世的命运可能。要么英雄不再被后世的记忆除名,而是以赴死的代价获得不死的声名;要么与正义城邦相连,唯有好的王者或有福的英雄,城邦才能走向正义。对赫西俄德而言,幸福是做正义城邦的一员。我们这些听故事的人没有忘记,《奥德赛》中有一个人被承诺以此种幸福生活。先知预言,奥德修斯将在安宁中了却残年,伊塔卡人民也会享福祉(奥 11:135—137,同奥 23:281—284)。不过在那之前,英雄还得历尽苦难在无数的人间城邦漫游,还得自甘受辱在外乡的尘灰中安身立命。

2

希伯来先知书说到悖逆神意的罪人:"他们是铜是铁,都行坏事。"[①] 赫西俄德想象青铜时代的人类"心硬如铁石"(劳147),不知悲哀为何物。正如力量成就他们也毁灭他们,生来无情固然是个弱点,却也让他们在欲念执着时免于心伤。黑铁时代却有大不同。黑铁就是当前的时代,赫西俄德生活在其中:

但愿我不是生活在第五代
人类中,要么先死要么后生!
原来现在是黑铁种族……(劳174—176)

第一人称"我"(ἐγώ)出现在神话故事里,犹如现实与虚构的意外交集,令人震撼。《神谱》序歌已然让我们领教过这种叙事的张力:"从前她们教给赫西俄德一支歌,当时他正在山中牧羊,女神们对我说……"(神22—24)诗人先以第三人称、再以第一人称讲述与缪斯相遇,人神在日常乡野交集,让人措手不及,印象深刻。下文他还对王公们说起"我和我儿子"(劳270—271),披露现世的苦楚和正义的败坏。黑铁时

[①] 《耶利米书》,6:28。

代的赫西俄德怨叹生不逢时,情愿"要么先死,要么后生"。先死的一族是更公正更好的英雄。向往古风英雄不是佩耳塞斯的专利,只不过有必要看清真相的诸种面具。后来的一族是谁?不得而知。诗人莫非在暗中期待第六代新人类的来临?或者这只是郁闷情绪的纾解方式?无论如何,希腊古人对人世的思考迄今读来依然动人心扉,比如诗人之争传说里的一问一答,在最好与最美之间形成奇妙张力:

问:对人类来说什么最好?

答:不要出生,这是最好的。一旦出生,则踏进冥府的大门,越快越好!

问:对一颗有死的心来说什么最美?

答:满城人人心中浸着喜悦,王宫里宾客聆听歌人不歇的吟唱,宴席上琳琅摆满肉食和面饼,侍者捧起酒樽,斟满所有酒杯,对一颗有死的心来说此时最美。①

---

① 古希腊无名氏:《荷马与赫西俄德之间的辩论》,中译本见吴雅凌译,《经典与解释3》,华夏出版社,2004年,页294—306。此处引文见页301,引文略有修订。

黑铁种族没有明确说由神所造，却明确说会被宙斯所毁（劳180）。第五代人类因而可以理解为英雄的后代，并且与诸神的关系相当微妙，攸关生死。黑铁时代与以往时代的种种善好状况形成反差。"劳累和悲哀"（劳113，177）折磨人类，没有止境。劳累，因为人类再不能像黄金时代那样轻松过活，而必终身辛劳，汗流满面才得糊口。"悲哀"这个夜神的孩子（神214）在青铜时代没有出路，到了黑铁时代大行其道。其实不只悲哀，夜神世家的所有成员，乃至从潘多拉的瓶子逃出的各种不幸，都在黑铁时代大行其道，遍布大地和海洋。诸神不再赐福人类，反倒"添大烦恼"（劳178）。

自行177起，诗中的动词一应采用将来时态。犹如希伯来传统中亚伦为首的先知，诗人预言某种人类世界的终结。依据缪斯女神的教诲，诗人不仅要歌唱"过去和现在"，还要"传颂将来"（神34）。有关黑铁时代的预言似乎分为两半。前一半"善与恶相混"（劳176—179）。后一半只有恶而不再有善（劳182起）。如果说前一半好比赫西俄德所处的当下，那么后一半就是未来人类的末世。

人生善恶相伴，福祸参半，这是希腊古人在传世诗作里留下的普遍看法。《神谱》中谈及已婚男人的命运，也有福祸参半的说法（劳607—612）。最让人印象深刻的譬喻出自阿喀琉斯：宙斯有两只瓶子，一只装祸，一只装福。神王若分派出混合的命运，那人就时好时坏；若只分派悲惨的命运，"那人便遭辱骂，凶恶的穷困迫使他在神圣的大地上流浪，既不被天神重视，也不受凡人尊敬"（伊24:526—532）。黑铁时代前一半的命运善恶相混，从某种程度上与英雄的生存必然法则没有质的差别。

特洛亚王普里阿摩斯为赎回儿子的尸首去找阿喀琉斯。他用乞援人的姿势抱住对方的双膝，低头亲吻那双杀死自己众多儿子的手。在场人人惊颤无比（他们以为他神经错乱！），包括阿喀琉斯本人。没有什么比普里阿摩斯在那一刻所承受的羞辱更悲惨。他的不幸甚而引发敌人的同情。阿喀琉斯从对方的不幸想到自身的不幸，两人的眼泪流在一起。正是在这个时候，阿喀琉斯讲起宙斯的两只瓶子，同时举出两个例子说明人世无常，一是父亲佩琉斯，一是死敌普里阿摩斯。二人都蒙获神恩，拥有让世人钦羡的财富、王权和子孙，不料天神一朝降祸，令他们遭遇不幸。

阿喀琉斯顺从宙斯的公正法则，善待前来乞援的普里阿摩斯，满足他的要求，并当作上宾招待。在他眼里，普里阿摩斯

（或佩琉斯，或他自己）的命运揭示了不幸人类的真相。不幸使敌我身份在顷刻间变得微不足道。不幸还在顷刻间显明了宙斯一视同仁的公正。

在这里，赫西俄德似乎提供了一种关乎不幸的更彻底的真相：佩耳塞斯前来求助生计，赫西俄德忍心拒绝了他。佩耳塞斯的问题不是如普里阿摩斯自降身份就能解决，赫西俄德就算有阿喀琉斯的悲悯心也帮不了对方。黑铁时代的人生困境必须剥去英雄传奇的光环。故事的主人公不是如神一样的英雄，而是渺如微尘的农夫。忍辱乞援的不是普里阿摩斯，坐在尘烟中的不是奥德修斯，从此值得关怀的是包括我们自己在内的每个生来卑微不得不受辱的平常人。

英雄是传统宗法社会的道德典范，时时处处标示着公平、荣誉、敬畏、友爱等言行规范，并且在这些规范遭到侵害时努力予以纠正和重建。大到一场死伤无数的战争，小到一件竞技奖品的争夺，全系英雄重建正义秩序的努力。帕里斯诱拐海伦的罪过不在别的，而在冒犯对他行了待客礼仪的墨涅拉奥斯（伊3:353—354）。奥德修斯在费埃克斯人中声称愿意奉陪任何人竞技比赛，除了款待他的主人（奥8:208—210）。类似的例子不胜枚举。在这些数不清的纷争中，谁输谁赢不重要，因为没有谁总是输也没有谁能永远赢。一切全由宙斯的黄金天平所决定，每次生命兴衰，每种言谈举止，每场欢笑流泪，概莫能免。荷马以无与伦比的公正笔法述说这些事件始末。我们从中几乎看不到一个完美的义人，也找不出一个绝对的坏人。几乎所有人在天性和命运上皆为善恶参半。引发战争的海伦苟活了下来，佩涅洛佩的求婚人无一幸免，在古代英雄诗唱里这大约是最极端的两例，偏又互生出多少微妙的对应。

未来的黑铁时代没有宙斯的黄金天平。诸神不但抛弃人间，还会亲手毁灭人类这个族群——到了那一天，婴儿出世"两鬓皆斑白"（劳181）。这与白银时代形成反差。白银种族有漫长的童年，一辈子没长大，没有成熟的道德教养，没有能力参加城邦事务。反过来，黑铁种族却是过分早熟了，尚未准备充分就干预共同政治生活。生态畸异暗示了道德畸异，他们固执狂妄，欠缺良性的社会共识而又自以为是。"白发的婴儿"这个譬喻表面看超现实，何尝不是现实，太现实的？有关末世的描绘从家庭悖逆伦常说起：父不慈幼，子不肖父，宾主不相惜，朋友不相亲，兄弟不彼此关爱，不孝敬年迈父母（劳182—188）；进而转至社会秩序，城邦的共同舆论不再尊崇信守誓约的人、义人和好人，反倒追捧使坏的人和无度之徒（劳

190—192);最后,城邦内部的分歧扩散至城邦之间彼此倾轧(劳189)。正义不再,无度当道。在诗人的预言中,人类的困境没有边涯。

贪欲成了世界的主宰。"贪欲神($Zῆλος$)紧随每个可悲的人类,他尖酸喜恶,一副可厌面目"(劳195—196)。贪欲本是胜利女神的长兄,从前也曾陪伴在宙斯身边(神388),在有正义的约束时,表现为对荣誉和善好的欲求,就如好的不和能激励良性竞争(劳23)。但未来的黑铁时代只有恶而没有善。我们不会忘记柏拉图将英雄比作爱欲的说法:在属神的正义光照下,英雄欲求自己所欠缺的。一旦神们抛弃人间,贪欲不受德性约束,人类不必守礼仪讲信义,就会把追逐力量(包括权力、金钱、房子,乃至爱人)视同唯一正确的人生目标。

> 到时她俩从道路通阔的大地去奥林波斯,
> 洁白的外袍掩住曼妙的身姿,
> 加入永生者的行列,抛弃人类:
> 羞耻女神和义愤女神……(劳197—200)

最后离开人间的两位神是羞耻($Aἰδώς$)和义愤

（Νέμεσιν）。在战败的希腊人陷入绝望低谷时，波塞冬鼓舞他们："好朋友啊，你们这样懈怠会酿成更大的不幸，让心灵充满羞耻和义愤（αἰδῶ καὶ νέμεσιν）吧，激烈的战斗已经开始。"（伊 13:120—122）羞耻和义愤既是败亡士兵也是末世人类的最后一道防线，在绝境中求生和维护尊严的最后一丝依托。柏拉图说，宙斯派赫耳墨斯把"羞耻和正义"带给人类，由此建立共同体的秩序基础（普 322c）。

在先知预言未来的语境中，我们还是分辨出一丝影射当下的痕迹。兄弟不像从前彼此关爱（劳 184）。这个说法似乎是自然而然地镶嵌在未来预言中的，却带着不容否认的苦涩意味。赫西俄德怀念从前兄弟相亲相爱的好时光。眼下佩耳塞斯挤兑哥哥，"讲些歪理假话，还要赌咒发誓"（劳 194），赫西俄德也不再接济前来乞援的弟弟。他不得不采取新的援助方式，劝说弟弟自力更生。他又是讲故事又是说道理，竭力让他明白劳作与幸福的内在关联。青年佩耳塞斯的心中必须树立一个英雄作为仿效榜样。黑铁时代，英雄今安在？

这个英雄不会是墨涅拉奥斯，凭借传奇经历而拥有黄金和宫殿，这样的故事动听无比，却只能说给那些不肯面对现实的人。这个英雄必须教他去做神们"分派"（διετεκμήραντο，劳

398，参劳 229，239）——动词中含带词缀 -τεκμή，与"技艺"相连——给人的工作，辨识诸神给人类的征兆，认知季节，把握时机，尽可能符合正义地生存下来。这个英雄所拥有的那一点点"技艺"，也就是生活的智慧，恰恰是看似拥有一切的墨涅拉奥斯所欠缺的——他给了特勒马库斯黄金的礼物和珍贵的食物，却没能破解一道日常的鸟飞神示！这个英雄不是别人，就是赫西俄德本人。

在坏的不和当道的时代，不只兄弟情谊，一切还有可能挽回吗？黑铁时代的青年能够辨认出新的英雄吗？毕竟，在当前时代的现状里，诸神不只十年不与奥德修斯同在，而是永不与奥德修斯同在；伊塔卡不只欠缺君王二十年，而是从此以往世代败坏、正义缺席。人类文明仿佛就在故事的某一刻定格：奥德修斯还乡无望，特勒马库斯愁眉不展地坐在求婚人的欢宴之中。在世人眼里远在天边的末日呵，说不定近在眼前。

第三个故事

在留存至今的古代文本里，"鹞子与莺"是年代最早的一则动物寓言。西方动物寓言传统可以追溯至超过四千年以前的苏美尔文学。[1] 到公元前 6 世纪，伊索寓言在希腊兴盛一时。赫西俄德比传说中的作者伊索早一两百年，可以说是西方第一位寓言作者。

> 一只鹞子对一只颈带斑纹的莺说——
> 它利爪擒住它，飞到高高的云际，
> 可怜的小东西被如钩的鹰爪刺戳，
> 不住悲啼。鹞子大声粗气对它说：
> "笨东西，你嚎个啥？比你强多的抓了你，
> 枉你是唱歌儿的，我让你去哪儿就去哪儿。
> 只要乐意，老子吃你放你，怎样都成。
> 谁敢和比自己更强的对着干，准是呆鸟；
> 打输作贱算啥，还要羞辱你到死哩。"
> 快飞的鹞子这样说道，那长翅的鸟。（劳 202—211）

这则寓言由十行诗组成。鹞子抓住莺，对它训话。先讲故事，再明寓意。故事在前四行展开，寓意在后五行借鹞子之口

---

[1] Martin Litchfield West, *Hesiod. Works and Days*, p. 204; Esope, *Fables*, trans. Daniel Loayza, GF Flammarion, 1995, pp. 33—37.

说出。表面看来，与我们通常听到的动物寓言无异。

只是，从故事情节看，莺被称为"可怜的小东西"（劳205），像是无助的受害者，而鹞子抓住它，伤害它，"大气粗声"地说话，像是凶暴的坏人。故事的结尾出人意料：没有英雄前来降服恶者，营救弱者。整个故事没有正义的声张，反而是坏人当道。从寓意部分看，鹞子的训话同样有悖正义，不外是"以拳称义"，诗中两次用它来描绘黑铁时代的末世败坏（劳189,192）。作为坏人化身的鹞子又是当道又是说教，与通常的好人当道、智者说教的讲故事模式截然相反。

赫西俄德以 αἶνος（劳202）指称这个故事。在荷马诗中，奥德修斯为试探牧猪奴，讲了一个"动听的 αἶνος"（奥14:508）。[①] 从文本语境看，αἶνος 更接近通常所说的"故事"，而不是"寓言"。这与"寓言"在汉语中的语义变迁多少有关。"寓言"之说，最早见于《庄子》杂篇中的一个篇目，篇名同篇首二字，寓言的原意是"有所寄托的言论"，在现代汉

---

① 在赫西俄德和荷马之后，还有一些古希腊作者使用过 αἶνος 一词，参看：希罗多德，《历史》, 1, 141；索福克勒斯，《埃阿斯》, 1142—1158；阿里斯托芬，《马蜂》, 1399—1405, 1427—1132, 1435—1140；色诺芬，《回忆苏格拉底》, 2, 7, 13—14。

语中转指一种文学体裁。若说奥德修斯说了一番有所寄托的言论，似乎并没有错，而我们不能说，奥德修斯的言论直接等同于我们如今理解为文学体裁的寓言。这里头的细微差别在赫西俄德诗中也许没有那么明显，却同样存在。

《劳作与时日》还用到 $λόγος$ 一词（劳 106）。作为西方哲学概念的"逻各斯"在赫西俄德以后才成形。在这里，$λόγος$ 的原意也是"故事"，或"说话"。有关这几个近似词在古希腊早期文学中的用法和汉译渊源，周作人先生在《关于伊索寓言》一文中做过解释：

"寓言"这名称是好古的人从庄子书里引来的，并不很好……这种故事中国向来称作"譬喻"，如先秦时代的"狐假虎威"、"鹬蚌相争"，都是这一类。佛经中多有杂譬喻经，《百喻经》可以算是其中的代表。在希腊古代这只称为故事，有"洛果斯"（$λόγος$），"缪朵斯"（$μυθος$）以及"埃诺斯"

($α\tilde{ι}νος$）几种说法，原意都是"说话"。①

周作人先生还指出，在伊索寓言集中，"第三（指 $α\tilde{ι}νος$）少见，常用第一第二（指 $λóγος$ 和 $μνθος$），别无区分"。赫西俄德连续讲了三个故事，用 $λóγος$ 指第二个"神话"（劳106），而用 $α\tilde{ι}νος$ 指第三个"寓言"（劳202）。如周作人先生所示，这些词语的原意就是说故事，别无区分，重点在于这些故事有所"譬喻"。接下来就来谈谈"鹞子与莺"这则寓言里的譬喻。

凶恶的鹞子抓住柔弱的莺。"莺"（$άηδóνα$）与"歌人"（$άοιδος$）谐音。鹞子训话时，揶揄莺是"唱歌儿的"（劳208）。莺与歌人相连，荷马诗中也提及莺的歌唱（奥19:518—521）。赫西俄德是歌人，这个譬喻因而有自况的意味。

那么，鹞子又带有什么譬喻呢？在讲故事前，赫西俄德说："现在我给心知肚明的王爷们讲个寓言。"（劳202）"心知肚明"，表明有言外之意，彼此心领神会，心照不宣。"王爷

---

① 周作人：《关于伊索寓言》，载钟叔河编《周作人人文类编·希腊之余光》，湖南文艺出版社，1998年，页243。此文最早作为"附录"发表于1955年周作人先生译的人民文学出版社第一版《伊索寓言》，署名周启明。

们"($\beta\alpha\sigma\iota\lambda\varepsilon\tilde{\upsilon}\varsigma$)不是第一次出现在诗中。早在赫西俄德讲述与弟弟佩耳塞斯的纠纷时,他们已经登场。佩耳塞斯在分家产时向王爷们行贿,额外多得了好处,让赫西俄德吃了不公正的亏。这些"王爷们"明显有别于《神谱》中的王者形象:

> 众人抬眼凝望他,当他施行正义,
> 做出公平断决。他言语不偏不倚,
> 迅速巧妙地平息最严重的纠纷。(神 85—87)

这样看来,鹞子影射"心知肚明的王爷们"。诗人不是真的赞美他们,反讽的语气与寓言的讽喻色彩相得益彰。这些王爷不是传统的好王者,而是败坏的王者。诗人对败坏的王者讲故事,让人想到旧约中的先知同样通过讲故事训诫王者。拿单曾受耶和华差遣,向大卫王讲过一则富人取走穷人唯一的羊羔的故事,以此指责大卫强娶拔示巴的不义行为。以色列王也曾用蒺藜和香柏树的故事劝诫犹大王。①

鹞子用利爪擒住莺,又用如钩的鹰爪刺戳那不幸的囚徒

---

① 拿单的故事,见《撒母耳记》(下),12:1—2;以色列王的故事,见《列王记》(下),14:9。

(劳205)。如果鹞子指败坏的王者,莺指无辜受害的诗人,那么,这则寓言影射不义的现实,与赫西俄德的自况相连。第一层譬喻关系显得合情合理。

希罗多德《历史》中的一个故事经常用来被引证这里的寓言。居鲁士对战败求和的伊奥尼亚人讲故事,渔夫对网中的鱼说:"我向你们吹笛子的时候你们不出来跳,现在你们也最好不要再跳了。"(历1,141)战败的伊奥尼亚人如网中之鱼,惊慌无助,徒然地跳来跳去,居鲁士则有渔夫的决断冷酷。赫西俄德的寓言同样讲述一个"落网"故事,鹞子决断冷酷,被囚禁的莺不住悲鸣。只不过,即便现实中的王者确乎如渔夫般决断冷酷,受迫害的诗人赫西俄德却未必如网中之鱼那般惊慌无助,因为,诗中处处见证着诗人言说的力量和技艺。

如果细究诗中的一些说法,我们这些听故事的人就会对第一层譬喻关系产生疑问。下文举四处例子作为说明。

第一,在莺面前,鹞子的一席话充满权威性。鹞子与莺相比显得无比自信强大,甚至还对无助的莺掌握有生杀大权:"我让你去哪儿就去哪儿,只要乐意,老子吃你放你,怎样都成。"(劳208—209)第209行的"只要乐意"($αἴκ'ἐθέλω$)这一说法在《神谱》中几次出现,全是为了强调诸神的大能。

缪斯能把谎言说得如真的一般，但"只要乐意"也能述说真实（神27—28）。赫卡忒女神"只要乐意"就能给人类带来许多好处（神429，430，432，439）。本诗中另有一处用法：神王宙斯"只要乐意"就能洞察一个城邦是否施行正义（劳268）。鹞子的绝对权力似乎与神们没有两样，到了随心所欲的境地。赫西俄德在诗中反复强调，好王者得到神的眷顾（神96），败坏的王者却为神所遗弃（劳199）。这里为什么又把败坏的王者形容得如神一般？如果鹞子指败坏的王者，那么，相关用语的神圣意味就与寓言原本奠定的讽喻基调形成矛盾。

第二，第204行写鹞子"飞到高高的云际"（ὕψι μάλ' ἐν νεφέεσσι）。在希腊早期诗歌中，云上一般指诸神的世界，特别指奥林波斯神王宙斯的住所。《奥德赛》中有类似用法，指宙斯和雅典娜，这两位神帮助奥德修斯父子报复求婚人，伸张正义（奥16:264）。

第三，第209行写鹞子比莺"更好、更强"（ἀρείων）。同一用语在本诗中还出现过两次，一处在第158行，英雄种族"更公正也更好"（ἀρείων），另一处在第193行，黑铁种族的坏人挤兑"比他更好的人"（ἀρείονα）。这个词与贵族英雄追求"做最好的"（ἀριστεύειν）的理念核心相关。英雄追求正义，因为正义是"最好的"($ἀρίστη$,劳279)。赫西俄德把英雄的修饰语用在凶恶的鹞子身上,同样给人自相矛盾的印象。

第四,第212行称鹞子为"长翅的鸟"($τανυσίπτερο ςὄρνις$)。这个说法在《神谱》中指宙斯派去惩罚普罗米修斯的鹰。鹰不停啄食普罗米修斯的肝脏,白天啄去的那部分肝脏夜里又长回来(神523)。宙斯后来派赫拉克勒斯去杀死这鹰,好让英雄享有更好的荣誉(神526—531)。《神谱》中的鹰因而有双重象征意味,作为宙斯派去惩罚普罗米修斯的使者,鹰象征正义的伸张,作为英雄的无数征服对象之一,鹰与其他怪兽一样象征无度和混乱,也就是宙斯当权以前有待整理和完善的世界秩序。同一只鹰带有截然相反的象征意义,这种譬喻的含糊性是否同样发生在鹞子身上呢?

从上述四处例子看,赫西俄德形容鹞子的用语,通常要么用来修饰诸神,要么用来修饰英雄,第四个例子尤其暗示了某种诗歌语言的含糊性问题。换言之,这则寓言是否还存在第二层譬喻?诗中的鹞子除了王者,是否还有别的象征可能?

在对佩耳塞斯接连讲过两个故事之后,赫西俄德突然掉转头,专为王公贵族讲起第三个故事。鹞子与莺的故事紧接在人类种族神话的黑铁时代之后。黑铁时代的基本特征是正义的缺失。"人们以拳称义,城邦倾轧,不感激信守盟誓的人、义人和好人,倒给使坏的人和无度之徒荣誉,力量即正义,羞耻不复返"(劳189—193),这一番表述恰与出自鹞子之口的道理不谋而合。各种不幸、不义和疾病在黑铁时代大行其道。诗人影射当下又预言未来,诸神终将抛弃人间,乃至亲手毁灭人类这个族群。

第三个故事借鹞子与莺的关系继续探讨城邦的正义问题。赫西俄德似乎才讲一半,又转头规劝佩耳塞斯:"听从正义,莫滋生无度。"(劳213)接下来长达七十来行的诗文(劳213—285)围绕正义女神狄刻展开规训,并且一开始就提出正义与无度(dike-hubris)这对对子,与黑铁种族神话遥相呼应。

> 正义女神被强拖,喧哗四起,每当有人
> 受贿,把歪曲审判当成裁决,
> 她悲泣着,紧随在城邦和人家中,
> 身披云雾,把不幸带给人们:
> 他们撵走她,不公正地错待她。(劳220—224)

狄刻是时序三女神之一,宙斯和忒弥斯的女儿。在败坏的现实城邦里,狄刻的处境很坏。不要说膜拜祭礼,连起码的尊敬也没有。人们在城邦会场上公开做出不公正的审判(眼前兄弟分家产便是一例),这形同当众践踏和羞辱正义女神,"撵走她,不公正地错待她"(劳224)。狄刻犹如一个无助的受害者,在遭到侵犯后悲愤地哭泣(劳222)。狄刻的悲泣让人想到莺的悲鸣(劳206)。身为女神却沦落到这种境况,真是凄惨不过,更要被败坏的人心看轻。

但狄刻真的只是宙斯的某个不被待见的女儿吗?不是的。诗中很快纠正人们的短见,用六行诗文暴光狄刻的真实身份。看来,她不但没在父亲宙斯面前失宠,反而得到奥林波斯神族的广泛尊敬,只有"傻瓜"(劳40、218)不明就里,无知无畏,胆敢冒犯在神王面前如此吃得开的女神。

还有个少女叫狄刻,宙斯的女儿,
深受奥林波斯神们的尊崇和敬重。
每当有人言辞不正,轻慢了她,
她立即坐到父亲宙斯、克洛诺斯之子身旁,
数说人类的不正心术,直至全邦人
因王公冒失而遭报应。(劳256—261)

"王爷们哪,你们也要自己琢磨这般正义!"(劳248—249)赫西俄德在这里直接呼唤王者,指出对方没有认清狄刻的真正身份,迟早要吃苦头。他们原以为,狄刻只是一个没有什么能力的女子,轻易就能打败,乃至驱逐出城邦。但事实并非如此。狄刻不仅有宙斯这个绝对权威的靠山,可以自由出入天庭王朝,就是行走在人间时也并非孤身一人,有好些同伴和帮手:在丰饶的大地上,宙斯派出了三万个永生者,在人类身旁监督狄刻是否得到尊敬,观察和惩罚诸种审判和凶行(劳249—255)。

为了让听者更好地看清楚不敬狄刻的后果,赫西俄德对比了两种城邦。在敬畏狄刻的城邦里,人们生活和平繁荣,远离战争、饥荒和惑乱,大地丰产,畜群充足,妇人生养酷似父亲的孩子,不用驾船远航(劳227—236),敬畏正义的城邦也必然受诸神的庇护。在不敬狄刻的城邦里,人们遭遇饥荒和瘟疫,纷纷死去,妇人不生育,家业衰败,随时面临战争和灭城之灾(劳237—247)。正义城邦让人想到黄金时代,不义城邦则与黑铁时代相近,也就是说,赫西俄德和我们所有听故事的人所生活的时代。

正义城邦与不义城邦的对比并非赫西俄德的首创。荷马诗中借阿喀琉斯的盾牌描绘过两种城邦的生活场景（伊18:490—540）。旧约圣经中也有相似说法，例如《利未记》对比"遵行诫命者的福祉"与"违背诫命者的刑罚"（26:2—46），《申命记》对比"遵行诫命蒙福"和"背逆的后果"（7:12—24；28:15—68）。赫西俄德的对比略有不同之处。在描述两种城邦之前，诗人先是分别提到两种人：

有些人对待外邦人如同本邦人，
给出公正审判，毫不偏离正途。（劳225—226）
有些人却执迷邪恶的无度和凶行，
克洛诺斯之子远见的宙斯必要强派正义。（劳238—239）

诗中的"有些人"不是一般人，显然专指王者。王者是否敬畏狄刻，直接影响城邦的命运。诗中反复强调，"全邦人因王公冒失而遭报应"（劳260），"一个坏人祸及整个城邦"（劳240），"王爷们哪，要端正言辞，贪心受贿的人哪，要摒绝歪曲的审判"（劳263—264）。王者行事不义，殃及全邦人遭神的惩罚，希腊古人在传世诗作中反复体现这一思想。阿伽门农拒绝释放阿波罗祭司的女儿，致使神灵惩罚希腊全军面临瘟疫和死亡（伊1:10）。俄狄浦斯弑父娶母，致使忒拜城中遭遇瘟疫，庄稼枯萎，牛群瘟死，妇人流产（索福克勒斯：《俄狄浦斯王》，26）。类似的例子还有很多很多。

在这段正义规训里，赫西俄德两次直接呼唤王者（劳248，263），提醒对方重新认识狄刻，遵从正义法则，履行在城邦的职责，也就是"端正言辞，摒绝歪曲的审判"（劳263—264）。赫西俄德说过，王者是宙斯亲自养育的孩子（神82）。王者与狄刻的关系，最终牵涉到王者与宙斯的关系。诗歌在这时自然而然地提及宙斯——

宙斯眼观万物，洞悉一切，
只要乐意，也会来看照，不会忽视
一座城邦里头持守着哪般正义。（劳267—268）

在贵族王公们面前，狄刻摇身一变，不再是那个可怜兮兮的悲泣的女子，而成了宙斯身边拥有大能的女神。和狄刻一起发生变化的，还有先前那只同样悲啼的莺，也就是歌人。在宙斯的正义重新伸张的时刻，歌人的声音与正义的声音合而为一，把那则讲了一半的寓言讲完。不妨说，鹞子抓住莺并百般凌辱，从某种程度而言并非故事的结局，"城邦因王者不义而遭报应"（劳260—261）才是结局，当宙斯王重新伸张正义时，那则讲了一半的寓言才算正式划上句号。

鹞子与莺的寓言因而有双重譬喻。在第一层譬喻里，鹞子指败坏的王者，莺指无辜受害的诗人，联系赫西俄德兄弟纠纷，这个故事影射了不敬畏正义女神狄刻的城邦现实。在第二层譬喻里，狄刻女神从人间城邦去到高高的天庭，在宙斯身旁揭穿王者的败坏，与鹞子飞到高高的云际相仿。拥有绝对权力的鹞子象征神圣的义愤，正义终将伸张，不义者必受惩罚。这样一来，败坏的王者不再是鹞子，而是在宙斯的公正面前显得无比虚弱的鹞子的囚徒。借助强大的鹞子的言说，赫西俄德看似在宣扬王者的绝对权威，其实是在暗示，还有一种意志超越大地上自以为是的人类。"打输作贱算啥，还要羞辱你到死哩"（劳211），这句话同样适用终将受到惩罚的败坏的王者。

这样一来，寓言的道德教诲不是鹞子对莺的那番教训，而是整个正义规训。在这个规训的过程中，正义女神狄刻的声音与诗人的声音合二为一。我们由此得以理解赫西俄德面对不公正的现实所表达出的让人费解的愿望：

> 如今，我与人交往不想做正直人，
> 我儿子也一样。做正直人没好处，
> 既然越是不公正反拥有越多权利：
> 但我想大智的宙斯不会这么让实现。（劳270—271）

竭力为狄刻平反的诗人，怎会自称不想再敬爱狄刻？前三句听上去像是反语。直至第四句表达出的愿望，我们才勉强猜出赫西俄德的言下之意。狄刻住在城邦里头，而不住在某个人家里。正义不是一个人的事，而是城邦群体的事，需要王者与城邦全体成员同心协力。在黑铁时代，从王者到佩耳塞斯，个个不敬狄刻，反倒是敬狄刻的人吃亏。稍后，柏拉图在《理想国》开篇重拾这个话题，智术师色拉叙马库斯气呼呼地挑衅苏格拉底，声称正义"是强者的利益"（理338c），做正直的人没好处，苏格拉底于是就"正义好还是不正义好"展开对话，最终令他承认，"非正义从来不比正义给人更大的利益"（理354a）。

赫西俄德在公开场合激昂陈词，一会儿对佩耳塞斯说话（劳213，274），一会儿对贵族王公说话（劳248，263）。鹞子与莺的故事表面是讲给王爷们听的,正义规训作为故事的延伸部分,在大多时候同样针对王爷们。但我们不难想象,在赫西俄德严词批评王者的过程中,佩耳塞斯始终站在一旁倾听。王公们的真相一经揭穿,佩耳塞斯也被深深触动,第一次陷入思考。赫西俄德抓住时机展开教诲,并把正义定义为人类的根本天性:"鱼、兽和飞翔的鸟类彼此吞食,但人类的法则不同。"(劳 277—278)狄刻女神常驻人心并且常驻城邦,两者缺一不可,唯有如此人类才不至于像野兽一般彼此吞食。一个人在城邦中言辞正义,信守誓言,才会家族繁荣,子孙多福。在如此循循善诱下,青年佩耳塞斯不觉站在历史的风口,第一次思考自己在城邦和家族的义务。是时候了断年少轻狂,清醒审慎地迈向属于他自己的人生之路。

一两个世纪以后,伊索寓言中也有两则讲鹞子与莺的故事。在第一则故事中,莺央求鹞子,说自己太小,不足以给对方果腹,鹞子回答:"我干嘛要愚蠢得放弃手中拥有的而去希求看不见的?"在第二则故事中,鹞子拿莺刚孵出的幼仔要挟对方唱歌,随后又声称它唱得不好,端走整个鸟巢,这时有捕鸟人出来，捕走了鹞子。① 第一则寓言通过鹞子的训话给出某种接近普遍真理的训诲，第二则寓言通过交代鹞子的下场表明坏人终将受惩的道理。一般认为，这两则伊索寓言要么受赫西俄德文本的启发，要么几处文本均有一个更古老的共同来源。周作人先生在谈寓言时说："这本来只是一种故事，说得详细一点，是动物故事。被用作譬喻来寄托教训乃是后来的事情……［故事之后］有数言指示教戒，寓言后遂沿此习，在古时盖本无有，有时下语拙滞，或反减少效力。"② 赫西俄德的动物寓言恰恰反映了这一叙事类型的古老原貌。

---

① 第一则寓言一般列为第 4 首伊索寓言，参看：《古希腊抒情诗选·伊索寓言》，罗念生译，上海人民出版社，2004 年，页 88；《伊索寓言》，王焕生译，上海人民出版社，2014 年，页 6—9；Esope, *Fables*, p.45。第二则寓言未见于一般编本，参看 Martin Litchfield West, *Hesiod. Works and Days*, p.205。

② 周作人：《关于伊索寓言》，页 244，247。

不和之歌

1

埃里斯（Ἔρις），黑夜的黑色女儿，不和女神。

固执的不和，可怕的不和！（神225，226）世间多少伤心苦难因她而起。

不和神的弟兄姐妹，有厄运和横死这些死法，有衰老和报应这等要命角色。但只有她能生养，嗣续黑暗家族的命脉。从不和滋生出哪些子女呵！劳役和饥荒；遗忘和悲伤；混战、争斗、杀戮和暴死；争端和谎言；违法和蛊惑；抗议和誓言（神216—232）。七双子女上演出世间多少悲剧喜剧，个个活跃在黑铁年代是折磨人类的不幸所在。《神谱》的不和神呵，在灵魂的夜中闪光的恐惧！①

可是，整部神谱诗从头到尾讲诸神之战，本质就是不和。宙斯王整顿世界的正义秩序，不能没有不和。自最初的混沌起，世界生成的每个步伐无不是在"穿过矛盾朝向善"，② 在不和挣扎中渐次亲近名曰宙斯的完美秩序。何谓不和？赫西俄德

---

① 参看《俄耳甫斯教祷歌》，华夏出版社，2006年，页12。
② Simone Weil, *Oppression et liberté*, p.163.

亟须完善这个命名认知,这关系到他对宙斯代表的超自然恩典的信仰。《劳作与时日》一开篇果然忙不迭地补救:

> 原来不和神不只一种,在大地上
> 有两种。一个谁若了解她必称许,
> 另一个该遭谴责:她俩心性相异。
> 一个滋生可怕的战争和争端,
> 真残忍!没人喜欢她,只是迫于
> 神意才去拜这沉鸷的不和神。
> 另一个是黑暗的夜所生的长女,
> 住在天上高坐宝座的克洛诺斯之子派她
> 前往大地之根,带给人类更多好处。(劳 11—19)

两种不和心性相异,一好一坏。坏的那一个是《神谱》中残忍的不和,滋生混战和争端——这俩本是她的儿女(神 228—229)。世人不喜欢她,迫于永生者们的意愿($ἀθανάτων\ βουλῇσιν$)才去拜她。好的那一个是黑夜的长女。长女之说,突显她地位尊崇,像海神家的长子涅柔斯最公正可靠(神 234),大洋神的长女斯梯克斯最受尊敬(神 361)。世人凭

"宙斯的意愿"（Διὸς βουλὰς）敬爱她，因为神王派她到大地上给人类好处。

就讲故事的技巧看，这段补笔仓促之下生硬区分，未必是最高明的。两种不和之说意义重大，不在文学叙事性，而在不和的概念定义就此规范某种认知方式。不和源自人心的欲求，朝坏的方向，引发战争导致人世不幸，朝好的方向，激发竞争有益城邦幸福。赫西俄德重新命名不和，既是补全不和的隐微涵义，也是呼应不和的作用形式。何谓不和？矛盾力量的对峙冲突就是不和在起作用。妙的是，在这个故事里，不和神主司分离，分离恰恰发生在不和神身上。

继不和神之后，赫西俄德进一步追究好些神性力量的内在分离，包括夜神家的报应（劳200；神223）、不和之子誓言（劳219；神231）、斯提克斯的长子欲羡（劳195；神384），以及身世来历不明的羞耻（劳200，317—319）、希望（劳96，498，500）和传言（劳760—764）。

不和神主司分离，相对的，爱神（Ἔρος）主司结合。这个爱神爱若斯还不能等同为柏拉图对话中的爱欲哲学。在赫西俄德笔下他是宇宙中最初的神，自有混沌就有爱若斯。他管相爱结合的事，自个儿再是孤独不过。他没有父母没有后代，不属于任何神族谱系。

> 爱若斯,永生神中数他最美,
> 他使全身酥软,让所有神所有人类
> 意志和思谋才智尽失在心深处。(神120—122)

爱若斯能征服所有神和所有人的身心,这征服力量贯穿世界生成始末。意志和思谋才智($νόον\ καὶ\ ἐπίφρονα\ βουλήν$, 122),自然包括"永生者们的意愿"($βουλῆσιν$)。相形之下,在古诗人的语境里,唯有宙斯的意志($νόος$)至高无上,无可逃避(神613,劳105)。

爱与不和,稍后恩培多克勒说是宇宙永恒循环的两大原动力。最妙的不和例子是不和神自身的不和,从不和内在分离出好坏。最妙的爱的例子呢?也许是赫西俄德笔下的那一次例外。爱若斯陪初生的阿佛洛狄特去到神们中间(神201)。爱与欲形影相惜,美中添美,仅此一次。《神谱》讲罢最初的神,除那次例外,通篇未再提及爱若斯,但没有爱神的力量,哪里来的全诗处处可见的神们相爱结合繁衍生成?《劳作与时日》讲罢两种不和,通篇亦未再提及夜神的长女,尽管好的不和在人心唤起劳作和正义的必要乃是全诗要义。

2

不和的故事，可以声势浩大如天地分离人神交战，也可以细微至人心柔软处的一丝光照。

赫西俄德讲过天上人间的好些故事，最特别的是他本人的故事。他在诗中留下多处有自传意味的文字。之所以特别，首先因为这样的"一手文献"在古希腊早期诗人中绝无仅有。连大诗人荷马也面目模糊，以致后人引发多少争议"寻找真正的荷马"。荷马究竟是苦命流浪的盲歌手，还是显赫高贵的宫廷诗人？荷马诗中不露痕迹。一切成了传说。我们这些听故事的人只有从《奥德赛》的歌人得摩多科斯身上想象荷马的神采：

> 缪斯宠爱他，给他幸福，也给他不幸，
> 夺去了他的视力，却让他甜美地歌唱。（奥 8:63—64）

俄耳甫斯亦然。这个传说中的缪斯之子能以歌唱感动天地，橡树石头为之动容，冥王冥后甘愿被他征服。与其说是真实的诗人，他更像活在神话里的人物。至于缪塞俄斯、阿里斯特阿斯、埃庇米得尼斯这些作品已佚失的早期诗人，传世的只有一个个魂影般的名字……

但我们感觉我们了解赫西俄德。这个古希腊农夫依山而住劳作为生。他懂得造犁造车，种麦子葡萄，听鹤在云上鸣叫，看星辰隐现，洋蓟花开，分辨时日节气的变迁。他日夜操劳，记挂一只去年储粮的坛子，日子是艰难的，但他会在夏日的树阴下，对着西风山泉，享用美酒佳肴。赫西俄德让我们觉得亲近，让我们以为有机会走进古时那个名叫阿斯克拉的乡村。

赫西俄德的故事之所以特别的原因还有，这不是古时某个寻常农夫的故事，这是西方记载最早的诗人的故事。他在诗中自称遇见缪斯。他，一个乡下牧羊人，他在阿波罗的树下亲眼看见九个女神，亲耳听见她们说话！（神22—34）是现实的自传？还是虚构的神话？如何看待赫西俄德亲述的这段经历？毕竟在他与我们之间隔着三千年时光流转，隔着历代无数聪明和高明的写家。与其感慨古人的世界从此不对今人开放，或许不如像斐德若追问苏格拉底那样自问一句："向宙斯发誓，你信服这神话传说是真的吗？"苏格拉底的回答意味深长：不如相信安之若素。（《斐德若》，229c—230a）

阅读赫西俄德有两个不可绕过的人物：荷马和柏拉图。荷马不必说。两大诗人的不和是古典时期雅典智识人津津乐道的话题，阿里斯托芬在名为"和平"的诗剧影射过（和1282—1283, 1286—1287），与他同时代的柏拉图在多篇对话中深思熟虑过。我们今天认识理解荷马和赫西俄德，始终跳脱不了古典时期作者对这些早期诗人的传承与思省的框架。

古典时期流传一篇出自无名氏手笔的《论辩》（Ἀγών）。文中写道，荷马和赫西俄德在同一时代取得盛名，在卡尔基斯城共竞诗艺。显然这是引申赫西俄德的自述（劳650—662），把一场现实的诗歌赛会说成一个千古流传的纷争。在作者的假想中，两大诗人就公元前五世纪智识人的典型话题展开问答。所谓诗人论辩，因而从某种程度上是彼时智术师爱论辩的反映。他们随后吟咏各自最美的诗篇。赫西俄德是"农夫一年时光"的名篇开场，荷马是希腊人迎战特洛亚人的经典场面。传说在场的希腊人纷纷认定荷马胜出，但最终是赫西俄德得了桂冠。

仿佛不和神从诗人们头上飞过，不是吗？诗人的不和，俨然是诗本身的一次内在分离。"诗人之争"以隐喻方式提出古典时期智识人关注的问题：在荷马与赫西俄德之间，城邦应提倡哪种诗唱，应把诗人的桂冠戴在谁头上？希腊人爱荷马。有谁不爱荷马呢！但王者选择赫西俄德，因为劝说劳作的诗人好过歌唱战争的诗人，前一种诗唱更有益城邦教化。

在《理想国》中，苏格拉底不再区分荷马与赫西俄德，而是将两大诗人相提并论，就"诗人们编造的那些虚假故事"发出长篇审判，理由同样是这些故事"不宜在城邦中流传"，"讲给年轻人听"（理377d—392c）。苏格拉底的批评矛头首先指向诗人们传唱的诸神故事。从有益年轻人德性滋养的角度看，诸神须得是善的，无可指摘的，诗人们的诸神故事却并非如此，神和人一样有弱点，也会互相交战，说谎使诈。

柏拉图从政治哲学立场批评诗人们的诗歌神学：真正的优秀诗歌必须以正确的也就是道德的方式来表现诸神和人类世界。归根到底，讲什么故事以及怎么讲故事（理392c5）对当时当地的城邦教化才是恰当的？柏拉图的对话体言说方式无疑提供了另一种示范。诗的不和，就此升级为诗与哲学的不和。

3

其实好诗人从一开始就在思考：讲什么故事以及怎么讲故事才最好。《劳作与时日》的开场白向我们证明了这一点。

来吧，我要对佩耳塞斯述说真相。

原来不和神不只一种……（劳 10—11）

两个不和神的故事乃是赫西俄德宣称要对弟弟述说的真相（ἐτήτυμα，劳 10）。这真相有别于从前缪斯教诲他的真实（ἀληθέα）。从前他在赫利孔山奇遇九个缪斯神。宙斯的女儿们从开花的月桂树摘下一枝给他，又把神妙之音吹进他心中，使他从此变成诗人（神 22—34）。她们还说出这些谜样的话：

乡野的牧人啊，可鄙的家伙，只知吃喝的东西！
我们能把种种谎言说得如真的一般。
但只要乐意，我们也能述说真实。（神 26—28）

真实与谎言，真与似真，这些要命的矛盾并举出现在主司诗唱的女神口中，不可谓不撼动人心、不发人深省。诗的不和，进一步是言说的不和。言说分裂成真与假。由此引出的难题是：言说的真假，是否直接对应言说的好坏？

缪斯自称能把谎言说得如真的一般（神 27），与《奥德赛》的某处说法如出一辙。在故乡伊塔卡,佯装成外乡人的奥德修斯对妻子说谎。他说他见过奥德修斯本人,引得妻子泪水涟涟。"他说了许多谎言,说得如真的一般。"(奥 19:203)

谈论言说问题,再没有比奥德修斯更好的例子。因为传说中他最会讲故事。整部《奥德赛》包容奥德修斯的多少谎言!荷马以降的古代作者说起奥德修斯的言说欺骗能力,目的还是追究与之相伴相生的道德问题。品达批评过他:"他的谎言因从容的技巧显高贵,他的机智在叙事中能欺骗人。"(《涅墨亚竞技凯歌》,7:20—23)索福克勒斯尖锐无比地质疑过他:奥德修斯在出征特洛亚途中遗弃受伤的菲罗克忒忒斯,后来不得不说谎使计消除对方心中的芥蒂,因为据说希腊人获胜少不了菲罗克忒忒斯的弓箭。说谎不好,可出于某种合理乃至美好高贵的意图说谎呢?无解的难题。索福克勒斯临了仿效《奥德赛》靠神来解围收尾(Deus ex machina)。

在《神谱》中,赫西俄德借缪斯之口提出谎言与真实,呼应同一段落里受缪斯灵感启发的两种神谱名录,两种潜在可能的诗歌神学。前一种影射以荷马为代表的既有诗唱传统(神 1—21),后一种预示赫西俄德本人即将建构的诗歌理想(神 35—52)。前一种是缪斯说得如真一般的谎言,后一种犹如吹进赫西俄德心中的神妙之音,乃是缪斯在述说真实。通过援引《奥德赛》的一行诗,赫西俄德是否借缪斯之口批评奥德修斯的似真谎言进而影射诗人荷马?① 毕竟,好的不和神引发诸种"有益凡人的"(劳24)竞技,其中就有歌人之争——

陶工妒陶工,木匠妒木匠;
乞丐忌乞丐,歌人忌歌人。(劳25—26)

陶工、木匠和歌人均系"懂得诸种手艺的行家"(奥17:383—385)。乞丐本是不劳而获的行当,此处榜上有名,实在让人意外。赫西俄德把乞讨视同耻辱(劳395),荷马诗中同样批评:"不愿意去干活,宁可到处乞讨,填饱永不可能填满的肚皮。"(奥18:363—364)

"乞丐忌乞丐",这个说法让人想到伊塔卡王宫门前的那场乞丐之争。真乞丐伊罗斯与假乞丐奥德修斯先是为占地盘而"大声争吵针锋相对"(奥18:33),随即为一只烤羊肚而拳脚相斗大打出手。伊罗斯(Ἶρος)是诨名,与神使伊里斯

---

① 支持这种观点的大有人在,反对声音同样不少。参看:德拉孔波等编,《赫西俄德:神话之艺》,页2—16,页68—79等。

（Ἶρις）谐音——这两个谐音字的转承，加上不和（Ἔρις）和爱（Ἔρος）两个谐音字，真真妙趣无穷不是吗？伊罗斯"常给人传消息，不管谁吩咐"（奥 18:7），这与伊里斯正相反："很少在无垠的海面上来往传信"，只除了为"诸神的重大誓言"（神 780—784）。伊罗斯虽有魁梧的身材，"既无力气也不勇敢"（奥 18:3—4），反倒是假乞丐奥德修斯看似老弱，打架时露出一副好身骨（奥 18:67—70）。伊罗斯名副其实的大约只有他的乞丐身份。这个真乞丐在伊塔卡是人人皆知的"大肚皮，不断地吃和喝"（奥 18:2—3），好比缪斯呵斥下的"只知吃喝的东西"（神 26）。他唯一擅长的似乎是一点口舌之能，但怎可能赢过能言善辩的奥德修斯？真乞丐最终败给了假乞丐。

"歌人忌歌人"不但让人想到赫西俄德与荷马的论辩，还让人想到奥德修斯与歌人得摩多科斯暗中较量。费埃克斯人爱听得摩多科斯受到缪斯灵感启发（奥 8:73）的吟唱，从中得到欢乐满足。奥德修斯讲故事却不为取悦人，而有特殊的劝说意图：让费埃克斯人下决心帮助他回家（奥 13:1—15）。果然他们听了故事不是心欢喜，而是几番陷入省思，"一片静默不言语"（奥 7:154，8:234，13:1）。无论乞丐之争，还是歌人之争，都以奥德修斯如愿以偿告终。决定胜负的不是缪斯只要乐意就能述说的真实,而是奥德修斯擅长的说得如真一般的谎言。

真实还是谎言?两种言说方式引出更严肃的问题,进而与两类意图的诗唱有关:为取悦作诗,还是为劝导作诗?如伊翁传诵荷马般在神灵感召下作诗抒情(《伊翁》,533d),还是如苏格拉底赴死前制作属民的乐(《斐多》,61a)?——《斐多》中的苏格拉底论证灵魂不死这等抽象哲学命题,一路采取讲故事的"作诗形式",却是何等不同的"作诗"!

《神谱》明白说起过"大地上的歌手和弹竖琴的人"(神95)。正如缪斯百合般的歌声令宙斯王听了心生欢悦(神37),美好的诗歌乃是缪斯神送给人间的礼物,能够慰藉凋零的人心,为尘世解忧带来欢乐。

> 若有人承受从未有过的心灵刨痛,
> 因悲伤而灵魂凋零,只须一个歌手,
> 缪斯的仆人,唱起从前人类的业绩
> 或住在奥林波斯山上的极乐神们,
> 这人便会立刻忘却苦楚,记不起
> 悲伤:缪斯的礼物早已安慰了他。(神98—103)

《神谱》自称为"缪斯所赐"的诗唱,"一支动听的歌"(神104)。《劳作与时日》开宗明义,诗人决意(*而非诗神感召*)对不明真相的佩耳塞斯述说真相,从而与《神谱》序歌的诗唱意图不知不觉拉开距离。好诗人在生命中的某个时刻陷入自我省思,才有机会再次起航(奥10:563,《斐多》,99d)。赫西俄德如此,① 从伊利昂纪转向奥德修斯纪的荷马何尝不也如此?诗的不和,看来未必与世人津津乐道的诗人论辩有关,但少不了发生在一个好诗人身上的一次内在分离。

4

好的不等同于美的。善好的言说,未必是动人的言说。

赫西俄德讲过好些不和的故事,其中有一个明确是为劝导教化佩耳塞斯而作的属民的乐。这个故事不太好听,既不是英雄事迹(神100),也不是诸神大战(神101),只是现实中的

---

① 从《神谱》到《劳作与时日》,诗人身份的微妙转变,参看 J. H. Haubold, "Shepherd, farmer, poet, sophist: Hesiod on his own reception", in G. R. Boys-Stones & J. H. Haubold (ed.), *Plato and Hesiod,* New York: Oxford University Press, 2010, p. 20。

小人物故事——赫西俄德本人的故事。

这些诗人自述散见于《劳作与时日》,大致有两类。一类是间接的,用墨简省,要么自况生逢黑铁时代的心酸不幸(劳174,270),要么以第一人称对佩耳塞斯说话(劳10,106,160,286,316,396,648等),偶尔对在场的王者(劳202)说话。另一类是有意为之的自述,主要有三段,每段占十来行诗文:

家世出身(劳631—640)

诗会头奖(劳650—662)

兄弟不和(劳27—41)

赫西俄德讲自己的故事,偏要模仿传统英雄诗唱的格局。

传统史诗中,英雄出场必交代家世渊源,连战场上遭逢敌手也不例外。狄奥墨得斯与格劳科斯互报"声名显赫的世系门第"之后不战而和(伊6:145—236)。埃涅阿斯与阿喀琉斯在恶斗之前不忘叙说彼此的"血统家谱"(伊20:200—241)。奥德修斯每到一处异地,必要回答自己是"何人何氏族,父母城邦在何方"(奥7:238,10:325),回到伊塔卡同样如此(奥14:187),在妻子面前隐藏身份时更被一连追问两次(奥19:105,

162)。对奥德修斯来说,准确地回答"我是谁"不是件容易事。他在"认识你自己"的道路上对不同人说不同的谎,说了许多谎言,说得如真事一般。

在第一段自传故事里,赫西俄德追述父亲早年经历,点明家世渊源。

> 当年迫于生计他也常驾船远航。
> 后来他到了这里,穿越大海,
> 乘着黑舟作别伊奥尼亚的库莫……
> 定居在赫利孔山傍的惨淡村落
> 阿斯克拉,冬寒夏酷没一天好过。(劳 634—640)

赫西俄德祖上本住伊奥尼亚的库莫。伊奥尼亚(Aeolis)含小亚细亚西北部和西部地区,以及勒斯波思等爱琴海上岛屿,因古时伊奥尼亚人在此建城邦得名。库莫(Cyme)是传说中十二座伊奥尼亚城邦之一,位于福西亚以北。古代有人托名希罗多德写《荷马传》,可能受此处影响,声称大诗人荷马出生库莫。传说中的荷马云游四方,与赫西俄德的父亲有几分相似。后人以此在两大诗人之间编造千丝万缕的关系。

与古风英雄不同，赫西俄德没有高贵的出身门第，既不是王孙贵族，更不是神的后裔。他的父亲原以航海为生，生计艰难才渡过爱琴海，在希腊本岛的波奥提亚落户，定居赫利孔山南某个叫阿斯克拉的村落，转以农耕惨淡度日。背井离乡，乃是为了逃避"宙斯给人类的可怕贫苦"（劳639）。

赫西俄德从父亲那里继承来的谋生方式因而有别于史诗英雄。奥德修斯一度佯装成某个克里特人，"天生不喜欢干农活"，只喜欢"率领战士和船只侵袭外邦，获得无数战利品"，"使家境迅速暴富"（奥14:223，230—233）。奥德修斯的谎言里掺杂着事实。英雄四处征战，不仅获得显赫功名，一路也劫掠敛财。特洛亚英雄们忍受艰辛漂泊，征战外乡经年，用船载回无人能比的财富（奥4:80—81）。而奥德修斯最擅此道："比所有有死的凡人更知道聚积财富，任何人都不能和他相比拟。"（奥19:283—286）

> 我实在从未乘船在无边的大海上，
> 只去过优卑亚，从奥利斯出发：阿开亚人
> 从前在那儿滞留了一冬，结集成军
> 从神圣的希腊开往出生美人的特洛亚。（劳650—653）

当年远征特洛亚的希腊人驻扎东部海港奥利斯（Aulis）正待出发，不想触怒阿尔特弥斯女神，引发逆风船只受阻，被迫滞留一整个冬天。特洛亚战争进行到第十年时，奥德修斯在全军大会上回忆："就像是昨天或前天，希腊人的船只集中在奥利斯。"（伊 2:303—304）

第二段自传故事是赫西俄德的航海经历，同样乏善可陈。同是从奥利斯出发，奥德修斯在海上漂流经年，不但去过神仙和半神的岛屿，还下到死者的冥府！赫西俄德的父亲从小亚细亚西岸到希腊本岛，尚要穿过整个爱琴海，而他只去到爱琴海上最大的岛屿优卑亚（Euboea），与希腊本岛仅隔一线海峡，航海经历没有超过一百码。

他没有英雄般的显赫家世，也没有英雄般的传奇历险。他去优卑亚岛参加纪念新逝英雄安菲达玛斯的诗歌赛会，胜过在场的诗人赢得头奖，把一只双耳三足鼎的奖品供奉在赫利孔山的缪斯神庙。"我对多栓的船只有这些经历"（劳 660）。

从奥利斯出发的赫西俄德重提遇见缪斯女神的往事，重申自己的诗人身份（劳 658—659）。诗人拥有不同于史诗英雄的言说技艺，倒让人想到随军出行的先知卡尔卡斯。他在全军大会上转达神谕以前要求阿喀琉斯发誓保护他，因为他"预感会惹一个人发怒"（伊 1:78），此人不是普通战士，而是"希腊人中的最高君主"（伊 1:91）。先知宣告，阿伽门农拒绝释放阿波罗祭司的女儿触怒神明降下瘟疫，果然这位"权力广泛的王者烦恼地站起来"，"阴暗的心里充满愤怒"，凶狠狠地骂先知为"报凶事的预言人"（伊 1:102—105）。赫西俄德和先知一样当众说真话并因此遭王者嫉恨。他"预言坏事不报好事"（伊 1:106），宣告黑铁末世将临。在第三个自传故事里，他还当众点名批评王者：

当初咱们分家产，你得了大头，

额外拿走很多，你给王公们莫大面子，

他们受了贿，一心把这当成公正。（劳 37—39）

第三个自传故事讲兄弟不和。有别于神王父子争权，有别于英雄驰骋沙场，这不是大人物为荣誉权力而战，这是小人物分家生口角。弟弟从前分家产行贿，额外得了好处。他总在集会上惹是非，疏于耕作，久而入不敷出，或向哥哥求助遭拒绝，扬言要告对方。控告的名目何出，我们不得而知，唯从两行诗文中找寻蛛丝马迹:"和亲兄弟谈笑,但要有证人,信赖和猜忌一样有害。"(劳371—372)兄弟俩或在无人证时达成协议,弟弟将分得的家产转让哥哥,换得的钱财很快花光,又在事后否认挑起事端。哥哥于是奉劝弟弟莫再对簿公堂,友好了断纠纷。结果如何,我们同样不得而知。

赫西俄德劝说佩耳塞斯私下调解,避免再去找王者仲裁。在这场欠缺公正的不和纠纷中,他的真正对手不是佩耳塞斯(他还有可能回归正途,还值得诗人去争取和教导),而是受贿的王者。王者施行不义,使得兄弟间的家务升级恶化为城邦政治事务。不公正的审判不只危害个人,更会危及城邦群体(劳261—262,240)。

在赫西俄德本人的故事里,他没有高贵的出身门第,没有出生入死的传奇历险,他的挑战不是斩妖屠怪,而是兄弟间的家务纠纷,他甚至不能四处奔波获取功名财富,只能在阿斯克拉乡下凭靠劳作谋生。赫西俄德的小人物故事怎么看都与荷马诗中的英雄故事背道而驰。古风英雄故事虽动听,古风时代一去不再来是不争的事实。讲什么故事以及怎么讲故事对当下最好?首先恐怕得弄清楚何谓当下现实。

5

当下现实是,此王非彼王。

明智的王者是缪斯送给人类的神圣礼物,凭靠公正的言说分辨是非,在城邦施行正义。"当他走进集会,人们敬他如神明,他为人谦和严谨,人群里最出众"(神88—93,奥8:170—173)。在这则兄弟不和的故事里,王者与传统形象大相径庭,赫西俄德毫不忌讳说他们是傻瓜。

这些傻瓜!不晓得一半比全部值得多,
草芙蓉和阿福花里藏着什么好处。(劳40—41)

当下现实是,古时谚语显得过时了,今人丧失了对其中隐藏的古老智慧的记忆传承。"一半比全部值得多。"让我们很觉意外的价值判断不是吗?柏拉图却赞赏这句话,两次在《理想国》(466b–c)和《法义》(690d–e)中援引过。草芙蓉和阿福花据说是古时最贱生的野菜,无须耕作自动生长,颇有黄金时代遗风:"美物一应俱全,土地自动出产果实。"(劳116—

118）赫西俄德称许不起眼的野菜，与其过不劳而获的富贵人生，不如过吃草芙蓉和阿福花的苦日子。

当下现实是，有人"给王者面子"（$κυδαίνων$，劳38），也就有王者贪心受贿（$δωροφάγους$，劳39）。这两个词同样用在荷马诗中的世界，用法很不一样。$κυδαίνων$ 即"贿"，本是财物、贿赠的意思，而无买通行贿之义。《说文》称"贿，财也"，好比安提若科斯恭维阿喀琉斯得对方馈赠（伊23:793）。也有说贿字从"贝"从"有"，合起来指"替人买肉"，好比牧猪奴用上好的烤肉孝敬乔装成外乡客人的奥德修斯（奥14:437）。荷马诗中借阿喀琉斯的盾牌描述正义城邦如何公正解决纠纷的过程：城邦会场中央摆着黄金，长老们"谁解释法律最公正，黄金就奖给他"（伊18:508）。王者收取裁夺费乃是出于正当的名义。王者以众人供奉的礼品为生（$δωροφάγους$）本无贬义。王者收了供奉，没有反馈利益给人民，这才有了受贿的意思。

当下现实是，对阿斯克拉的农夫来说，墨涅拉奥斯的宫殿永是太遥远的传奇。做个富有的农夫，不是积累多余财富，而是为了熬过歉收荒年。"饥荒"（$λιμός$）总在纠缠不休。诗中至少七次提到这个不和神的孩子（劳230，243，299，302，

363，404，647），其中两次和"债务"（χρειῶς，劳404，647）并举，两次均与佩耳塞斯有关。从荷马诗中看，"债"不单指钱财，也指欠下的人情道义，似乎不是能一次还清的，更像要持续担当的责任（伊11:686—698，奥21:17）。阿斯克拉乡下没有集体谷仓，不像费埃克斯王那样设十二王公征收用度再统一分配（奥8:390—391，13:14—15），也没有好王者如奥德修斯在伊塔卡统筹分配家产（奥14:64—65）。市场悄然出现了，乡下农夫用小舟（劳643）把余粮送到邻近港口比如二十里外的克勒西斯，那里另有大船（劳643）装载运到某个商埠或临时市场，好比早先希腊人驻扎特洛亚的临时酒市（伊7:467—475），或稍后腓尼基的推罗众民的商埠（《以西结书》，27:3）。① 市场带来新的生活风气，一并影响最偏远的乡下地方。佩耳塞斯本来分有家产（οἶκός），很可能身染债务被迫抵押田地住宅，以致倾家荡产。然而时代的变化远不止于债的形式。

在当下现实里，有必要重新命名那些在时光中慢慢变质的生活方式。作为诗歌标题的ἔργον（劳作）反复出现诗中："不

---

① David W. Tandy & Walter C. Neale, *Hesiod's Works and Days*, University of California Press, 1996, p.35.

论时运何如，劳作比较好。"（劳314）"就这么做：劳作，劳作再劳作！"（劳382）这个词在荷马诗中不专指"干农活"，而常与英雄们的战斗相连，指"作战行动"或"在战斗中付出的努力"（伊12:412；奥12:116）。在荷马诗中 βίος 泛指"生活"或"生活方式"（奥15:491，18:254），在赫西俄德这里译为"粮食"或"谋生之道"（劳31，316，577，634等），指代人们辛苦劳作维持生计的生存状态。诗人的父亲驾船远航乃是"迫于生计"讨生活（βίου κεχρημένος，劳634）。小小一个语义变化，顿时跳脱出英雄诗唱的梦境，掉入现实生活的深渊。

6

当下现实的阿斯克拉，是不通神谕的年代，是没有先知的世界。

赫西俄德不止一次承认他身为凡人的认知限度。他想教导弟弟出海做买卖贴补家用，可是"不谙航海和船只的技艺"（劳648—649）。他想细说大地上三千河神的名目，可是这等见识"超出我凡人所能"（神369）。他自诩拥有丰富的务农经验可传后人，可是不得不承认靠天吃饭有时勤劳耕种也未必有好收成——

> 执神盾宙斯的意志因时而异，
> 有死的人类想要明了太难。（劳483—484）

"乡野的牧人啊，可鄙的家伙，只知吃喝的东西！"（神26）

好一句刻骨铭心的训斥！一语道破生为人不得不面对的悲哀真相。荒野中的赫西俄德是温饱不定的农夫。阿斯克拉的乡下日子不好过，储藏粮食的坛子等不到来年春天就空了，无望的冬日里饥饿随时会来袭。更有甚者，王者不义兄弟不和。情愿不要活在这个世代呀（劳174），情愿你不仁我也不义："做正直人没好处，越是不公正反拥有越多权利"（劳270—271）。正是没有出路的愁苦时刻，九个缪斯女神奇迹般现身。若不是为了"认识你自己"的古训，何必追究古老神话故事里头的真相？（《斐德若》，230a）在这里，神话的教诲意义指向无望中的顿悟。神恩降临在人放弃等待神恩的时刻。

这样的时刻在荷马诗中的世界是极少能遇到的。因为，神时时与英雄同在。赫克托尔最后一次独自站在特洛亚城外,奥德修斯在卡吕普索的孤岛上哭泣。一个顿然醒悟自己被所有的神和人抛弃,死亡的命数已经降临(伊 23: 303)。一个终于认识到自己是为神愤恨的人(奥 1:19—21,62),整整十年归途神不曾与他同在。极少有的两个例子,也是荷马笔下极动人的两个时刻。英雄明白不会有神临在不会有奇迹相助,也就不再逃避命运,把探究的目光转向自己内心,开始对自己说话。

"神恩是人类获得救赎的唯一通道,救赎来自神而不是人。"

"收获神恩的灵魂的禀赋不是别的,而是爱欲。"①

在赫西俄德诗中,有关超自然神恩的认知最终落实在黑铁人类无望中的一丝信念:"但我想大智的宙斯不会这么让应验。"(劳 273)信靠宙斯王隐匿不现的神意,好比相信一个雅典娜式的预言——

> 我现在给你做预言,不朽的神明把它
> 赋予我心中,我相信它一定会实现,

---

① 薇依:《柏拉图对话中的神》,页 165。

虽然我不是预言家，也不谙鸟飞的秘密。（奥 1:200—202）

愁苦的特勒马科斯怎知眼前的人实为女神？他看见的只是某个无名的外乡客痴人说梦。他多年等待父亲的希望已到尽头，那人却无凭据地跑来说他父亲正在归途。预言，毋宁说是特勒马科斯无望中的一丝信念。没有信念，他不可能出海远行，不可能成长为名副其实的奥德修斯之子。

不义当道的时代呵，不和的孩子们折磨人间。人类如何去"穿过矛盾朝向善"？赫西俄德提供了一种示范。身为农夫，他的认知经验如此有限。身为诗人，他自信有能力讲有益城邦教化的故事："但我将述说执神盾宙斯的意志，因为缪斯们教会我唱神妙的歌。"（劳 661—662）一种诗歌神学就这么生成。在不和致死的人生里，诗人要重新唱起不和之歌。

7

埃里斯，制造呻吟的不和，酿成祸害的不和！（伊 11:73，9:257）

你这坏的不和神哪，你在古风诗唱里赫赫有名。热爱特洛亚传奇的世人谁个不知,一切应从你讲起!

女海神忒提斯和人间的英雄佩琉斯大婚,独独没请你。本来嘛,那是见证神人相爱和好的时刻,普天同庆,不和是没分的。但你不请自来,当众丢下那颗不怀好意的金苹果。光彩的时刻呵,不朽的欢乐!骄傲的奥林波斯女神们为它争吵不休,就这样埋下特洛亚十年战乱的祸患。

你是战神阿瑞斯的妹妹和伴侣,常在战场上,天生爱杀戮。世人又叫你"争吵神"。只因你走过人群,总把争吵抛向两边,激起沉痛呻吟(伊 4:440)。你站在奥德修斯的船头发出可怕呐喊,"将士们顷刻间觉得战争无比甜美,不再想乘船返回可爱家园"(伊 11:13—14)。光彩的时刻!宙斯派遣你手持战斗号令去鼓起希腊人的斗志。不朽的欢乐!群神被迫在奥林波斯山顶静坐观望时,天神中只有你得了允许,在厮杀现场奔走,多么心满意足!(伊 11:74—76)

荷马这么说起你:"起初很小,不久便头顶天穹,升上天,脚踩大地。"(伊 4:42—443)

埃里斯,坏的不和神!那个世人赞不绝口的哈耳摩尼亚,战神和爱神生下的和谐女儿(神 937),原是你的小辈!

8

埃里斯，黑夜的长女，你是有益凡人的真相！

你这好的不和神哪，你是农夫在春天割草从清晨到黄昏比赛耐力（ἔρις，奥 18:366），你是快活的少女跳进清水里洗衣互相比技艺（ἔριδα，奥 6:92）。你敦促不中用的人也动手，邻人妒羡邻人争相致富（劳 20，23—24）。你派誓言孩儿随时追踪不义审判，给伪誓者带去灾祸（劳 219，804）。

你这好的不和神哪，你离开战场走进城邦，把纷争改名叫竞争。你步步进逼（伊 5:518），不容人一刻喘息。你刺激英雄战斗，鼓励农夫耕作。你无情而无分别，你使凡人不免辛劳（ἔργον）一生。那世人遮蔽心与眼怪你不得！世人爱英雄，看不清英雄抛去声名光环，就是荒野里的可鄙牧人，受肚皮折磨的乞丐（奥 18:54），就是坐在灰尘里的外乡乞援人（奥 7:153—154），就是天生有欠缺的爱欲精灵（《会饮》，203c）！

听哪，埃里斯，不和女神！听哪，爱若斯从混沌中呼唤你！你是南冥与北冥，你是天与地分离。你爱所有人，更爱怒而飞的自在。

埃里斯，黑夜的黑色女儿！因为爱若斯，另一位诗人这么说起你："一粒沙里见世界，一朵花里见天国，手掌里盛住无限，一刹那便是永恒。"

9

柏拉图公然将荷马和赫西俄德为首的诗人赶出正义城邦。可是同在《理想国》中，探究正义与政治的苏格拉底却不能避免地参考赫西俄德。古典时期的雅典人对《劳作与时日》耳熟能详，诗中好些警句箴言几经诵诗人的吟咏，演说家的援引，更成为引发争议辩论的话题典故。① 伯纳德特说，诗与哲学的对立不应妨碍我们看见另一半事实，就是柏拉图及其同时代人切实地向诗人学习，并非只是诗受惠于哲学，哲人也从以荷马和赫西俄德为代表的诗歌传统中获得了滋养。②

---

① 有关《劳作与时日》在古典时期的雅典格外流行又备受争议的三段诗文，参看 Barbara Graziosi, "Hesiod in Classical Athens: Rhapsodes, Orators, and Platonic Discourse", *Plato and Hesiod*, pp.111—132。
② 伯纳德特自称很晚才意识到这一点："我以前没有意识到，柏拉图曾学习诗人，对我来说，这是一种反向预测，即诗受惠于哲学。"伯纳德特：《弓与琴》，页1。

世人皆知，柏拉图热爱荷马胜过别的诗人。在柏拉图对话里，那些援引荷马的神话典故一应由苏格拉底主讲，而苏格拉底的对话人往往有意图地讲到让人想起赫西俄德的故事，诸如普罗塔戈拉讲人类起源故事（《普罗塔戈拉》，320c—323a）让人想到普罗米修斯神话，蒂迈欧讲宇宙创生故事（《蒂迈欧》，40e起）让人想到《神谱》的诸神谱系，埃利亚的异邦人讲宇宙循环故事（《治邦者》，268c—274d）让人想到人类五纪神话。[①]

唯一的例外恰恰在《理想国》。苏格拉底讲了一个腓尼基人的传说，让人不可能不想到赫西俄德。这个故事谈论的正是所谓适合年轻人的"高贵的谎言"（理414b—415c）。赫西俄德凭空生出两个不和：坏的让人疏于耕作，耽溺在城邦会场凑热闹看纠纷（劳27—29），好的促进劳作竞争。这个不和的真相（ἐτήτυμα）与真实（ἀληθέα，神28）有别而接近谎言的说法：如真的一般（ἐτύμοισιν ὁμοῖα，神27）。这个不和的真相岂非另一个适合年轻人的"高贵的谎言"？

在黑铁时代述说不和真相的赫西俄德，与说了很多似真谎

---

① Naoko Yamagata, "Hesiod in Plato: Second Fiddle to Homer?", *Plato and Hesiod,* pp. 83—87.

言的奥德修斯就此交集，智术师们称之为诗人的不和，独有柏拉图看出属人的爱欲才是根本问题。不和的高贵谎言里潜藏爱欲的真实。在柏拉图的爱欲神话里，"贫乏"与"丰盈"本是彼此不和的两个神，在偶然中结合生下爱若斯（《会饮》，203b—204a）。爱若斯的孕生过程本身是从不和（Eris）到爱欲（Eros）的转承。诗人之争背后尚有诗与哲学之争，而诸种纷争背后尚有辩证术。从外在论辩到自我省思，从世界生成的矛盾到灵魂爱欲的挣扎，不和的"似真"背后总有爱欲以欠缺为名的"真"。不离不弃。

古今之争

中的拉辛

在法国历代文化思潮大论辩中，古典主义作家拉辛一直是被谈论的热门人物，尽管在国内相关研究中，他可以说是个冷门人物。伏尔泰离拉辛的时代不算太远，他将拉辛奉为法语诗人典范，对其悲剧造诣自叹弗如，称其传世作品太迟才得到恰如其分的评价。[1] 司汤达离拉辛已经一个半世纪，他在《拉辛与莎士比亚》中感叹法国空等一百五十年也未等到第二个拉辛那样的天才。[2] 罗兰·巴特提出后现代式概念"拉辛式的爱欲",[3] 使其在三百年后重新进入法国新批评浪潮的论辩核心。套用圣勃夫的一句评语，拉辛确乎"在每一个世纪都被重新提出作为问题来讨论"。[4]

拉辛在法国文化史上地位特殊，与其生逢17世纪下半叶路易十四统治下的大时代有关。众所周知，在路易十四年代发生了著名的法国古今之争（Querelle des Anciens et des

---

[1] Voltaire, *Le Siècle de Louis XIV*, Paris: Colin, 1894, p.816; "De la bonne tragédie française", *Dictionnaire philosophique*, tome 1, Garnier, 1879, pp. 407—417.

[2] 司汤达:《拉辛与莎士比亚》，页112。

[3] Roland Barthes, "Sur Racine", coll. *Pierres vives*, Paris: Le Seuil, 1963.

[4] 圣勃夫:《圣勃夫文学批评文选》，范希衡译，南京大学出版社，2016年，页388，页348。需要说明的是，圣勃夫的话本是用以评论高乃依、莫里哀等拉辛的同时代作家。

Modernes)。表面上这是一场持续半个多世纪的纯文学范畴的文坛论战,争辩核心是文艺创作要不要模仿古人,但依据某种共识,古今之争远不止关涉文学艺术或广义的学问。西方思想史上有另一种古今之争的说法。广义的古今之争,从 15 世纪的意大利人文主义者算起,一路贯穿到当代,① 乃至渗透进入后现代语境下各色前卫热门话题。崇古亦或崇今?进步还是回归?这个哲学式的拷问如今看来也许过时,但从根本上始终指向人类文明的诸种基本假设。古今之争的思路有助于融贯地理解西方近代史上的文艺复兴和启蒙运动等重大事件,某种程度上也有助于理解我们置身的时代和世界。具体回到拉辛身上,这位古典主义时期的文人作家之所以在每一个世纪重新成为文学批评的争议核心,恐怕同样与古今之争息息相关。

17 世纪下半叶法国文坛论争数不胜数。以拉辛为例,几乎每一部戏剧问世均会引发或大或小的论辩。这些论辩未必能悉数纳入古今议题范畴。晚近法语学者多从不同视角探索拉辛毕生论战经验,尤其在古今之争问题上看法不一。有的肯定拉辛的崇古派主将身份,也有的强调拉辛的笔战往往有现世功利

---

① 参看:刘小枫,《古今之争的历史僵局》,载斯威夫特:《图书馆里的古今之战》,李春长译,华夏出版社,2015 年,页 1—67。

意图而非立场坚定的思想论争，比如他初入文坛陆续与高乃依、莫里哀等名家为敌，某种程度上是有意图的成名战略，再比如他晚年一度充当古今两派主将布瓦洛和佩罗的调停人，可见其立场未必坚定。①

古今之争中的拉辛问题呈现出耐人寻味的含糊特质。伏尔泰在《哲学辞典》中专设词条谈论"古与今的大论战"，把拉辛奉为今人作家的典范。②虽然，拉辛站在崇古派立场几番讨伐佩罗是不争的事实。崇今派的思想谋略在启蒙年代得到传承和发扬，文学史上迄今将17世纪崇古派论战檄文誉为"张扬民族文学和民族语言的真正宣言"。③如果说拉辛的悲剧代表法兰西王国鼎盛时期法语写作的最高成就，那么，如何理顺拉辛"为古人辩护"的思想立场？我们不会忘记伏尔泰为此说

---

① Marc Fumaroli, *La Querelle des Anciens et des Modernes*, Gallimard, 2001. Georges Alain Viala, *Racine : la stratégie du caméléon*, Seghers, 1990. Raymond Picard, *La Carrière de Jean Racine*, Gallimard, 1956; *Racine polémiste*, Pauvert, 1967. Paul Fièvre, «Racine en querelles», dans *Littératures classiques*, N° 81(2013), pp. 199—210.

② 伏尔泰："古人与今人"词条，《哲学辞典》，王燕生译，2017年，商务印书馆，页96—121。

③ 贝西埃等主编：《诗学史》（上），史忠义译，河南大学出版社，2010年，页270—275。

过，拉辛是大诗人，但未必是同等级别的哲学家。①

另一种含糊的表现，同样不应忽略。拉辛毕生涉足诸种大小论战，与此同时，正如季洛杜说过，拉辛的文学创作让人惊讶地几乎看不到时代的痕迹，看不到新观点新科学乃至新风俗的影响。他置身于诸种纷争的中心，但所有唇枪舌战仅止于前言，从未进入作品的世界。②

拉辛毕生共创作十一部悲剧和一部喜剧。这些作品的出版前言既是针对同时代批评家的回应辩驳，也是诗人创作主张的集中体现。除此之外还有散见各处的书信史论等资料。迄今留存的拉辛文献有两部分缺失。一部分是1665年至1678年间的书信全部佚失，此间正是拉辛写作论战的高峰期（OC2，369），另一部分是1677年担任路易十四史官以来，除两份官方印制文件《国王征战事迹颂歌》和《那慕尔纪略》之外，一应史稿全部毁于火灾（OC2，193，207—264）。资料的欠缺及其带来的梳理困难，额外地也加深了某种含糊的印象。

以上是一点必要的交代。

---

① Voltaire, *Le Siècle de Louis XIV*, p.816.

② Jean Giraudoux, *Racine*, Paris : Grasset, 1930, p.11.

1

1660年,拉辛二十一岁。

这一年,比拉辛年长一岁的路易十四大婚。年轻的法兰西王迎娶西班牙公主玛利亚-特蕾莎,于8月16日举行进巴黎的国王入城仪式。时值长达十年的法西战争结束,王室联姻意在巩固新立的比利牛斯合约。这场仪式堪称路易十四成年亲政的标志。随着马萨林红衣主教于次年去世,路易十四不再任用宰相。他独揽大权,迅速实现法兰西王权崛起。

巴黎举行隆重的庆祝盛典,文人学者纷纷献诗赠文。年轻的拉辛写下240行的长诗《塞纳的水仙》(*La Nymphe de la Seine*),作为进军文坛的处女作,题献给法兰西新王后。这首颂诗紧扣和平凯旋这一国王入城仪式的政治主题,得到夏普兰(Jean Chapelain)等知名御用诗人的赏识。但是,诗中援引古代异教神话形象,尤其第十二小节以战神马尔斯和美神维纳斯譬喻君王夫妇被指有问题:马尔斯在伟大征战之后荣归天庭,得到诸神的敬畏,唯独遇见维纳斯时,他收起骄傲的表情:"无情的目光使他比暴雷更可怖",他"跪在女神脚下,忧郁不安长叹息"……（OC1, 43）看得出来，拉辛笔下的神话故事明显带有彼时贵族风雅趣味。不过问题不在于此。批评家指出，马尔斯和维纳斯是异教神，且犯下婚外奸情（《奥德赛》卷八最早讲述这个神族里的偷欢故事），拉辛用以譬喻身为基督徒的路易十四夫妇，实乃大大亵渎法兰西皇族的虔诚和威严。

拉辛写给友人的书信记录了这场风波的始末。名不见经传的青年诗人坚持己见，没有依从有权势的宫廷文人的意见修改诗文，反而为荷马以降的古代神话诗歌传统做起了辩护：

佩罗先生……只除了一二处批评我不能赞同，比如他反对维纳斯和马尔斯的那个譬喻，理由是维纳斯是个淫妇。但您是知道的，诗人们说起古时诸神时，这些神在他们笔下是神圣的，也即是完美的存在，他们说起来绝不会考虑诸神当真犯下过错。从没有人胆敢指称朱庇特或维纳斯乱伦通奸。因为，果真在诗中这么写，那还不如不写。单看古代诸神行下的事，若要追究公道的话，个个是至少要被判烧死的。[1]

---

[1] Jean Racine, *Lettre à l'abbé Le Vasseur, 13 septembre 1660*, in OC2, p.385.

拉辛紧接着在信中援引前朝诗人马勒布在六十年前为亨利四世新婚而作的颂诗《法兰西喜迎新后》，其中四行诗将当时的新王后玛丽·德·美第奇比作维纳斯的别称"库忒拉女神"。① 拉辛以此作为不按"佩罗先生"的意见修改诗歌的理由。② 这里说的佩罗正是崇今派的主将。在《今人与古人的对比》第三卷第四个对话中，他专门谈论基督教传统比之古代异教神话的进步性。③ 流传后世的"灰姑娘"、"睡美人"等佩罗童话（合称《鹅妈妈的故事》，1697 年）乃是崇今派志在开创路易大帝时代新传奇的一种实践。

这场风波虽小，却说明拉辛初入文坛即参加当时的激烈论辩，即"异教传奇与基督教传奇之争"（Querelle du merveilleux païen et du merveilleux chrétien）。路易十四亲政时期的法兰西

---

① François de Malherbe, *A la reine sur sa bienvenue en France*, 1660, vs.21—24. 神话中维纳斯在海上诞生，从库忒拉岛登岸，故有别称"库忒拉女神"（la cythérée），如参看：赫西俄德，《神谱》，行 192，行 196。

② 1671 年重版，拉辛删去涉及马尔斯和维纳斯的两个小节，原因与援引古代神话无关，而在于时过境迁，路易十四彼时心目中的"维纳斯"不是诗中的王后，而是蒙特潘夫人（参看 OC2，1220—1221）。

③ 参看 Charles Perrault, "Parallèle des Anciens et des Modernes", in *La Querelle des Anciens et des Modernes*, pp.361—380。

王国正在崛起为欧洲强国，文人作家为了更好地完成歌颂君王的历史使命，是否应该杜绝援引古代希腊罗马神话典故，而只限于追溯基督宗教故事传统？崇今派和崇古派对此各持一方争论不休。拉辛的颂诗只是这场沸沸扬扬的论争中的一则小例。但有一点可以肯定，无论拉辛还是佩罗，古今两派在歌颂君王的热忱志向上无疑是一致的。

崇今派主张以历代法兰西王为榜样树立路易十四的光辉形象。第一位皈依基督教的法兰克王克洛维，与罗马教会结盟并得到教皇加冕的查理曼大帝，中世纪以虔诚著称的君王楷模圣路易，无不是崇今派笔下的基督徒贤君典范。以德马雷的史诗《克洛维或基督教的法兰西王国》(*Clovis ou la France chrétienne*)为例。主人公虽系克洛维王，诗人借古颂今，意在美誉路易十四王朝。德马雷是黎塞留时代的御用文人，辈分高过佩罗，堪称最早一代的崇今派代表。他在1670年写下《法语和希腊拉丁语言诗歌对比》，强调法语比之希腊拉丁等古典语文的进步性，进而否定基督宗教以前的古传经典规范。1673年借《克洛维》出版之际，德马雷写下《论基督宗教题材是适合英雄史诗的唯一题材》，指出基督宗教代表大大超越异教谬误的神学进步，基督宗教诗歌也理应代表大大超越古代诗歌的文艺进步。

崇古派在古今文明的优劣问题上持相反意见，特别是如何将路易十四王朝的荣耀传唱后世，崇古派强调古代典范的不可取代性：堪与路易十四比肩的同类人不仅仅是从克洛维到路易十三的历代法兰西先王，还应该是亚历山大大帝、凯撒和屋大维等古代英雄。1674年，崇古派主将布瓦洛在诗体文论《诗学》第三章专题讨论"异教传奇与基督教传奇之争"，并把批评矛头直指德马雷及其《克洛维》，指出崇今派的现代法语史诗无以体现文学的真谛，不能与伟大的古传经典相提并论。"失败的作者徒然地想让天主、圣徒和先知如同在诗人想象中栩栩如生的古代诸神那样行动。"① 布瓦洛提倡复兴亚里士多德在《诗学》中所规范的古典文学类别。路易十四要有像荷马或维吉尔这样的大诗人为之传唱后世。诸如莫里哀、拉辛和布瓦洛这样的古派作者恰好能够承担起这一历史使命。以莫里哀为代表的的喜剧，以拉辛为代表的悲剧，以布瓦洛本人为代表的的讽刺诗这三类古典文学种类在路易十四的年代复兴，远比今派作家那些欠缺底蕴章法的歌功颂德之作更能显示法兰西王朝

---

① Nicolas Boileau, "Art poétique", III, vs.193—196, in *Œuvres poétiques*, Hachette, 1935, p.58.

和君王的辉煌荣耀。

提到诗学理论,布瓦洛的影响不及亚里士多德乃至贺拉斯。布瓦洛的诗作如今也鲜少为人关注。不过,从某种程度而言,布瓦洛的崇古派眼光似乎经得了时间的检验。拉辛和莫里哀的诗剧在几世纪里反复得到研读和演绎,德马雷和夏普兰的史诗却少有人再提起。有关"异教与基督教的传奇之争"的讨论没有中断,直至19世纪夏多布里昂的《基督宗教真谛》那里依然是鲜活的话题。

拉辛与布瓦洛交情深厚,迄今留有大量书信为证。拉辛的悲剧创作再好不过地印证布瓦洛的理论。自1664年创作第一部悲剧《忒拜纪》(*La Thébaïde*)至1677年写完《费德尔》(*Phèdre*)并被任命为路易十四的史官,拉辛一共创作九部悲剧,其中四部取材古希腊神话故事,五部取材历史故事,换言之,这一时期没有一部作品取材自基督宗教传统,而全部关乎异教掌故。单从《塞纳的水仙》的风波不难看出,自踏入文坛的那一刻起,拉辛即以作品的事实坚决站在崇古派的阵营。

2

1665年，拉辛二十六岁。

这一年，他凭第二部悲剧《亚历山大大帝》(*Alexandre le Grand*)在文坛崭露头角，即主动卷入巴黎的一场神学论战，也就是"《想象的异端》之争"(Querelle des *Imaginaires*)。论战的一方是冉森派代表人、拉辛的波尔-罗亚尔修院导师尼古拉(Pierre Nicole)，另一方是反冉森派教义的崇今派作者德马雷。有趣的是，青年诗人拉辛的公开立场并不支持任何一方。

1664年至1666年间，尼古拉仿帕斯卡论战耶稣会的作品《外省人信札》，匿名出版了十七封书信，标题为《论"想象的异端"的书信》(*Lettres sur l'Hérésie imaginaire*)，其中后八封信带副标题《幻象者》(*Visionnaires*)。"想象的异端"本是德马雷攻击冉森派的说法，"幻象者"亦是德马雷的一部戏剧的标题。这些论战书信的批判矛头因而直指德马雷。尽管这场论战涉及神学领域的诸多命题，但促使拉辛介入的却是冉森派作者对德马雷戏剧诗人身份的批判——

众所周知，德马雷起初专司小说戏剧，凭此声名大噪。此等资质依照正直人的判断不能算体面，依照基督宗教教义和福音书原则来看则是极坏的。小说家和戏剧诗人是给公众下毒的人，对信徒的灵魂而不是身体下毒，必须被视为一连串精神谋杀的犯人，凭有害的写作事实上已经造成或有可能造成精神谋杀。他们越是小心地为书中描写的犯罪激情披上一层诚实的面纱，这些书越是危险，越有可能愚弄和败坏单纯无知的灵魂。（OC2,13）

冉森派作者批评戏剧败坏人心的言论并非首创，毋宁说是古来有之的话题。柏拉图的《理想国》将诗人赶出正义城邦，特图良等早期教会教父专文驳斥戏剧，比拉辛晚一个世纪的卢梭在《论科学与艺术》和《论戏剧的信》等要著中更有深入探究。不过，众所周知，路易十四仇视冉森派。太阳王全盛时期一方面以虔诚的信仰自我标榜，另一方面王宫为戏剧繁荣提供了适宜的土壤。除君王本人的爱好以外，更有政治谋略因素使然。拉辛毅然踏入文坛做文人，争取宫廷贵族认可，寻觅出人头地机会，实与彼时社会风气有关，同时也是违抗了波尔－罗亚尔修院导师的教诲理念。他因此似乎自认为成了旧日授业老师的攻击对象。1666年1月，拉辛匿名发表了一封"致《想象的异端》及两篇《幻象者》的作者"的公开信，批评冉森派不应该仅仅因为德马雷一人而攻击所有的小说和戏剧，乃至批评一切诗人是"给公众下毒的人"或"基督徒中极坏的人"。

您会说，现如今写小说戏剧再无荣耀可言。从前异教徒视为荣誉的，如今在基督徒眼里变得丑恶。我不像您是神学家。我斗胆主张，教会绝没有禁止我们读诗，也绝没有要求我们厌恶诗歌。从前的教父正是通过阅读诗歌而成就自身的部分教育。纳奇安的格里高利不吝将耶稣基督的受难故事谱写成悲剧。奥古斯丁援引维吉尔就像您援引奥古斯丁一样频繁。我知道，奥古斯丁确乎自责入迷于戏剧且在阅读维吉尔时落泪。只是您能从中得出什么结论呢？您能说从此不应阅读维吉尔不该去看戏吗？毕竟奥古斯丁同样也自责从教会的圣乐中得到太多乐趣。难道这就意味着从此不该去教堂吗？（OC2，20—21）

波尔-罗亚尔修院在1666年3月和4月先后两次做出回应，拉辛为此再次动笔，写下"致《想象的异端》的作者的两位辩护人"的公开信，不过没有当即发表，第二封信直至

1772 年才首次问世（OC2,15—31）。

在这场论辩中，拉辛既反驳冉森派作者，也与反冉森派的德马雷划清界限，一如既往地站在古今之争中的崇古派立场。值得一提的是，拉辛少时受教于波尔-罗亚尔修院学校，除通行的拉丁语教学外，也受古希腊语和法语的训练。他拥有同时代文人学者罕有的古希腊文学修养，首先应归功于冉森派导师。他在求学期间熟读古希腊原文作品，留下为数可观的阅读笔记。[①] 他注释过荷马和品达的诗歌，细批过三大悲剧诗人的剧作，迻译过柏拉图的对话和亚里士多德的《诗学》。据其子路易·拉辛的回忆录记载，少年拉辛"最大的乐趣是在修院的树林深处阅读他早已烂熟于心的索福克勒斯和欧里庇得斯的著作"（OC1，1120）。

我们今天依然要崇拜索福克勒斯、欧里庇得斯、泰伦提乌斯、荷马和维吉尔，就像雅典罗马古人崇拜他们一样。时间或许会摧毁世人为他们竖立的雕像和为某些人建造的殿堂，却不

[①] 拉辛全集本收录长达 260 余页篇幅（OC2，713—973），相比之下，涉及基督宗教典籍的笔记仅 50 余页，涉及拉丁文经典的笔记不足 20 页，这从某种程度上反映冉森派教学的侧重和拉辛本人的偏好。

足以阻止我们今天继续缅怀他们……尽管您出于某种信仰热情提出严苛的标准,但我们的世纪依旧敢于公正地审视这样一些人,在他们身上闪烁着从前启迪过古代伟大作者的火光。(OC2,20)

在这场针对冉森派导师的论战中,拉辛批评同时代人对古传经典的评判标准,重申古今文明优劣问题的古派主张。他为戏剧诗歌辩护,归根到底是为古代作者和古传经典辩护,同时自奉为古代作者的传人。在《贝勒尼斯》(Bérénice,1670)前言中,拉辛进一步明确回应了法国古今之争的核心问题:"就文学成就而言,今人是否不能超越古人,是否必须摹仿古人?"[①]

我试图取悦的少数明智的人会怎么说?我努力仿效的古代伟人会怎么看我?……这才是我们应该预设的真正观众。我们必须时时自问:荷马和维吉尔若读到这些诗会说什么?索福克勒斯若看到这部剧作会说什么?(OC1,374—375)

---

① 刘小枫:《古今之争的历史僵局》,页20。

《贝勒尼斯》前言两次提及索福克勒斯。作为彼时拉辛心目中最高明的悲剧诗人权威，索福克勒斯与荷马、维吉尔等古代作者比肩，被奉为古人趣味的仿效典范。前一年的《布里塔尼古斯》(Britabicus)前言同样两次提及索福克勒斯而未提及欧里庇得斯。拉辛早年欣赏索福克勒斯远胜欧里庇得斯似是不争事实。早在少年时代的阅读笔记中，拉辛对索福克勒斯推崇备至，所有批注均系誉美之辞，而评欧里庇得斯常有贬责。

拉辛多处赞叹索福克勒斯的诗艺。《埃阿斯》中歌队咏叹埃阿斯之死的诗行代表索福克勒斯的诗才巅峰（OC2, 855）。《俄狄浦斯王》的开场诗出色优美（OC2, 863）。《厄勒克特拉》中女主人公没有认出失散多年的弟弟，在他面前哀哭亲人离丧，拉辛将这场姐弟相认的戏视为悲剧实现亚里士多德所规范的怜悯效果的最佳范例："戏剧舞台上没有比这更美的场景！"（OC2, 851）

拉辛还多处称颂索福克勒斯的戏剧手法。《埃阿斯》中有一处歌队离场的处理"在古希腊悲剧中绝无仅有"，显示"诗人极其出色的技巧"（OC2, 861）。《厄勒克特拉》、《菲罗克忒忒斯》和《俄狄浦斯在科洛诺斯》这三部戏的开场体现诗人铺陈戏剧场景的精湛技艺:"手法相近,带有令人愉悦的多样特点和让人赞叹的效果。"(OC2,865)

拉辛倾慕索福克勒斯,还可以通过如下评语得到印证。在少年拉辛的笔记中,点评古代作者仅此一例:

> 索福克勒斯天性温柔,为所有人喜爱。尽管有好些君王邀约,他始终不愿离开雅典。他极其虔信。……他对人物性格的刻画让人赞叹,仿效荷马无人可比拟。他的悲剧有诸多美质:言谈得体、优雅、勇敢、多样性。他用半行诗足以刻画一个人物性格。(OC2,857)

相形之下,拉辛常常批评欧里庇得斯悲剧中的不足之处。仅以批注最细的《腓尼基妇女》和《美狄亚》为例。《腓尼基妇女》中先知要求克瑞翁在儿子与城邦之间做出选择,拉辛的评语是"雕琢过度的理由,使原本美好的故事变得冷冰冰"(OC2,878);克瑞翁的人物性格在终场显出有悖于整出戏的"徒然的恶"(OC2,879);剧末近三百行诗是"多余而无力的"(OC2,879)等等。《美狄亚》中有多次处理,尽管很美却不符合悲剧规范，比如保姆点评音乐，美狄亚出场独白等等。该剧由保姆和保傅开场，拉辛虽承认此二人成功地向观众传达了信息，"个中不无优美的诗行"，却批评欧里庇得斯违背开场戏至少有一名主人公出场的传统做法，"我很怀疑索福克勒斯会愿意让这类人物为悲剧开场"（OC2，871）。

拉辛在悲剧创作前期延续少年阅读笔记中的态度，推崇索福克勒斯远甚于欧里庇得斯。《安德洛玛克》虽有欧里庇得斯的同名悲剧，但拉辛一再强调维吉尔才是他的主要参考依据（详见前文第一章第十二节）。甚至举《海伦》为例，批评欧里庇得斯在《安德洛玛克》中的情节处理过于保守：

欧里庇得斯在《海伦》这部悲剧里表现得大胆多了。他公然顶撞全希腊的共同信誉：他假设海伦从来不曾去过特洛亚，墨涅拉奥斯攻城之后在埃及找到妻子……但我不认为有必要借用欧里庇得斯的例子来证明自己也有做出改动的自由。（OC1，298）

拉辛为改动神话传统做出自我申辩，一边宣称不借用欧里庇得斯的实例，一边又以索福克勒斯的权威为依据。在举证不同古希腊作者笔下的神话故事版本亦不尽然相同之后，拉辛引用"某个索福克勒斯的古代解释者"（指欧斯塔提乌斯）的话来反驳他的同代人："不应挑剔诗人们偶尔也会改动神话故事，应该努力审视诗人们做出改动的精妙用意，以及他们擅长让神话故事与作品主题相适应的高超手法。"（OC1，298）在批注索福克勒斯的《厄勒克特拉》时，少年拉辛已表达过同一观点（OC2，871）。拉辛早年显然将索福克勒斯视为古代悲剧传统的仿效代表。然而这一公开态度随着《伊菲革涅亚》的问世而发生根本性转变。

3

1674年，拉辛三十五岁。

这一年八月，为庆祝法军再度攻克弗朗什-孔泰，凡尔赛宫持续六天举办凯旋庆典，被誉为路易十四时代最隆重的宫廷节庆（OC1，1558）。今派歌剧《阿尔刻提斯》（*Alceste*）与拉辛新剧《伊菲革涅亚》（*Iphygénie*）在庆典上演出，由此引发新一轮论战，即"《阿尔刻提斯》之争"（Querelle d'*Alceste*）。古今两派均系改编同一位古希腊诗人的悲剧作品，故而是一场围绕欧里庇得斯的论战。

新版《阿尔刻提斯》于同年七月在巴黎公演时，佩罗发表一篇对话体的《歌剧评论，或〈阿尔刻提斯〉悲剧研究，或〈阿尔刻提斯〉的成功》，[①] 宣布新版戏剧比欧里庇得斯的同名悲剧更高明，并进一步批评欧里庇得斯的古本有诸多不符合今人道德风俗的败笔。这是崇今派凭靠笛卡尔的数学理性寻找古传文本谬误的常见做法。

同年八月，拉辛的新剧《伊菲革涅亚》在凡尔赛宫首演。路易十四亲临现场观演，显得对拉辛格外青睐。拉辛与佩罗再次正面交锋，他已不再是默默无闻的文坛新人，而是凭《安德洛玛克》等剧在王宫和巴黎大获成功的名诗人。《伊菲革涅亚》在 1675 年 2 月正式出版。前言中过半篇幅均在回应"《阿尔刻提斯》之争"。拉辛显得不屑提及新剧作者基诺，而把矛头指向佩罗，直呼其为"崇今派"，坚决为欧里庇得斯辩护：

[①] Charles Perrault, "Critique de l'opéra, ou Examen de la tragédie intitulée Alceste ou le Triomphe d'Alcide" in Philippe Quinault (ed.), *Alceste, suivi de la Querelle d'Alceste, Anciens et modernes avant 1680*, Genève: Droz, 1994. 也有认为作者是佩罗兄弟中的老大皮埃尔·佩罗，参看 OC2, p.1582。

我感到惊讶，晚近在批评欧里庇得斯的《阿尔刻提斯》时，崇今派（les Modernes）竟表现得如此厌恶这位伟大的诗人……我实在感激欧里庇得斯，不能不在这里花点心思缅怀他，也不能错过机会调解他与这些大人先生们。我很肯定，欧里庇得斯在他们的心目中如此糟糕，只是因为他们没有好好读他的作品，又偏偏拿这部作品来给他定罪。（OC1，699）

拉辛早年将索福克勒斯奉为最佳悲剧诗人典范，即便改写欧里庇得斯的悲剧也有意淡化后者的影响痕迹。但自《伊菲革涅亚》以来，拉辛转而公开自封为欧里庇得斯的当世唯一传人，并且连续写下两部取材自后者的悲剧（《费德尔》改写自《带华冠的希波吕托斯》）。拉辛一反从前举证欧里庇得斯悲剧种种不足的做法，旗帜鲜明地将其列为继荷马之后的诗人典范，大加称颂之余，亦不再刻意否认仿效欧里庇得斯，反而主动强调与他的传承关系。《伊菲革涅亚》前言中声称："我对荷马或欧里庇得斯的仿效带给我们今天的戏剧一点成效"，"我的悲剧中好几处最受人称赞的地方全是他的功劳"（OC1，699）。《费德尔》前言中延续同样的措辞语气："我用以充实剧作的手法并不能胜过欧里庇得斯原作中光彩夺目之处"，"我

所能带给戏剧舞台的最得体合宜之处无不归功于他。"(OC1, 817)

"《阿尔刻提斯》之争"让人想到"异教传奇与基督教传奇之争",并且前者犹如后者的某种升级。如果说老一代今派德马雷竭力反对在文学戏剧中再现古代神话故事,那么,新一代今派佩罗已经放弃这一点争议,问题焦点转为如何重现古代神话故事。有别于崇古派对待古传经典的审慎态度,崇今派主张以诙谐贬低的方式阅读和改写古典悲剧,乃至不惜丑化成讽刺闹剧,同时启用繁复的舞台设计和华丽的音乐,既是为了取悦观众,更旨在表明今人戏剧具有优于古人戏剧的进步性。在欧里庇得斯的古传悲剧里,阿尔刻提斯为救丈夫阿德墨托斯而情愿赴死,英雄赫拉克勒斯为她的美德所感动,去与死神恶斗,将她带出冥府,送回她丈夫身边。新版歌剧大幅度地删改剧情。阿尔刻提斯不再身为人妻,而是阿德墨托斯的未婚妻,赫拉克勒斯变成追求她的贵族青年。戏中还有第三个追求者,与高贵正直的赫拉克勒斯形成对比。阿德墨托斯在决斗中杀死第三个追求者,自己也受致命伤,这才引出阿尔刻提斯替他赴死的情节。在崇今派作者的改写下,这部探究城邦正义问题的古典悲剧变成一出侧重谈情说爱的现代情节剧。崇今派在论战中声称，新版歌剧没有保留古本的地方，全系因为欧里庇得斯写法蹩脚荒唐，不能为今人所容忍。

拉辛亲身投入这场论辩，从理论和实践上反驳崇今派。首先是对欧里庇得斯作品的阅读和理解。法国中世纪以来通行拉丁语教学，佩罗等崇今派作者不通希腊文，只借助拉丁译本了解希腊经典。拉辛在前言中用相当长篇幅举证，崇今派凭着某个有误的拉丁文译本对欧里庇得斯做出误读，比如阿尔刻提斯的临终告别戏，本该是阿尔刻提斯的台词，却被误解为她的丈夫阿德墨托斯的台词，由此造成剧情的混淆。"那些大人先生们却是这么理解的，他们手里拿着一个很糟糕的欧里庇得斯的版本。"（OC1，700）拉辛让人信服地证明，崇今派以为欧里庇得斯文本中的荒唐谬误，归根到底只是他们自己没有读懂才犯下的荒唐谬误。

他们的其他批评大抵相似。不过，我想我列举的这些例子足以为我的古代作者做出反驳。我建议这些大人先生不要轻易评断古人作品。诸如欧里庇得斯这样的作者至少配得上他们去细致观察，尤其因为他们那么渴望将他定罪。（OC1，701）

拉辛引用昆体良的话，强调在谈论历史上那些伟大人物的传世作品时"务必格外审慎和克制"：与其"对古传经典妄加定罪"，莫如"走极端，仰慕古人写下的一切"（OC1，701）。这既是崇古派的主张，也是古今两派对待古传经典的分歧所在。佩罗随后在一封公开信中做出回应，交代他所参考的欧里庇得斯版本以及他如何阅读欧里庇得斯等等。为了回应拉辛在文末援引昆体良，佩罗竟也借用一番古传经典的权威性，援引了西塞罗的一段关于罗马人比希腊人高明的话。[1]

拉辛的论战努力不只限于前言，《伊菲革涅亚》这部悲剧本身即是古派对今派的一次重击。在改写欧里庇得斯的《伊菲革涅亚在奥利斯》时，拉辛处处显出尊重古传经典权威，极力证明所有改动并非无中生有，处处有典可查。《伊菲革涅亚》讲述阿伽门农献祭女儿伊菲革涅亚的故事。有别于《安德洛玛克》，拉辛基本保留了欧里庇得斯古本的谋篇结构，并细致交代做过的改动："我稍稍脱离欧里庇得斯的布局和故事，主要是这一二处。"（OC1，699）在谈及未遵循欧里庇得斯之处后，拉辛紧接着说："至于人物的情感，我尽量准确地效仿他。"

---

[1] Charles Perrault, "Lettre à Monsieur Charpentier sur la préface de l'Iphigénie de M. Racine", in *Querelle*, pp.172—173.

(OC1，699）亚里士多德在《诗学》第十五章中谈及人物性格的诸种规范，曾以欧里庇得斯笔下的伊菲革涅亚作为人物性格前后不一致的反面例子，少年拉辛摘译过《诗学》1454a等相关段落，并在括号内做出批注：

> 不一致（乃至相互矛盾）的性格可举《伊菲革涅亚在奥利斯》为例。因为，害羞的（且是畏惧死亡的）伊菲革涅亚与（慷慨赴死的不顾众人意愿情愿去死的）伊菲革涅亚毫无相似之处。（OC2，928）

尽管伊菲革涅亚的人物性格刻画受亚里士多德批评，拉辛在改写过程中没有纠正而是原样保留，这一做法明显不同于《安德洛玛克》。伊菲革涅亚在拉辛笔下正如在欧里庇得斯笔下，起初也恐惧被献祭的命运，也向父亲求情，随后也不顾母亲、阿喀琉斯和众人劝阻，也下定决心赴死。拉辛的《伊菲革涅亚》大获成功，深受路易十四宫廷贵族和巴黎知识人群追捧，与女主人公的形象直接有关。布瓦洛大赞道："拉辛深谙让观众感动、惊讶和陶醉的技巧，在奥利斯被献祭的伊菲革涅亚促使当代观众落下比希腊古人更多的泪水。"[1] 拉辛本人则宣称,这些成功之处"全是欧里庇得斯的功劳",他对法国戏剧的贡献无非就在于仿效古代作者,而"这些认可让我更为坚定地尊敬和思慕古传经典"(OC1, 699)。拉辛紧接着援引亚里士多德在《诗学》中对欧里庇得斯的重要评语:

有人说,所有诗人中欧里庇得斯最有悲剧味($τραγικώτατος$),换言之,他深谙如何唤起怜悯和恐惧这两种情绪,而这正是悲剧的真正效果。(OC1, 699)

或许是欣赏和偏爱索福克勒斯使然,少年拉辛在迻译《诗学》第十三章时恰恰漏译此句:"所有诗人中欧里庇得斯最有悲剧味。"(1453a30)两相比较,《伊菲革涅亚》前言仅有一次提及索福克勒斯,《费德尔》前言未有提及。拉辛晚期追溯以欧里庇得斯为代表的古希腊悲剧传统(OC1, 819)似与他不断深入地审视戏剧的道德教化功能有关。拉辛对两位古希腊悲剧诗人的公开态度转变背后不但隐含特定时代的论战语境,还

---

[1] Nicolas Boileau, "Épitre", VII, v.1—6, in Œuvres complètes, Gallimard, Pléiade, p.127.

与拉辛如何看待悲剧的真正意图相关。

4

1677年，拉辛三十八岁。

这一年，他写下《费德尔》并正式退出文坛。拉辛在早期创作中似未真正探究戏剧教化问题，而仅限于将戏剧视为一种无害的娱乐。《亚历山大大帝》前言驳斥同时代的批评家带着病态思想，不肯从戏剧中得到乐趣，"用摇头和鬼脸向观众证明他们深入阅读过亚里士多德的《诗学》"（OC1，125—126）。《贝勒尼斯》前言两次说："戏剧的首要规则是取悦和打动人心，其他规则无非是为实现这个首要目标服务。"（OC1，452，450）布瓦洛的《诗艺》援引此话："首要秘密是取悦和打动人心。"[1] 莫里哀为《太太学堂》论辩也说："一切规则中的最终规则就是取悦"，并进一步指出"要在舞台上让人愉快地展现人人皆有的诸种缺点"。[2] 戏剧首先要取悦观众，看

---

[1] Nicolas Boileau, "Art poétique", III, v.25, p.52.
[2] Molière, "Écoles des femmes", in *Œuvres complètes*, tome 1, Gallimard, Pléiade, 1932, p.663.

来并非拉辛一人的主张,毋宁说是路易十四时代文人作家的共识。

时隔十二年,《费德尔》前言对戏剧的真实意图做出截然不同的思省。拉辛自称"从未像在这出戏里这么努力地表现美德",并追溯古希腊悲剧传统,指出戏剧不仅要取悦观众,更有承担起教授德性的任务:"这正是为公众写作的人必须自我设定的基本目标"——

> 古代悲剧诗人们看重这一点胜过一切。剧场是教授德性的学校,不亚于哲人开办的学园。所以,亚里士多德特意为诗体悲剧设立规则。苏格拉底这位最有智慧的古代哲人也不吝干预欧里庇得斯的悲剧创作。我们有必要展望,今天的作品也能像古代经典那样可靠并充满教诲意义。晚近有好些以虔诚或学说闻名的人都在谴责悲剧,这也许还是一条帮助他们与悲剧重新和好的出路。这些作者若能像他们关心如何取悦观众那样思考如何教育观众,若能就此遵循悲剧的真正意图,那么他们必然会对悲剧做出更有裨益的评判。(OC1,819)

这一年,拉辛与布瓦洛双双甄选为宫廷史官,不再从事戏剧创作，改为编撰历史颂文和记载君王征战活动。他在同年结婚成家，退出上流社会深居简出。自曼特农夫人得路易十四宠幸随后荣升为王后，凡尔赛宫转向虔诚朴素的风气。直至停写悲剧十余年后，拉辛才受王后嘱托写下两部圣经题材的作品，1689年的《以斯帖》(*Esther*)和1691年的《亚他利雅》(*Athalie*)。这两部悲剧的写作用意乃是以圣经故事教导圣西尔（Saint-Cyr）修院女生，与追求诗名不复相干。

季洛杜说过，拉辛停止写作的原因无他，乃是诗人拉辛不在了。不是关乎戏剧道德教化的审视促使他停止写作，而是身为宫廷内侍和君王史官的拉辛不可能再像诗人那样写作。[①] 传说布瓦洛在临终前留给路易十四一句遗言：拉辛和他本人承担的史官任务有悖他们的诗人才华，实乃生平一大憾事。

拉辛生前最后十年见证路易十四王政的历史转变，并且身为史官的抱负似有未竟之憾。据其子路易·拉辛的记载，拉辛一度受曼特农夫人鼓励上书谏言，指明长年扩张战争导致国库虚空民生艰难，路易十四大怒指责诗人不应干涉政事："他懂得写好诗就什么都懂吗？他是个大诗人就想当大臣吗？"

---

① Jean Giraudoux, *Racine*, p.70.

（OC1，1191—1192）伏尔泰后来在《路易十四的世纪》中有一段评语谈及拉辛与路易十四的关系，大约与此有关：

> 路易十四欣赏他的高度才华，任命他为宫内侍从，让他数次伴君出行马尔利，几番龙体欠安时赐他在国王寝室守夜的殊荣，并授予他丰厚的俸禄。然而，拉辛唯恐不能讨君王欢心，乃至为此郁郁而终。[①]

退出文坛以后，拉辛与冉森派导师重新修好，并写下最后的遗作《波尔-罗亚尔修院史略》（OC2，37—150）。传说与冉森派的亲密关系是拉辛后来失宠于路易十四的原因之一。无论如何，这个一度不惜与授业老师公开论战的诗人在去世后反而得到"波尔-罗亚尔修院的辩护人"这一称号。

拉辛晚年还重拾冉森派理论转而公开批评戏剧，发表与青年时代截然相反的主张。在去世前一年写给曼特农夫人的信中，他把早年的文人生涯称作"陷入迷途不幸的十五年"（OC2，595）。他似乎把从《忒拜纪》到《费德尔》的九部悲剧视为青

---

① Voltaire, *Le Siècle de Louis XIV*, p.816.

年时代犯下的过错。他不但看轻自己的诗艺才华和诗名荣耀（OC1，1114—1116），还多次写信告诫子女写诗的危险性，甚至禁止十七岁的儿子去剧院看戏："国王和宫中无人不知我在看戏这件事上的顾虑。"（OC2，557）拉辛晚年对戏剧的公开态度似更符合17世纪末虔诚基督徒的信念："他承认戏剧作者是给公众下毒的人，他本人也许是最危险的一个。"（OC1，1151—1152）戏剧道德之争堪称发生在拉辛本人身上的漫长论战。

最后两部悲剧《以斯帖》和《亚他利雅》尝试恢复亚里士多德所规范的歌队这一古希腊悲剧要素，同样与戏剧教化问题有关（详见下文第八章第四节）。

亚里士多德在《诗学》第十八章谈歌队与情节时明确指出："不应采用欧里庇得斯的做法，而应采用索福克勒斯的做法。"（1456a）索福克勒斯的歌队是剧情的必要组成部分，欧里庇得斯的歌队则与剧情联系不大。拉辛早期强调悲剧的娱乐功效并不重视歌队，直至最后两部悲剧有意恢复歌队，看来是在仿效索福克勒斯的做法。可见拉辛早年推崇索福克勒斯，后转为欧里庇得斯公开申辩，似是适应论战需求所采取的应变。无论如何，索福克勒斯与欧里庇得斯之别，远不如古今两派对待古传经典的立场分歧来得重要。

《伊菲革涅亚》和《费德尔》先后在凡尔赛宫和巴黎剧场大获成功。拉辛的诗名为崇古派在围绕欧里庇得斯的论辩中大增声势。佩罗兄弟在1678年写过《评论和比较欧里庇得斯和拉辛先生的〈伊菲革涅亚〉》的论战文章，文中承认以布瓦洛和拉辛为首的崇古派在彼时的影响力（OC2，1582）。崇今派一度竭力想要打击拉辛的最后一出悲剧，甚至策动悲剧诗人普拉东（Jacques Pradon）改写并上演《费德尔》，与拉辛唱对台戏，却终究不敌拉辛的盛名。布瓦洛在《讽刺诗》中声援老友，称许拉辛是当世好诗人的典范，与古代希腊罗马的好诗人相比肩。

徒然的无知行径何尝能敌你的诗行？
法兰西的帕纳斯诗山因你而繁盛，
也为你挺身而出打败诸种阴谋，
公正的未来乐章终将为你独奏。
谁见了那费德尔的有德性的受苦，
那不得不痴恋义子的不忠的贵妇，
谁见了这出让人震撼的高贵诗剧，
谁不会当即赞美我们的祥瑞世纪？

卓越的诗人的守望让时代流芳，

落笔生花才成就华美传奇的永恒。（Satires, VII, 75—84）

研究古今之争的法国学者马克·福玛罗利（Marc Fumaroli）指出，崇古派在这场古今论辩中暂居优势，最根本的明证来自路易十四本人的裁判。① 1673年拉辛进法兰西学院。1674年布瓦洛获国王特殊年金，并获准出版包括《讽刺诗》、《诗学》和《论崇高》法译文的文集。1684年，路易十四亲自促成布瓦洛入选法兰西学院。此外，路易十四对皇室新一代成员的教育安排也颇能说明问题。于耶（Pierre-Daniel Huet）被任命为波舒哀的助理负责太子教育，马莱奇奥（Nicolas de Malezieu）被任命为曼恩伯爵的家庭教师，朗基皮埃尔（Jean Longepierre）先后被任命为图卢兹公爵和查尔特勒伯爵的教师。在路易十四的王宫里，承担皇太子教育重任的多系有古派身份的文人学者。在君王的支持下，于耶主持 ad usum delphini（为太子劝学）的古希腊拉丁经典丛书，这一大型出版工程就在卢浮宫的皇家出版社内部进行。同是在《伊菲革涅亚》问世

---

① Marc Fumaroli, "Les Abeilles et les araignées", in *Querelle*, pp.175—182.

的这一年,年轻的安娜·勒菲弗尔(Anne Le Fèvre Dacier)加入于耶主持的四十学人团队,这位未来的达西尔夫人将成为1711年荷马之争的崇古派主将。

5

1687年,拉辛四十八岁。

同年1月27日,时值路易十四病愈举国欢庆之际,佩罗的《路易大帝的世纪》(*Le Siècle de Louis le Grand*)在法兰西学院被当众宣读。有感于古派在论战中的优势,佩罗在诗中强调,只有今派作者才能准确把握路易十四王朝史无前例的辉煌意义。为了论证这个观点,诗中逐一批评古希腊罗马作者,首当其冲就是大诗人荷马:倘若荷马有幸降生今世,他的诗作中也就不会出现古人才会犯下的无数谬误。

崇古派迅速作出回应。同一年,朗基皮埃尔写下《论古人》(*Discours sur les Anciens*),没有否认科学技术的进步,也没有否认笛卡尔等现代哲学方法的价值,而是区分了古今之争的两个不同冲突领域,一个是涉及哲学自然科学知识的论证,一个是关于文学艺术的争论。这两个冲突领域必须区别开来讨论。从某种程度而言，此文预先提出1708年维科在《论我们时代的研究方法》中的基本问题。①以荷马为例，不应将荷马时代的某些知识谬误归咎于荷马身上，更不应以此为理由否认荷马诗歌的价值。关乎人性的真和美的文艺探索早已存在于古传经典。朗基皮埃尔以略带揶揄的口吻指出，佩罗比任何人更心知肚明："他比谁都清楚，他假意批驳的古传经典乃是美好精神的花朵，良好趣味的源泉，理智雄辩的杰作，缪斯女神的乐趣所在。"②

不止一位学者研究证明，作为朗基皮埃尔的前辈师友，拉辛的私下授意与《论古人》这篇论战力作有着扯不开的关系。③ 如果说拉辛没有公开回应佩罗自《路易大帝的世纪》以来的一系列论战，从他留下的书信却不难看出，他没有停止关注古今之争的战局，并且不时以幕后者的身份暗中支持崇

---

① 参看：列维尼，《维柯与古今之争》，载刘小枫、陈少明主编：《经典与解释25：维柯与古今之争》，华夏出版社，2008年，页108。

② Jean Longepierre, "Discours sur les Anciens", in *Querelle*, p.281.

③ Noémi Hepp, *Homère en France au XVIIe siècle*, Klincksieck, 1968, p.548; Tomô Tobari, "Racine et Longepierre : à propos de la querelle des Anciens et des Modernes", in *Cahiers de l'Association internationale des études francaises*, N° 31 (1979), pp. 169—176.

古派。特别在 1693 年（五十四岁）写给布瓦洛的一封信中，拉辛专门讨论了荷马诗中的两处用语细节，为老友论战贡献建议。

第一处是《奥德赛》第十六卷开场，奥德修斯和牧猪奴在农舍准备早饭，特勒马科斯走进来，牧犬对他摆尾没有吠叫，这让奥德修斯判断来人是牧猪奴的相识。公元前 1 世纪的希腊文作者哈利卡纳苏斯的狄俄尼索斯（Denys d'Halicarnasse）在谈修辞时援引这一段，指出荷马诗中的某些用语虽系出自身份卑微者之口，却因诗人的技巧而让人忽略它们本是粗俗用语。布瓦洛为反驳佩罗，在研究托名朗吉努斯佚作的《论崇高》的一篇论文里为荷马辩护，指出荷马诗中没有粗俗用语，乃至古希腊文中没有粗俗用语。① 拉辛在信中援引古代修辞学家的理论，提醒布瓦洛完善论战措辞。

读到这一处，我想到您新提出的理论，也就是荷马诗中没有粗俗用语。您不妨看看，哈利卡纳苏斯的狄俄尼索斯这里说

---

① Boileau, *Réflexions sur Longin*, IX, in OC2, p.1099. 布瓦洛并非这么想的唯一人士。事实上，青年拉辛在注释《奥德赛》时也一度持此观点（OC2, 760, 804）。

的是不是与您的理论相悖,是不是有必要担心有人利用这一点钻空子?我想,与其说希腊文中的"驴子"一词是极高贵的用语,不妨说这个词不带粗俗之意,就和鹿马羊之类一样。"极高贵"在我看来是有些过分的说法。(OC2,543)

第二处指出佩罗对荷马诗的误读。《奥德赛》第六卷中,费埃克斯公主不肯在众目睽睽下与外乡人奥德修斯同进城,恐怕被人责备:没有婚约,竟自行同男子交往。第288行中的 $\mu\iota\sigma\gamma\varepsilon\iota\sigma\theta\alpha\iota$ 一词既可指"同床,性交",也指"交谈,交往"。佩罗在《古人与今人的对比》里解释为前一个意思,以此指责荷马诗中表述粗鄙。拉辛在信中引经据典做出澄清:

我昨天带着极大乐趣重读了哈利卡纳苏斯的狄俄尼索斯的这篇论著。这让我想到佩罗先生的极其不妥的言论。他竟断言,言辞的技巧对雄辩无关紧要,而应只看语义。他为此还宣称,比起直接阅读作者的原文,我们可以通过译者的翻译(**不论译者有多糟**)对该作者做出更好的评判。我不记得您是否提起过他的这派胡说,这倒不失为奚落他的好机会。(OC2,542—543)

拉辛的两处意见虽系荷马诗中的小细节，但借此反驳佩罗的观点却有重大意义。阅读原典与阅读当代作者对原典的实证考据哪样更好，这个问题不仅是"《阿尔刻提斯》之争"的论战焦点，更成为1711年古今两派展开"荷马之争"（Querelle d'Homère）的导火索：崇古派的达西尔夫人将两部荷马史诗忠实译成法文，而崇今派的德·拉莫特（Antoine Houdar de La Motte）将《伊利亚特》改写成通俗流行诗，并有特拉松（Jean Terrasson）的考据文论为佐证。

从欧里庇得斯问题转入荷马问题，似乎是古今之争必然会走的路线。古派主张，荷马的诗艺从古到今最是高明，更进一步说，以荷马史诗为代表的古传经典传递出的伟大趣味与路易十四的年代相适应。反过来，今派则致力于动摇这一古典诗艺的最高权威，主张文学领域的进步观念。

值得一提的是，这一时期的佩罗不是孤军奋战。新一代崇今派丰特奈尔（Bernard de Fontenelle）的出现大大扭转了战局。丰特奈尔是高乃依的侄子，一进文坛即与拉辛为敌，写过一篇短文《高乃依与拉辛之对比》，通过十一条对比，反驳古派作者褒扬拉辛而贬低高乃依。同是在1687年这一年，他写下反驳拉辛、布瓦洛和朗基皮埃尔的《关于古人与现代人的离题话》(*Digression sur les anciens et les modernes*)。

与前一代的古今两派学者相比,丰特奈尔有诸多不同之处。他精通新科学和现代哲学,熟悉笛卡尔和哥白尼的学说。他与新教关系密切,曾匿名撰文抨击罗马天主教会。如果说佩罗和布瓦洛、拉辛等前一代知识人在歌颂君王的热忱志向上不分古派今派保持一致,那么丰特奈尔不同,他的著作没有一部献给彼时的君王显贵,他所关注的问题也超乎前辈作家的知识视野。他在《神谕史》(*Histoire des oracles*)中同时与古代异教传统和基督教传统划清界限,从而推翻"异教传奇与基督教传奇之争",取而代之在诸如《关于世界多样性的对话》(*Entretiens sur la pluralité du monde*)这类普及新科学的作品中努力创造某种现代科学体系的新传奇。

1694年,布瓦洛和佩罗在长期激烈论战之后在法兰西学院当众言和,堪称此种新知识视野冲击下的结果。布瓦洛留文为证:"关乎诗的纷争在巴黎烟消云散。反品达分子(anti-pindarique)佩罗与荷马分子(homérique)布瓦洛拥抱言和。"1699年,拉辛于六十岁这一年去世。法国古今之争在世纪之交暂时休战。然而,这场论争并未如布瓦洛所言就此平息，反而于新世纪初随古今两派的新兴战将在荷马问题的对峙中愈演愈烈。

*

研究者一般将古今之争的导火索设定为1687年。佩罗的《路易大帝的年代》，丰特奈尔的《关于古人与现代人的离题话》，均在这一年问世，崇今派自此旗帜鲜明地发起对古人的挑战。拉辛的几次论辩均发生在1687年以前，同时未有材料显示他曾公开介入1687年以后的论辩，拉辛的论战活跃时期因而更像是古今之争的序幕。

几次论辩围绕不同问题而展开，正如列维尼所言，古今之争不是一场单一话题的论战，"更像一场伴随有许许多多小冲突的持久战，涉及无数问题"，并且"论战双方最终都没有（尽管不是完全没有）分出胜负，而是陷入了某种僵局"。① 如果说，在丰特奈尔出场之前，布瓦洛和拉辛等崇古派一度占上风并得到君王贵族的支持，佩罗等崇今派也一度凭《路易大帝的世纪》等要著对古典权威发起根本挑战，那么，随着新的论

---

① 列维尼：《维柯与古今之争》，页107。

敌介入，新的论题展开，这场论争的战局愈发显得复杂。1694年，布瓦洛和佩罗在丰特奈尔带来的新视野的冲击下言和，尤其说明问题。而一个世纪后，伏尔泰甚至反过来用拉辛的例子论证今人作家比古人作家更高明：

> 并非欧里庇得斯的作品不美，索福克勒斯的作品还要更美。但他们都有更大的缺点。我们敢说高乃依的优美场面和拉辛的动人悲剧胜过了索福克勒斯和欧里庇得斯的诗剧，就像这两位希腊诗人也胜过忒斯庇斯一样。拉辛很觉得自己大大超过欧里庇得斯，他称颂这位希腊诗人原是为了挫败佩罗。①

在拉辛等崇古派作者的努力下，古希腊作者经过漫长的沉寂重新获得欧洲知识人的关注。同样是在1687年，拉辛同时代的作者卡里埃尔写下《晚近古今之争的诗化历史》，文中假托今人作者拉辛与古人作者欧里庇得斯相遇，欧里庇得斯一开场即对拉辛大表感激之情：

---

① 伏尔泰:《哲学辞典》，页110。

多亏了你，我才在几世纪的遗忘之后重新为人所知。在你之前的法国诗人从未超越拉丁作者的国度，可是，就我们的诗歌类型而言，拉丁诗人只是坏的范例。法国诗人完全是凭借拉丁作者塞涅卡来了解我和我的古希腊同行，但你是知道的，塞涅卡试图模仿却完全败坏了我们的诗作。①

在拉辛等古派作者的努力下，文艺作品中能否重现古代异教传奇的质疑逐渐转为文艺作品中应该如何重现古代异教传奇的争议。严格说来，没有此种转向，也就不会在随后出现围绕欧里庇得斯和荷马等古人作家的论战。路易十四时代的戏剧舞台上大量改编古希腊悲剧。布瓦洛为反驳佩罗而隐约挑明的荷马问题成为1711年法国古今之争重新爆发的导火索。正如朗基皮埃尔区分古今之争有两大冲突领域，新一代崇古派无可能在哲学自然科学的论证领域与崇今派抗衡，唯余一个可争取的战场就是诗学和趣味的评判标准，某种程度上布瓦洛和拉辛等前一代崇古派为此奠定下理论实践基础。

在拉辛参与古今大论辩的时期，如何书写路易十四王权的

---

① F. de Callière, *Histoire poétique de la Guerre nouvellement déclarée entre les Anciens et les Modernes*, Olivier Aubouin, 1688, p. 184.

辉煌成就乃是法国古今之争的核心问题。无论今派古派，参与论战的作家均系以规范法语语言为宗旨的法兰西学院院士。法国古今之争是一场发生在法兰西学院内部的论战，有着关乎法语历史书写的政治意义。法语在整个欧洲正式取代拉丁语的地位，本身与路易十四绝对王权崛起密不可分。只有在此层面上，我们才能透彻理解拉辛时期的古今论争主要引向如下问题：就文学成就而言，今人能否超越古人，今人是否必须模仿古人？法国的古今之争表面上似乎局限于文艺理论范畴，实际上却有着关乎法语历史书写的政治意义。

路易十四在这场大论辩中充当最终裁判者，由此引发后世学者就17世纪下半叶文坛论辩与政治氛围的不同观点。一方面，法国学者福玛罗利明确主张，拉辛和布瓦洛相较于崇今派更有文学独立自觉："在路易十四绝对王权下，既能坚持文人的正直，又做到臣民对君王的忠诚。"[①]另一方面，法国学者布鲁奈提埃尔提出，拉辛和莫里哀所代表的法国古典主义文学没能达到譬如莎士比亚或歌德的思想深度，也鲜少触及譬如哈姆雷特或浮士德的灵魂困境和命运问题，这与路易

---

① Fumaroli, *Abeilles*, p.135.

十四王权下的文人作家取悦宫廷贵族直接有关。

> 他们想取悦于人,为此不得不与上流社会妥协……就算偶有例外,也只是他们的才华压过取悦之心。正因如此,佩罗与崇今派让人遗憾地鼓动上流社会人士自我标榜为文艺评判者,文学的目的一旦沦为思想的愉悦或快感,必然将思想导向时尚或浅薄。①

故而在文坛论战与政治氛围的关系背后,潜藏着一个时代精神风尚的生成问题,与此直接相关是知识人的旨趣或趣味问题。德国学者赫尔德在1773年的《各民族趣味兴衰的原由》中指出,拉辛是少数有眼力看出时代弊病的人,同时惋惜他"不应如此心甘情愿做路易十四宫廷成员"。赫尔德将路易十四时代视为继古代希腊、罗马、意大利文艺复兴以来的第四个趣味回归的伟大文明时代,但这种趣味没能"植根于民族的需求和风尚的特性",没能有效运用"哲学和德性相联合的持续不断的人性的工具",反而逐渐沦为一种社交的或宫廷的趣

---

① Ferdinand Brunetière, *L'Evolution des genres dans l'histoire de la littérature*, tome 1, Hachette, 1898, pp.128—129.

味。路易十四王权的崛起既是促成法兰西文明趣味生根发芽的原由,也是使其很快走向衰败的肇因。①

路易十四治下的法兰西文明与其说实现了德马雷和佩罗等崇今派作家的志向而成为欧洲第一个进步理性的启蒙时代,不如说响应了布瓦洛和拉辛等崇古派作家的努力而成为欧洲最后一个古典时代。在路易十四当政时期,崇今派努力将法兰西王朝渲染为现代国家理性的完美化身,崇古派则意图促成某种古典趣味的复兴,把审视的视野投向古老文明传统。自丰特奈尔起,法国古今之争的核心问题发生转变。丰特奈尔既不关心崇今派提出的"路易大帝的世纪",也不在意崇古派主张的"新屋大维的世纪",而采取某种与绝对王权保持距离的自由姿态,同时致力于成就某种适应新科学发展的"批评的世纪"——研究观念史的法国学者哈扎尔谈"欧洲意识危机"即以丰特奈尔为起点。② 这一理想在 18 世纪启蒙哲学家那里得到实现。

---

① 赫尔德:《各民族趣味兴衰的原由》,冯庆译,载刘小枫编:《从普遍历史到历史主义》,华夏出版社,2017 年,页 148—150。
② 参见 Paul Hazard, *La Crise de la conscience européenne(1878 - 1944)*, Boivin et Cie, 1994, p.92。

伊菲革涅亚

或文学的意外

1　某种秘密的恐惧让我浑身战栗

像活人祭这样的话题并非只是触及现代文明底线。阿喀琉斯扬言要在好友葬礼上杀死十二个战俘做陪葬。他确实这么做了。西方文学史上第一部史诗开卷第一行起被多少朱笔圈点的毁灭性的英雄之怒，历经整二十三卷铺陈，终在他手刃特洛亚十二勇士一路大声嚎哭的现场抵达高潮——此一时的愤怒，甚至超过彼一时在特洛亚人面前泄恨作践他们死去的领袖赫克托尔。与此同时，荷马以不动声色的优雅笔法相隔短短五行诗重复发出同一句耐人寻味的叹息："高傲的特洛亚的十二个高贵儿子。"（伊23：行175= 行181）优雅中没有掩饰让人不忍细加琢磨的残酷。

但不止这样呢！荷马接着讲，人间丧葬，天上神族摆宴。西风北风二神趁着酒兴，喧喧嚷嚷地出发，携手卷起大风吹旺火葬堆，敌我的尸身不分别地欢烧一夜，连带活人的爱恨伤心，天明才烧完。日出时，阿喀琉斯力倦神疲躺倒睡了。真真是一场游戏一场梦。游戏归神族。人只分到人生如梦。

像荷马这样的诗人不会再有第二个。后来的希腊作者不欠缺谈论禁忌的勇气,但大都表现出必要的谨小慎微。希罗多德记载不少外邦异族的活人祭,只有一回涉及希腊本地传说。单是这一回,他做足万全的条件补充,那被活献祭的,乃是罪罚之人逃亡外邦又偷自回乡且擅闯圣地……诸如此类罪上加罪罪不可赦(《历史》,卷七,197)。素有"渎神"声名的欧里庇得斯很可能贡献了最多的相关细节,而他一样避免越过雷池。俄瑞斯忒斯险成陶洛人的牺牲,那是"蛮王统治的蛮夷"(barbaros),受希腊人鄙夷的异族礼俗。再不然是亵渎了神威,像那忒拜王彭透斯,因迫害狄俄尼索斯神教,被生母在狂迷中活活撕作碎片,反成就酒神伴侣的狂欢礼。

大约只有一个例外。事情发生在希腊本乡本土,被选中的牺牲者是天真的女孩儿。十万希腊大军要去远征特洛亚,不料被滞留在奥利斯海港。神谕说是阿尔忒弥斯女神发怒了,点名阿伽门农王的女儿伊菲革涅亚,只有无辜的鲜血才能息神怒。雅典的三大悲剧诗人纷纷讲过这事。依据埃斯库罗斯和索福克勒斯的说法,伊菲革涅亚确实死在奥利斯。欧里庇得斯却说,阿尔忒弥斯女神怜悯那女孩儿,从祭坛上救走她,以一头母鹿替代她做牺牲。

无独有偶,旧约圣经也有一则广为流传的献祭故事。亚伯拉罕在摩利亚山中把刀伸向独子以撒，最后一刻也有一头公羊奇迹般地现身，替代无辜的少年做了牺牲。亚伯拉罕的信德与神恩的降临相映成趣，皆大欢喜。这则故事历来被赋予希伯来文明中最高级别的教诲意味。

相比之下，旧约另有一处活人献祭的记叙较少为人说起。先知耶弗他向耶和华许愿，以色列人若能打败敌人，他将把第一个出家门迎接他的人献为燔祭。后来以色列大胜，先知的独生女儿敲鼓跳舞，最先出门迎接。那做父亲的撕裂衣服，当场哀哭不止。单从文学的眼光看，《士师记》（11:30—40）的这段叙事相当精彩呢！细腻的心理细节，动人的戏剧突转，正是亚伯拉罕的故事欠缺的。《创世记》中的信仰之父自始至终孤独沉默，无人知晓神要他献祭以撒，连以撒也不知。父子二人朝摩利亚山前行的那三天，经书里讳莫如深。唯此才有基尔克果在《恐惧与战栗》中四次调音三次发问几番尝试谱奏亚伯拉罕老父的心曲。第二个故事远不如以撒的献祭有名，原因大抵出在结尾：没有神的使者从天上呼唤，没有鲜活的小兽在祭坛上咽气。先知耶弗他的女儿有不一般的勇气。她去山中哀哭，"两月期满，回到父亲那里，父亲就照所许的愿向她行了"。无辜的以色列处女真做了牺牲。直至故事终了，神意始终隐匿，透着一股让人隐隐不安的气息,应了先知以赛亚的话:"救主以色列的神啊,你实在是自隐的神。"①

这种不安的气息以不一般的方式弥漫在希腊作者讲述的伊菲革涅亚故事中。埃斯库罗斯和索福克勒斯未留下专门的悲剧,《阿伽门农》(菲 1555—1559)和《厄勒克特拉》(菲 530—533,566—579)不约而同将这场献祭当成阿伽门农家族悲剧的环节一笔带过。稍后的拉丁诗人卢克莱修强化了个中的批判语气:"希腊将领在奥利斯用伊菲革涅亚的血可怕地玷污了那十字路口的处女神的祭坛……"②

欧里庇得斯是在人心里制造不安的大师。也只有他,兴致盎然地,就伊菲革涅亚的故事一连写了两出诗剧。《伊菲革涅亚在奥利斯》的结局看似皆大欢喜,却留有疑团莫释。神从天而降,为人间解围。"机器降神"作为欧里庇得斯的常用手法总带着一丝古怪含糊的意味。克吕泰涅斯特拉听闻女儿从祭坛神秘消失没有感恩喜乐,反而丢下让人玩味的一句话:"我怎么知道这不是一个虚假的故事,说来安慰我,叫我不要再哀悼你呢?"更有甚者,继报信人之后,阿伽门农王"带着同一的

---

① 《以赛亚书》,45∶15。
② 卢克莱修:《物性论》卷一,页 80—101。

故事"亲自上场宣布:"她的确是和神们在一起。"① 不知为什么,这蛇足般的举动让人心愈发不安,让我们忍不住和克吕泰涅斯特拉一起怀疑。母鹿的美好神话莫非是息事宁人的"善意"谎言?在欧里庇得斯的隐微笔法下,神恩的降临更似一场"渎神"的戏谑。

当17世纪法语诗人拉辛重写《伊菲革涅亚在奥利斯》时,我们注意到,他以欧里庇得斯的传人自居,反复强调他对欧里庇得斯(以及荷马!)的仿效(OC1,699)。拉辛从欧里庇得斯那里继承了什么?也许首先就是这股子不安的气息罢。它穿越两千年没有消散,反而更固执也更苛求小心应对。在现代文明语境里,这不安在哲学家那里不妨变形成一个基尔克果式的追问:倘若没有神恩临在,活人祭如何从伦理上得到辩护?从某种角度看,基尔克果的哲学追问方式依然可追溯至柏拉图对话传统。那么,诗人们呢?是否存在一种堪与哲学相抗衡的现代文学思考方案?由此能否形成某种新时期的诗与哲学之争?毕竟,由活人祭话题引发的不安虽然显得微不足道,但文学从来不把细节等同为小事不是吗?

---

① 欧里庇得斯:《伊菲革涅亚在奥利斯》,行1616—1618,行1623。

拉辛无疑提供了一个好的研究案例。在他生活的年代，欧洲知识人中爆发了一场新的纷争，名曰"古今之争"，看上去与《理想国》里的那个古老纷争话题相去太远。但有什么好大惊小怪呢！拥有古典主义诗人名号的拉辛或许真的不失为荷马和欧里庇得斯的法兰西传人，我们这些后世有福的观众必须心知肚明，路易十四时代巴黎舞台上的精彩必然与伯里克利时代的雅典剧场有天壤之别。

2　这渎神的热情想要什么

在拉辛笔下，神意的隐匿这个说法早早出现在开场。与其说是悲剧故事的终极疑难，莫若说是阿伽门农王在不能眠的暗夜流泪哀叹时亦真亦假的修辞：

> 在卑微的运命中满足的人有福了，
> 他远离这困住了我的华美枷锁，
> 生活在诸神隐匿的幽暗境地里！（菲 10—12）[①]

[①] 引自《伊菲革涅亚》(简称"菲")，并随文标注出处行数。

伏尔泰在《哲学辞典》中连用三个感叹句盛赞这三行诗："何其动人的情感！何其巧妙的诗行！何其自然的音籁！"[1] 奥利斯港的暗夜，全军都睡下了，没有一丝风声，大海也沉默着。我们应该知道的是，这沉寂如死一般出自诸神的诅咒，已经整整历时三个月。阿伽门农王叫醒老仆。这个举动显出不一般的隐喻色彩。众人皆睡我独醒，阿伽门农以悲剧中人的语气感叹，比起大人物的悲壮命运，他更情愿像夜里好梦的小人物那样拥有不受神恩眷顾的人生。

很妙的是，这般精心营造的气氛，这样华丽动人的言辞，随即却遭一个素朴的老仆人反驳。"主公啊，从何时起你开始这般措辞？"（菲 13）阿伽门农在所有希腊君王中最受诸神恩宠，拥有世人不可企及的荣誉财富，断不可因眼前难关而轻狂，妄加渎神，忘记做人的本分：

---

[1] Voltaire, "De la bonne tragédie française", *Dictionnaire philosophique*, p.407. 伏尔泰视拉辛为法语诗人的最佳典范，尤其推崇《伊菲革涅亚》，奉为历代法语悲剧佳作头名，在"戏剧艺术"词条中以近十页篇幅详加赏析。

> 虽有百般荣誉,你终究是凡人,
>
> 人活在世上,不停变化的运命
>
> 不会总是保证不带杂质的幸运。(菲 32—34)

早在欧里庇得斯笔下,老仆就有这等明智让人印象深刻。"你须得享快乐也得受忧患,因为你是生而为凡人呀,即使你不愿意也罢,这样总是诸神的意旨。"[①] 老仆的反驳更像长者(几乎等同于智者)的告诫。无论幸或不幸,凡人须得顺从神意自知天命,君王不必说,更得以身作则。

这让人忍不住要想,究竟是谁处在"诸神隐匿的幽暗境地"?

阿伽门农向老仆透露一个"天大的秘密"。伊菲革涅亚不得不被献祭。此事只有他和奥德修斯等三两君王知情。先知卡尔卡斯在秘密的祭仪上转达神谕:

> 你们带兵攻陷特洛亚将落空,
>
> 除非做一场庄严肃穆的献祭,

---

① 欧里庇得斯:《伊菲革涅亚在奥利斯》,行 28—33。

要有一名与海伦同族的少女

在本地阿尔忒弥斯神坛上做牺牲。

想让天神收回的大风重新刮起，

你们要将伊菲革涅亚献为燔祭！（菲57—62）

阿伽门农不知道神意为何要求他献祭女儿。在他看来，奥利斯三个月不起风，乃是"发怒的天神禁止我们找寻出征的路"（菲218），至于这桩"突来奇事"（菲47）事出何因，他和其他人一样茫然无知："不知为何过错，诸神在愤怒中索求流血的献祭"（菲1221—1222）。关于这一点，古代诗人倒是另有交代。欧里庇得斯的《伊菲革涅亚在陶洛人里》开场说，阿伽门农许愿把一年中最丰美的产物献给女神，正巧伊菲革涅亚在当年出世。索福克勒斯的《厄勒克特拉》则说，阿伽门农误杀了一头本要献给女神的鹿，不得不拿女儿去赎罪。在拉辛这里，阿伽门农不是要还愿赎罪，阿伽门农根本是误解了神谕。

是的。那华丽的开场几乎骗过我们。阿伽门农一样地"生活在诸神隐匿的幽暗境地"。整部戏中的人物无不"生活在诸神隐匿的幽暗境地"。有一次，在天真的伊菲革涅亚面前，阿伽门农说了半句实话:"诸神近来残酷不听我祈祷。"(菲572)另半句实话是:"父爱受了惊的我怎能再信神?"(菲69)阿伽门农以亲情为名公然不再信神。他听闻神谕,当场"咒骂诸神","在神坛上发誓绝不屈服"(菲67—68)。他的妻子稍后说:"神谕表面说的岂能当真?"(菲1266)他更明目张胆些:"我要求诸神第二次向我索讨。"(菲1468)他也更矫饰些,比不得阿喀琉斯快意率直:"就让荣誉说了算,这才是我们的神谕。"(菲258)

欧里庇得斯笔下的阿伽门农已够悲哀的了。老仆当面说不佩服他,兄弟当场拆他的家书,妻子当众无视他的威严。他想送信给妻子失败了,他想瞒过众人失败了,他想救女儿也失败了。出于某些值得推敲的缘故,拉辛为这个虚弱的角色额外添了许多光环和尊严,让他重新配得上"王中的王,希腊全军的头领"(菲81)这个称号,乃至两次让他与英勇无敌的阿喀琉斯当面对峙唇枪舌战——在欧里庇得斯那里,阿伽门农在阿喀琉斯上场之前急忙退场,似乎要规避这样的针锋相对。

但拉辛的苦心经营没有成就一个悲剧英雄。罗兰·巴特这么评价阿伽门农:他拥有一切,财富、荣誉、权力、盟友,但在性格上一无是处;他优柔寡断,但与悲剧英雄的两难无关。① 阿伽门农甚至不是真正的悲剧性人物。王者与父亲的身份两难，国家理性与父爱亲情的张力矛盾，这些常见的悲剧冲突元素更像是他频繁改变心意的借口。要不要献祭伊菲革涅亚？他在这个问题上再三翻悔。他同意献祭不是敬畏神意，而是忌惮公共舆论，且贪恋虚妄的功名。他反对献祭，最初是想救女儿，后来却像是与阿喀琉斯争权的手段。但归根到底，不管他同意还是反对，献祭的事从来不由他决定。阿伽门农从头到尾是摇摆的，软弱的，受困的。那困住他的"华美枷锁"不单是人世的虚妄，更有世人对虚妄的贪念。阿伽门农生而为王，不在于他比常人更脱俗，而在于他更人性。贪恋令他在神意临在时与神意无缘。所以，他也懂扪心自问："这渎神的热情想要什么？"（菲 1445）

只有那么一次，阿伽门农是如此挨近神意！他在不知情中扮演先知的角色。他在埃里费勒尚未出场以前早早提起她。他称她为"另一个海伦"。他不知道他无意中道出真相。神秘的埃里费勒才是神谕点名的另一个伊菲革涅亚，另一个"与海伦同族的少女"。但阿伽门农对此一无所知。他仅仅满足于用埃

---

① Roland Barthes, *Sur Racine*, p.107.

里费勒从公主沦落为女奴的悲哀例子,去批评他的政敌阿喀琉斯:

> 特洛亚人为另一个海伦哭泣,
> 那被你俘虏送往密刻奈的女子。
> 我毫不怀疑这位年少的美人
> 守秘是枉然,她的高傲泄露天机,
> 她的沉默表明高贵的身份,
> 隐瞒不住她本是显赫的公主。(菲237—242)

从开场的惊世秘密到终场的真相大白。从起初没有一丝风的死寂,到最后献祭礼上大风呼啸,全军咆哮,天地海洋轰鸣,拉辛的天才笔触步步从容、有条不紊地营造出一个完美依循三一律的古典主义戏剧世界。风声从无到有变化起落,秘密一层层抽茧剥丝,自然与人心的秩序整顿保持同一个节奏,故事简单集中而又精彩纷呈。从天黑到天亮,以阿伽门农王为首,整部戏中的人物全在神意的隐匿中昏睡。他们从头到尾没有付出任何代价,也就与这场轰轰烈烈的悲剧无缘,只配做旁观的人群。在伟大心灵事件的发生现场,他们没有经历思想的颤抖，而是满足于被动地感受"一阵消除疑虑的神圣恐惧"（菲1784）。

只有一个人例外。只有她，从诸神下了咒的灵魂的暗夜走出来，独自一人走向刺瞎人眼的光亮①。

3 你每走一步就多一点痛苦

在路易十四时代的剧场，关乎活人献祭的伦理辩证诉求让位给逼真性（la vraisemblance）的审美规范。拉辛以务实的态度交代他面临的技术两难，既不能让"像伊菲革涅亚这么高尚可爱的人儿被杀死"，又不能借助机器降神或变形故事解决问题。前者过于野蛮，有"玷污舞台"之嫌，后者过于荒谬无可信度（OC1, 698）。总之，古代作者的手法无以满足17世纪凡尔赛宫廷王族和巴黎显贵的趣味要求。拉辛必须另辟蹊径。

拉辛的方法简单有效。据说最有效的方法向来最简单。拉辛不但有写诗的天分，还有务实的能力，这是我们应该知道的。他想象出"另一个伊菲革涅亚"，从各方面与伊菲革涅亚

---

① "刺瞎人眼"，Oeudipe Roi，柏拉图的洞穴神话里，黑暗中的人第一次看见光（真相），都冒着瞎眼的风险。

形成正与反的对比。

伊菲革涅亚是王的女儿,有高贵的出身,也有美好的天性。她善良正直,庇护落难的孤女。她纯洁勇敢,有分辨是非的明智。她爱阿喀琉斯也为阿喀琉斯所爱。英雄美人,门当户对。父亲捎信回家,阿喀琉斯要在出征前行婚礼,她便欢欢喜喜随母亲动身了。她所到之处,路人在脚下散播鲜花(菲1308),军中战士着迷得为她对天祈福(菲350—352)。人世间一切美好幸运的,欢乐轻盈的,伊菲革涅亚应有尽有。

伊菲革涅亚所拥有的,身为反面的埃里费勒全没有。我们从阿伽门农的例子已看到,"拥有"这件事在拉辛笔下的世界里是头等重要的事。埃里费勒受此种执念的折磨最深。与她相连的是人世的另一面,阴暗不幸的,悲痛沉重的。她是身份不明的孤儿:"被爹娘永远抛弃,处处是外乡人,从出生以来没有亲人的看顾和抚爱。"(菲586—588)她原本有望去特洛亚寻亲,不料途经勒斯波斯时赶上阿喀琉斯攻陷该城,就此沦为俘虏:"一度被许诺以高贵的未来,而今成了希腊人的低贱奴婢,唯存无处证明的血统的一丝骄傲。"(菲450—452)埃里费勒受困于身世之谜,在戏中不断提起,不住追问。神谕预言她注定为认识自己而丧命。好比那俄狄浦斯王,寻找身世之谜的过程亦是走向自我毁灭的过程。

> 我不知我是谁,更难堪的是
> 可怕的神谕预言我注定犯错,
> 但凡我试图寻访身世之谜,
> 没有赴死我不能认识我自己。(菲427—430)

历代法语诗人中,拉辛尤以书写无望的爱著称。埃里费勒的不幸被重点表现为爱情的不幸。拉辛让她爱上敌人不能自拔:"那可怜的勒斯波斯人的毁灭者,那导致我不幸的阿喀琉斯,那用沾满鲜血的手劫走我的人,那凭空夺走我的身份的人,那连名字也该遭我憎恨的人。"(菲471—475)芸芸众生里,她偏偏对他一见钟情。何况是暗恋,没有回报也不为人知。只有身为情敌的伊菲革涅亚猜出几分:"你亲眼所见那浸在血中的臂膀,那勒斯波斯、死者残骸和大火,全是刻在你灵魂深处的爱的印记。"(菲680—682)而她矢口否认,只对身旁的女伴吐露心声:"在勒斯波斯我爱他,在奥利斯我爱他!"(菲502)

她原不该来奥利斯!何必随伊菲革涅亚从阿耳戈斯长途跋

涉,前来充当悲伤的见证人(菲883—884)。她原该远离他们躲起来,"永是不幸,永不为世人知"(菲891)。但正如俄狄浦斯命里绕不过忒拜城邦,奥利斯也注定是埃里费勒流浪的终点。她声称前来寻访先知卡尔卡斯打听身世,心里怀着不可告人的秘密。是的。既然伊菲革涅亚天性善好,埃里费勒必有阴暗的反面。她假意接受伊菲革涅亚的庇护,"无非想破坏她而不败露自己,阻扰我无法忍受的她的幸福"(菲508—509)。

> 一个秘密的声音命令我出发,
> 说什么我这不受欢迎的到场
> 也许会把我的厄运带来此地,
> 亲近那对幸福无比相爱的人,
> 也许我的不幸会蔓延他们身上。
> 这是我来的原因,倒不是我急切
> 想揭开我那悲哀的身世之谜。(菲517—522)

"那深深折磨我的太可悲的愤怒呵!"(菲504)在为情困顿的埃里费勒身上,依稀显出稍后拉辛笔下的费德尔的形影和声音。她在悲愤中冷眼旁观精心密谋。她最早察觉阿伽门农嫁女儿是幌子。在献祭的秘密泄露后,她跑去告密阻止那母女俩逃离,又挑起阿伽门农和阿喀琉斯的争端,扰乱希腊军心。在她心目中,希腊人是充满威胁的劫城者,特洛亚才是母邦(菲 1135—1140)。她像不和女神,"来回跑遍军营,用致命的头带蒙住所有人的眼,发出争吵动乱的不祥信号"(菲 1734—1736)。

拉辛谨记亚里士多德《诗学》第十三章①的教诲。为了实现恐惧和怜悯的悲剧效果,埃里费勒不能是完美的好人,也不能是彻底的坏人。"她是陷入嫉妒的有情人,一心想把情敌推进不幸的深渊,因而从某种程度上理当受惩罚,却又不是完全不惹人同情。"(OC1,698)她在奥利斯遭受的折磨确乎惹人同情。在拉辛的娴熟笔法下,好些细节迄今不失为爱情戏的经典桥段。她对心不在焉的阿喀琉斯说:"我的眼泪且对你隐瞒一半真相。"(菲 892)他应允还她自由,作为与伊菲革涅亚谈婚论嫁的佳礼,而她作为女奴在旁陪衬,且把仇人当恩人。待到献祭消息传出,他拼命维护爱人,不惜与全希腊人(和神)为敌,更使她嫉恨心碎。

---

① 亚里士多德:《诗学》,1453a,中译本见《罗念生全集》,第一卷,上海人民出版社,2004 年,页 55—56。

但无望的爱情只是一种借喻。埃里费勒的根本不幸在于她身为"另一个",却渴望成为伊菲革涅亚本人。她一无所有而渴望拥有一切,她是外乡孤儿而渴望找回城邦家人。在全剧五幕戏中,她与女伴独处的四场对手戏均匀分布在第二幕和第四幕的首尾——拉辛谋篇之精巧,让人赏心悦目,这是其中一小例。只这四场戏,她说真话不必佯装。而她开口即说:"我们走开吧!"(菲395)最后一场她更明白地说:"那不是我们走的路。"(菲1487)她的血缘身份来历不明,她的精神身份是外乡人。她在全剧头一次亮相就是回避阿伽门农一家的重逢:"让我的忧伤和她们的欢欣各得自在"(菲398)。她与周遭世界格格不入,为此深受其苦。身旁的女伴说:"有一种我不明所以的运命,仿佛你每走一步就多一点痛苦。"(菲414—416)

悲剧一经启动就收不住,历来如此。埃里费勒在奥利斯解开身世之谜。她原是海伦和忒修斯的女儿,本名伊菲革涅亚。她与原来那个伊菲革涅亚是嫡亲的表姐妹,但她不可能变回高贵显赫的王族世家的成员。她比先知更早预感:"诸神枉然地判决她:我是并永远是唯一的不幸者。"(菲1125—1126)她才是神谕要求牺牲的另一个海伦的血亲(菲1749)。多少英雄在这场因海伦而起的战争中丧生,而她,海伦的女儿,终将第一个赴死。

这样，借助正反两个伊菲革涅亚，拉辛漂亮地解决了古希腊悲剧流传至17世纪法国剧场时客观存在的技术难题："只需看到埃里费勒这个人物就能明白我给观众带去的乐趣，我在终场时拯救了一个在整出戏中让观众极为关怀的高尚公主。"（OC1，698）两个伊菲革涅亚，共同的名字，共同的血缘，共同的爱人。多么构思巧妙！她们一起站到祭坛前。保全一个而杀死另一个。纯洁无辜的活下来，那工于心计的活该有不祥的下场！她甚至不是合法婚生的继承人，而是海伦不能公开相认的私生女儿（菲1285，1752）。她是本不该出世的。这个细节带着同样让人不忍细加琢磨的残酷不是吗？

透过终场报信人之口，拉辛以六十来行诗描绘出一个无以伦比的献祭场景。空气里浮动刀枪的乌云，地上血泊预示杀戮在即（菲1741—1742）。先知卡尔卡斯在骚乱的人群中现身，"眼凶狠脸阴沉，怒发冲冠，模样可怖"（菲1744—1745）。卡尔卡斯不是剧中正式出场人物，但从开场阿伽门农的转述直到终场奥德修斯的转述，他时时在场。外战或内乱，婚礼或献祭，公告或密谋，先知的法力让人生畏无处不在。这种绝对权威在最后一刻却遭到质疑。

> 卡尔卡斯伸手想要抓住她。
> "住手,"她说,"莫靠近我,
> 你说我是这些英雄的嫡传女儿,
> 不用你渎神的手我自会流血。"
> 狂怒的她飞一般在近旁的祭坛
> 拿起神圣的祭刀猛扎进胸膛。(菲 1771—1776)

出人意料。埃里费勒拒绝先知的献祭!拒绝的理由耐人寻味,她说先知的手是渎神的。怎么!还有谁比那出名的先知更接近神意呢?他通晓诸神的秘密,知道一切过去和将来的事(菲 456—458)。而她微不足道,只是"诸神长久愤怒"(菲 703)的私生子。值得注意的是,先知公布埃里费勒才是神意索取的牺牲,不早不晚,正是阿喀琉斯为救恋人大动干戈时。献祭仪式被迫中止,骚乱一触即发(菲 1704)。希腊全军还没出发,先要分裂溃散。先知再次传达神谕,好似欧里庇得斯笔下的阿伽门农二度宣布女儿活着到神那里,随即急忙地号令出征。究竟这是来自神意还是出于高贵显赫王族世家的"拥有"考虑?希腊人深知事关特洛亚战争的成败。比起王的孩子去送死，一头母鹿、公羊或一个孤儿在祭坛上咽气算得了什么？他们"大声疾呼反对她，要求先知献杀她"（菲 1769—1770）。他们出于自身的政治利益主动牺牲最卑微的那一个。

祭坛上的埃里费勒看在眼里也听在心里。一旦弄清身世，认知的光也就照亮她目光所及之处。只有一种方法可以摆脱"另一个"的命运。成为伊菲革涅亚，就是替代伊菲革涅亚去做牺牲。她为此在心里埋怨那致命的献祭礼仪太缓慢（菲 1764）。她主动取代卡尔卡斯的先知身份，在神坛上自行献祭了自己。她涌出的血才刚染红大地，诸神在祭坛上鸣雷作响（菲 1777—1778）。依据报信人的转述，刹那间电闪雷鸣风浪大作，神的诅咒就此消解。有现场士兵声称看见阿尔忒弥斯女神显灵。众人消除疑虑，皆大欢喜。人群中唯有伊菲革涅亚哭悼那死去的另一个（菲 1790）。

一个细节就够了。只要有人为埃里费勒哭泣，我们就有理由问：保全一个杀死另一个的主谋究竟是谁？是先知，是拉辛，是希腊人，还是路易十四时代的观众？

务实的拉辛有一点算是落空了。他没能化解从欧里庇得斯那里承继来的那股不安的气息。也幸亏他失败了。这使他再怎么将伊菲革涅亚的故事改头换面也无愧于欧里庇得斯传人的称号。一出古典主义的戏剧里飘然走出一个真正悲剧味的人。从血缘身份看,埃里费勒也许属于路易十四时代,但就精神身份而言,她与古雅典剧场里的英雄人物一脉相承。

4 我的死亡标注你的光荣起点

神恩是否对祭坛上的埃里费勒降临?我们不可能知。这个挑战先知、"传说诸神的威胁"(菲1130)的女子,这个以死换来顺风送希腊人出征的孤儿,在拉辛笔下有英雄之实而却无名分之环。除了伊菲革涅亚洒下几滴泪,从头到尾她一无所有。倘若沿用戈德曼的说法,埃里费勒见证"义人与神恩的不在"——在1653年罗马教廷谴斥冉森派的五大主张中,这是头条异端罪证。戈德曼凭此坚称,拉辛作品带有冉森派思想的深刻烙印,拉辛悲剧中的神就是帕斯卡式的"隐匿的神"(deus absconditus)。[①]

现代哲学方案或许可以从中得到满足,以冉森派教义充当

---

① Lucien Goldmann, *Le Dieu caché. Étude sur la vision tragique dans les Pensées de Pascal et dans le théâtre de Racine,* Gallimard, 1959, pp.351—352.

这起活人祭事件的伦理辩护。然而，拉辛作品是否受冉森派思想影响并没有定论，就连拉辛与冉森派的关系也是无穷尽的争议。少年受教于波尔－罗亚尔修院，青年对冉森派导师发起公开论战毫不留情面，中年转又修好关系，乃至凭遗作《波尔－罗亚尔修院史略》被奉为"波尔－罗亚尔修院的辩护人"（OC2，37—150）。但归根到底这些重要吗？义人与神恩的难题不仅见于基督宗教传统也在古希腊哲学传统中。依据亚里士多德论诗理论，悲剧要展现追求完美道德的政治行为没有幸福的结局。而柏拉图对话更早也更明白地讲述了义人苏格拉底如何被雅典城邦处以死刑不是吗？

不得不说，与戈德曼同时期的罗兰·巴特谈拉辛的小书带给我更多的启发和乐趣。个中原因，我想大约有一条是，读者能够切身感受到罗兰·巴特从拉辛身上感受到的诗的乐趣。反过来说，一个人甚至分辨不出索福克勒斯与欧里庇得斯的不同，很难说他真正领会到了古希腊悲剧的魅力。戈德曼在讨论所谓的拉辛悲剧观时不住援引雅典诗人却不止一次失误。[1]

罗兰·巴特读拉辛是把全部作品拆成一个个零件，再饶有

---

[1] Lucien Goldmann, *Le Dieu caché*, p.408 等。

兴致地重新组装成让人惊叹的新作品。这样做的前提必须是熟读拉辛。如果对拉辛的文本一知半解就去仿效这种读法，只能学到他的破坏力，而未必能理解他扎根于深厚的传统文化土壤的创造力。罗兰·巴特参考的前人作家不多，有两位尤其不应怠慢，因为他们带着诗人的自觉去看拉辛。其中一个是渴望成为像拉辛那样的诗人的伏尔泰，另一个是20世纪戏剧诗人季洛杜。和拉辛一样，季洛杜擅长改编古希腊神话故事。他留下的作品以戏剧小说居多，却不妨碍他的诗人身份。他与古希腊书写传统的渊源使他犹如现代作家里的异数，萨特曾专题谈过"季洛杜的亚里士多德主义和柏拉图主义"。[1] 也许只有诗人真正了解诗人。季洛杜这么评价拉辛：一个从来不就神和认知、政治和道德这类问题对自己发问的人。[2]

拉辛生于1639年，三岁成孤儿，十岁进波尔-罗亚尔修院学校。有别于彼时耶稣会学校盛行的拉丁文教学，冉森派学校增设有希腊文和法文教学。这是拉辛特出于同时代文人群落的开端。他直接阅读古希腊原文经典，凭天分独自深入古典悲剧世界，几乎无人引领。在很长时间里，荷马和索福克勒斯是

---

[1] Jean-Paul Sartre, *Situations 1*, Gallimard, 1947.

[2] Jean Giraudoux, *Racine*, p.18.

他最亲密的同伴。20岁他踏入巴黎文坛。这个选择进一步说明冉森派教育对他的首要影响不在宗教神学思想。他用一种迥异于同时代作者的语言讲故事。说起这位诗人的语言,人们最常使用的评语是"纯":纯粹而不杂,浑然天成,不可迻译。季洛杜说得好:"拉辛笔下的每个字眼和他本人一样历经二十年离群隐居,一样沉浸在孤独和炽热的纯洁中,这使得寻常用语的组合也仿佛带有婚姻礼仪般的庄重和节制。"[①] 他比同时代作者更纯熟地运用三一律规范。他没有创新什么,他的才华在于把一种关系里的被动处境转化为优势。

所以他有幸遇见路易十四。他们几乎同龄,且同时投身戏剧事业。君王爱戏剧,更把戏剧用作彰显绝对王权的手段。17世纪六七十年代,凡尔赛宫是一座华丽大剧场,戏剧表演犹如某种最高级别的皇家礼仪。拉辛赶上施展才华的时机。25岁至38岁,他在十来年间写下全部传世悲剧作品。此后他退出文坛改身份为宫廷内侍和君王史官。他为君王写作,毕生以此为志向。

《伊菲革涅亚》写在35岁时,1674年8月18日在凡尔赛

---

① Jean Giraudoux, *Racine*, p.59.

宫的凯旋庆典首演，终场伴有大型烟花秀，路易十四亲临现场，堪称拉辛文坛生涯巅峰时刻。同年12月起巴黎剧场连演三个月，广受好评。拉辛的用意无他，旨在取悦同时代的观众，首先取悦路易十四。这出戏讲一个伟大的征服者在军营准备出征的故事，巧妙地逢迎彼时凭法荷战争名震海外的太阳王。剧中人物言谈举止完美符合17世纪宫廷贵族的风雅礼仪规范。阿喀琉斯请王后回军营小间休息，很难不让人联想到凡尔赛皇室的出行派头。

是的，拉辛无意还原荷马或欧里庇得斯笔下的古典世界。尽管他特意添了几场阿喀琉斯与阿伽门农的对手戏，仿佛向《伊利亚特》的开场致敬，但古典诗中的英雄血气无条件地让位给中世纪武功歌的情爱缠绵。在欧里庇得斯剧中，阿喀琉斯与伊菲革涅亚素不相识，献祭是一起政治事件，试炼每个共同体成员的言行德性。在拉辛这里，献祭是一道爱情难关，谈情说爱成了剧情发展必不可缺的元素。早在上演期间，拉辛的知交维里埃曾撰文批评爱情戏码泛滥的乱象："我们今天出于何种理由在舞台上表演爱情，希腊古人又出于何种理由把爱情驱逐出剧场？"①伏尔泰不得不承认这是"拉辛的弱点"，根源在于"时代风俗、路易十四宫廷风雅习气、毒害民族的小说趣味以及高乃依的榜样"。②直至20世纪还有研究观念史的哈扎尔痛惜道："法国做了什么？不过是歪曲败坏那些高贵的典范。法国让古典悲剧充满女人气，充斥调情气氛，爱情戏占据过分重要的位置。大师始终是索福克勒斯，必须重新回到索福克勒斯。"③

考虑到拉辛的崇古派身份，加上他公开自称为古代作者的传人，这些严厉的批评着实让人惊愕。拉辛的古典主义戏剧究竟是对古希腊悲剧的继承还是背叛？不得不说，《伊菲革涅亚》让拉辛置身于古今之争的论辩中心。相比崇今派对古希腊作者无底线地嘲弄戏仿（崇今派的根本主张即是：今人作者比古人作者更高明！），拉辛确乎强调并示范了对待古传经典的审慎与克制（OC1，701）。然而，诸如伏尔泰的维护在某些时候又显得欲盖弥彰。他说，荷马若是法国人，必会像拉辛那样让阿

---

① Pierre de Villier, *Entretiens sur les tragédies de ce temps*, in OCl, pp. 775—793, 引文见 p.778。

② Voltaire, *Dictionnaire philosophique*, tome 1, p.413.

③ Paul Hazard, *La Crise de la conscience européenne(1878 - 1944)*, p.273.

喀琉斯去爱去说话。①

不妨来看看阿喀琉斯说过什么话：

> 诸神掌管着我们的生命时日，
> 大人，但我们掌管自己的荣名。
> 何必为神们的最高命令而苦恼？
> 一心只想也如神们一样不死吧。
> 不管运势何如，凭着英勇才干
> 追求如神们一样伟大的运命吧。（菲259—264）

荷马诗中的阿喀琉斯倒有一个常常为后人援引的说法与此大相径庭：宙斯地板上有两只土瓶，一只福，一只祸，凡人的运命全凭神王愿意给什么礼物（伊24:526起）。事实上，无论荷马还是欧里庇得斯，古代作者笔下没有人会这么说话，而拉辛笔下人人渴望能这么说话。这个阿喀琉斯不在乎群体利益，坚持做自己的主人，既挑衅阿伽门农代表的国家理性，也违抗卡尔卡斯代表的神权意志。他不以审慎为荣，坚决诉

---

① Voltaire, *Dictionnaire philosophique*, tome 1, p.414.

求自由。与其说他是古典英雄的再现,不如说他预示启蒙斗士的来临。

《伊菲革涅亚》意外地展示出一种更高的文学境界。17世纪法语文学罕有如此珍贵的意外。之所以是意外,因为相关细节比起戏中重彩浓墨之处几乎要被忽略不计,并且效果很可能是无心插柳。拉辛煞费苦心地塑造高尚纯真的女主人公伊菲革涅亚,他确也做到了,崇古派的主将布瓦洛盛赞过老友打动观众的技艺:"在奥利斯的伊菲革涅亚促使当代观众落下比希腊古人更多的泪水。"[①] 意外发生在微不足道的"另一个"身上。

埃里费勒身为悲剧英雄的声名光环全部给了伊菲革涅亚。拉辛没能摹仿荷马咏叹特洛亚十二勇士的笔法。他选择对被献祭的埃里费勒缄口不语,而让伊菲革涅亚在人群中美丽动人为之哭泣。不单如此,他让伊菲革涅亚不明真相而如女英雄般地赴死,让她做戏般地与恋人亲友一一诀别。伊菲革涅亚抢走本属于埃里费勒的台词:"我的死亡标注你的光荣起点"(菲1561),在走向火葬堆时发出光彩照人的呐喊:

---

① Boileau, *Epitre*, VII, v.1—6, p.127.

啊呀！这么美的火引我向上，

攀升在凡人女子的运命之外。（菲 1045—1046）

伊菲革涅亚所拥有的，埃里费勒全没有。反过来，埃里费勒在孤独中所担负的严酷责任，伊菲革涅亚毫不知情。用罗兰·巴特的话说，这出资产阶级情节剧里只有一个自由的人，很可能在拉辛全部作品中仅此一个。[1] 埃里费勒以死安顿了自己。这个身份不明的异乡人通过主动承受希腊人的判决而正式成为城邦中人，并且是在城邦中少数行正义的人，一如苏格拉底在赴死的那个黄昏所说，"承受雅典人命令的判决才更正义"。[2] 她在认识自己的路上走得比别人远，凭靠的法子不是虔敬信神，而是爱欲挣扎。拉辛本意是写一个"陷入嫉妒的有情人"，祭坛上的埃里费勒却仿佛恍悟柏拉图的爱欲教诲而实现灵魂的神秘攀升。她甚至和《会饮》中的爱欲精灵一样，从头到尾是一无所有的。

薇依说过，《伊利亚特》独有一种"超凡的公正"，后世作

---

[1] Roland Barthes, *Sur Racine*, p.104.
[2] 柏拉图：《斐多》，98e。

品无可企及，这公正表现为融贯史诗的苦涩笔调："源自温情，贯穿所有人类，宛如一丝阳光。"① 在拉辛的含糊笔法下，很难说有这样一丝阳光有意识地普照整部《伊菲革涅亚》。然而，诸神解咒的转瞬间，确有一道闪电横空出世（菲1783），不意照见一个人的苦难尽头。那苦难淹没在普天同庆中。那苦难必定孤独无名。惟其如此一个人才有可能摆脱力量世界的情爱困顿，凭藉灵魂的爱欲努力去接近义人与十字架的真实。

出于某种文学的意外，某种"才华压过取悦心的例外"，② 拉辛抓住了古诗人荷马吟唱时以公正为名的心跳节拍。犹如爱的惊鸿一瞥，一种横跨两千多年的诗歌传承就此落实，一种堪与哲学抗衡的文学方案得以更新。季洛杜说过，作家在一般年代以受限的手段获取经验、感悟不幸和洞察人性，但在文明开花结果的幸运年代，他们先天般地拥有对伟大心灵和伟大时刻的认知，路易十四时代的拉辛是最美的案例。③ 我们应该知道的是，如此伟大心灵和伟大时刻的认知之光从来只是一闪

---

① 薇依：《柏拉图对话中的神》，页30。

② Ferdinand Brunetière, *L'Evolution des genres dans l'histoire de la littérature*, pp.128—129.

③ Jean Giraudoux, *Racine*, pp.1—2.

而过。

是因为这样罢。拉辛的文学遗产不仅天生带有哲学家诊断出的"女人气",还有这么一丝为了忘却的纪念。最终解封文学魔咒的不会是光环中的自我而将是幽暗处的他者。在拉辛之后寻觅另一个伊菲革涅亚的踪丝,想必是三百年来最严肃的诗歌问题。

亚他利雅：

圣史与悲剧

1689年，拉辛退出文坛十年有余。其间任宫廷史官，伴君出行，专事文书记录。① 他在五十岁受路易十四第二任妻曼特农夫人委托，为圣西尔女修院撰写《以斯帖》(*Esther*)。有别于拉辛以往的诗剧，《以斯帖》取材圣经故事，专供修院教学使用，寓教于乐不外传。拉辛事后追述："原是小孩子娱乐，未料整个王宫争相追捧，惊动国王带领王公显贵亲临观演。"(OC1, 946)据称路易十四连看六场，国王夫妇兴味盎然亲拟观演名单。名气很响的书信作家赛维涅夫人(Madame de Sévigné)只获邀出席最后一场演出，不久写信给女儿透露："拉辛即将再写新剧，国王着了迷，除此以外不看别的。"（OC1, 1679, 1713）

新剧即1691年问世的《亚他利雅》(*Athalie*)。如副标题所示，做法仍是"依据圣经改编的肃剧"(tragédie tirée de l'Écriture sainte)。《以斯帖》改编自旧约的一卷书（《以斯帖记》共十章），本意是"就信仰道德题材作一点诗，歌唱故事两相宜，情节活泼不枯燥"(OC1, 946)，全剧共1286行，简单小巧，与其说是"肃剧"，更似一部"宗教剧"(oratorio)。相

---

① 拉辛担任史官以来的多数史稿毁于火灾，现存两份官方印制文件和若干笔记，详见OC2，页193—334。

形之下,《亚他利雅》显出诗人大获成功之下的雄心壮志。全剧气势磅礴,共五幕三十五场戏,1816行诗(所依据经文在汉译和合本中不过千言),在拉辛的十二部诗剧中篇幅最长,出场人物最多(达十四人次)。表面系为女学生创作,拉辛预设的第一观众是路易十四。这位天才诗人早年赶上君王爱戏剧的美好年代,如今有心凭新剧再造文学辉煌。

但事与愿违。《亚他利雅》是拉辛最后的作品,大约也是最复杂神秘的作品。在诗人笔下极难得的,基督教圣史与古希腊肃剧两种精神传统相遇迸发出谜般力量。有人说拉辛的作品让人惊讶地几乎看不到时代痕迹,诗人置身于古今纷争的中心,但所有唇枪舌战仅止于前言,从未进入诗剧中的世界。[①]《亚他利雅》或许不能反驳这个说法,但至少证明了像拉辛这样的诗人也有例外。

1

《亚他利雅》取材《列王纪》和《历代志》,讲述犹大王后

---

① Jean Giraudoux, *Racine*, pp.11—18.

亚他利雅被废、大卫王族第九世孙约阿施（Joas）立做新王的故事（王下 11:1—21；代下 22:10—23:22）。拉辛在剧中努力表现出忠于圣经书写的用心。前言详细交代以色列王族历史和利未支派祭司传统（OC1，1009—1010）。

公元前九世纪，以色列南北分裂。有别于北国以色列，南国犹大在耶路撒冷圣殿依然保存祭司利未传统，且犹大王室是大卫嫡传后裔。犹大王约兰（Joram）娶以色列王亚哈（Achab）之女亚他利雅为妻，"行耶和华眼中看为恶的事"，信奉巴力神。当时以色列新王耶户（Jéhu）顺应神意，剿灭亚哈家族，清扫以色列国中的巴力神庙祭司。亚他利雅听闻消息，在耶路撒冷夺王权，为娘家复仇，下令剪除犹大王室，杀光约兰和她自己的子孙。只有尚在襁褓中的小王子约阿施幸免于难，在圣殿隐姓埋名，由大祭司耶何耶大（Joad）养大，最终从亚他利雅手里夺回王权……

拉辛写作此剧时重新研读圣经并参考历史文献，诸如一世纪史家约瑟夫斯（Flavius Josèphe）的《犹太古史》（*Anitiquité judaïques*, IX, VII）、四世纪神学家塞维鲁斯（Sulpice Sévère）的《圣史》（*Histoire sacrée*）、拉丁教父安波罗修的《论神职责守》（*Des devoirs des ministres de Dieu*），乃至莱特富特（John

Lightfoot）、普尔（Matthew Poole）等 17 世纪英人著作屡见于笔记文稿（OC1，1085—1088）。不过，对拉辛影响最大的当推同时代法语作家波舒哀的《论普遍历史》。

波舒哀于 1670 年受命担任太子法兰西路易（Louis de France）的傅保。《论普遍历史》书名全称为"向太子殿下讲解宗教历程和帝国变迁之普遍历史论"，成书于 1670 年末，1681 年出版。此书融贯"圣史"与"俗史"，呈现了中世纪晚期以来基督宗教的世界理解。值得一提的是，波舒哀给予亚他利雅和约阿施的事迹不同寻常的重视，记叙篇幅长达三十余行，相形之下，有关大卫和所罗门分别不过六七行笔墨。波舒哀更以平行笔法在亚他利雅当政时代插叙两段希腊文明的"俗史"事件，一段是以荷马和赫西俄德为代表的诗教传统，另一段是斯巴达王吕库戈斯传承米诺斯的律法传统。①

波舒哀为何强调亚他利雅和约阿施的事迹？这与拉辛选择诗剧题材是否有关？拉辛前言解释这段历史在基督教"圣史"中的分量时引经据典，《列王记》经文以外，更点名时任莫城

---

① Bossuet, *Discours de l'histoire universelle à Monseigneur le Dauphin pour expliquer la suite de la religion et les changements des empires*, Paris, 1681, pp.23—28. 下文将随文标注出处页码。

主教的波舒哀,连续援引两次《论普遍历史》:

> 此事不只是在大卫家族内部保存王杖,也是确保在这位伟大君王的后代中出现弥赛亚。"因为弥赛亚多次被应许为亚伯拉罕的子孙,也必是大卫和历代犹大王的子孙。"(Bossuet, 21)卓越睿智的莫城大主教故而称约阿施是"大卫家族仅存的珍贵血脉"(Bossuet, 27),我在剧中援用这个表述(行256,参行1626)……圣经也说,耶和华没有灭绝约兰全族,"照他所应许大卫的话,永远赐灯光与他的子孙"(列下8:19)。这灯光岂不是总有一天照亮万国的灯光吗?(前言,OCI,1012)

约阿施做王的经过,也是耶稣先祖在危难中保存王族血脉的经过,连贯新旧约传统,弥赛亚预言终得实现,堪称基督宗教圣史的重大事件。波舒哀在书中称太子为大卫的直系后裔,意在捍卫神意授权的法兰西王室谱系。《论普遍历史》用这句话开始记叙:"彼时犹大国发生了改头换面的事件……"(Bossuet, 26)拉辛选题参考波舒哀之说当无疑问。不过,值得注意的是,二十年前拉辛也曾声明《安德洛玛克》是要追溯法兰西王室的另一光荣远祖,实际原因却是拉辛不得不迎合17

世纪戏剧逼真性（la vraisemblance）的审美需求。

类似情况还可再举一例。依据波舒哀编年算法，公元前884年亚他利雅自立，878年约阿施登基，前后六年，与圣经记载相符（王下11:3，代下22:12）。在拉辛剧中，约阿施化名埃利亚坎（ELiacin，意思是"大祭司"）藏身圣殿八年，即位时大约九到十岁，如此安排是为使人物谈吐与年龄相符，同样受戏剧审美限制。

> 我相信王子的谈吐没有超出他那个年龄的孩子的心智和记忆。即便略有超出，也应考虑这是个极不寻常的孩子。他在圣殿由大祭司亲手养大，被视同犹大王国的唯一希望，年幼时即被教授关乎宗教王政的全部功课……我敢说法兰西国眼下就有一位八岁半的王子足以向世人证明优异天资加上出色教育的显赫成效。倘若我把小约阿施写得真如这位年轻王子一般，谈吐应对有如是出众的机智见识，那么诸位倒是有理由批评我违反逼真性规则。（前言，OCI，1011）

拉辛在前言中恭维八岁半的法兰西王子，即路易十四的长孙、法兰西路易的长子勃艮第公爵。"优异天资"得自小王储的出身家世，"出色教育"当归功于继波舒哀之后的宫廷教师费奈隆。费奈隆于1689年至1695年间担任小太子傅保，撰写《特勒马科斯纪》等传世作品："在神话叙事中添加适合一位生来肩负治国使命的王子的基本教诲。"① 费奈隆本人出席观看1691年《亚他利雅》在圣西尔修院的最后一次演出（OCI, 1714）。君王教育呼应《论普遍历史》的根本旨趣，也是拉辛创作《亚他利雅》不能绕过的严肃问题。小王子约阿施在剧中首次开口说话，即在圣殿中与亚他利雅对话（第二幕第六场）。她问有谁照看他，他回答有神照看他——

神可曾抛弃受难中的子女？
他赐食给小小鸟儿，
他的慈爱遍满大地。
我日日祈祷，他是父亲，
用圣坛上的供品养育我。②

---

① Fénelon, *Les Aventures de Télémaque*, éd. J.-L. Goré, Paris : Garnier-Flammarion, 1968, p.29.

② Jean Racine, *Athalie*, v.646—650, in *Œuvres complètes*, tome I, p.1040. 下文中涉及《亚他利雅》正文引文，并随文标注出处行数。

王后与小童对话,也是祖母与孙儿对话。这场戏让人想到欧里庇得斯的《伊翁》。伊翁也是身世不明的孤儿,也在神庙长大侍奉阿波罗神,有一天也像这样在德尔斐神庙与母亲克瑞乌萨不期而遇形同陌生人。"那神坛喂养了我,还有随时到来的客人。""我所侍候的神把这些给我穿着的。"①

但拉辛着意在约阿施身上突出"优异天资加上出色教育的显赫成效"。小王子谈吐高贵纯洁,信仰自然深沉,引发在场所有人的怜惜和赞叹(亚654,657,690)。他的应答句句有典可查:"你是从小明白圣经,这圣经能使你因信基督耶稣有得救的智慧。"(提后3:15)第647—648行援引自《诗篇》:"他赐食给走兽和啼叫的小乌鸦"(诗147:9);"你的慈爱遍满大地,求你将你的律例教训我"(诗119:64)。第649—650行提到圣坛上的贡品乃祭司利未人的当得之物,出自《民数记》的规定(民18:13)。拉辛又借约阿施的每日功课展示犹太君王教育(前言,OCI,1011)——

我赞美主,聆听主的律例。

---

① 欧里庇得斯,《伊翁》,行322—326,此处引用周作人先生译文。

我用律法书学习读书认字,

我已开始亲手抄录经书。(亚662—664)

约阿施在圣殿长大,跟随大祭司侍奉神:"我在圣坛上把香料和盐递给大祭司;我倾听众人颂唱神的无上荣耀;我亲眼见证神的庄严仪式。"(亚674—676)除学习祭司职守以外,约阿施还接受耶何耶大针对未来王者的"苦心教育"(亚1271),常聆听犹大王的故事(亚1275),耳闻目染王者的自我规范(亚1276—1277)。《申命记》有关立王的指示:"他登了国位,就要将祭司利未人面前的这律法书为自己抄录一本,存在他那里,要平生诵读,好学习敬畏耶和华他的神,谨守尊敬这律法书上的一切言语和这些律例,免得他向弟兄心高气傲,偏左偏右,离了这诫命。"(申17: 20)约阿施在另一处回应耶何耶大的教诲,恰如经文规范的翻版:

明智的王由神亲自拣选,

他不可为自己加添金银,

他敬畏神,心中念念不忘

神的诫命律法和严厉审判,

绝不使弟兄遭受不公重负。（亚 1278—1282）

在新王加冕仪式上，耶何耶大仿效《诗篇》对有权力者的训示："当为贫寒的人和孤儿伸冤，当为困苦和穷乏的人施行公义"（诗 82:3），要求约阿施发誓"忿对恶人，庇护好人"（亚 1405），不忘"你也曾穿这身麻衣，和他们一样穷苦，和他们一样是孤儿"（亚 1407—1408）。新王约阿施确乎显出好君王的风范："众人狂喜中，独独他平和亲切，毫不傲慢，握这人的手，用目光安慰那人，发誓以他们的诚挚谏言为榜样，他称呼众人父亲或弟兄。"（亚 1525—1528）

然而，在拉辛剧中，好王者约阿施登基并非故事的结局。依据《历代志》的记载，约阿施虔诚为政三十年，在耶何耶大死后听信谗言恶言，命人在圣殿用石头打死大祭司之子，即新任大祭司撒迦利亚（代下 24:17—22）。拉辛借耶何耶大的预言（第三幕第七场）和亚他利雅的诅咒（第五幕第六场）两次点明这个悲剧故事的真正结局。《亚他利雅》带有一股拉辛诗剧中极罕见的精神力量，迷人且让人不安的，首先表现为好王者的败坏，出色的君王教育不足以向世人承诺胜利的信心和明朗的欢乐，一场貌似皆大欢喜的戏在阴郁不祥的氛围中落下帷幕。

2

公元前878年五旬节日出后第三个时辰（亚155），以色列信众进圣殿献燔祭。不敬耶和华的王后亚他利雅不意闯入现场。戏剧情节冲突就此展开。《亚他利雅》一方面努力还原耶路撒冷圣殿礼仪传统，另一方面自始至终讲述圣殿一次次被玷污的事实。

圣史未提及约阿施在哪一天登基。若干注经家主张是某个节日。我选择犹太人三大节庆之一的五旬节。犹太人在这一天纪念西奈山上颁布律法，并向神敬献当年新熟谷物做的新饼，故也叫初熟节。（前言，OCI，1012）

拉辛将戏剧时间设定为五旬节当日，地点在耶路撒冷圣殿内，并严格依循旧约圣经传统，忠实还原五旬节祭祀仪式。犹太人的五旬节乃是从逾越节算起第五十天，《民数记》又称七七节（民28:26—31）。据《利未记》记载，五旬节当日应将"初熟麦子"或"新素祭献给耶和华"，同时宰杀牺牲做赎罪祭和平安祭（利 23:15—21）。

> 是的！我走进圣殿敬拜神。
> 我遵循古老庄重的习俗前来，
> 万众同庆这闻名的日子，
> 神在西奈山赐我们律法。（亚 1—4）

可是，五旬节走进圣殿的犹太人押尼珥（Abner）随即大声疾呼：时代变了！（亚 5）从前的节日人潮涌动，犹太信众供奉当年初收，祭司主持燔祭忙不过来（亚 6—12）。自亚他利雅当政以来，只有极少数人坚持循旧礼，多数犹太人遗忘他们的神，簇拥到巴力祭坛前（亚 17—19）。这是因为约阿施的秘密不为人知。犹太人以为大卫王族血脉已断，"古老勇气的火光在同一日熄灭"（亚 96）。他们丧失信心："神就此隐没了"（亚 97），"神圣的约柜从此不再发神谕"（亚 103）。

传统信仰式微："美好的节日沦为黑暗的日子。"（亚 14）大卫王和所罗门王的黄金时代一去不复返。大祭司耶何耶大在圣殿主持五旬节传统燔祭（第二幕第二场），应该放置在这样的背景中予以理解。整个仪式包括供奉新收麦饼、献祭牺牲，用鲜血浇灌祭坛，严格依循《利未记》所规范的五旬节仪式（利 23:15—20）和日常燔祭条例（利 1：10—13），也让人想到摩西在西奈山下献牛为平安祭（出 24：4—8）。

> 大祭司向养育凡人的神
> 供奉上初熟麦子烤的面饼，
> 沾血的双手捧起
> 平安祭的冒烟内脏。
> 年幼的埃利亚坎侍立在旁，
> 与我（撒迦利亚）同穿细麻长袍侍奉神。
> 大祭司用宰杀牺牲的血
> 洒在祭坛周围百姓身上……（亚 385—392）

这场苦心经营的神圣仪式被亚他利雅打断了。在界限分明的圣殿里，有些场所只允许大祭司和担任圣乐卫队等职守的利未人踏足（亚 443—444，参代上 23—26），有些圣地只有亚伦的子孙即大祭司才能一年一次进去主持大礼（出 30：10），还有的燔祭现场只向以色列男性开放（亚 397）。身为异教女子，亚他利雅骤然闯进女人禁区，还差点儿踏进只对祭司利未人开放的神圣场域（亚400），僭越信仰和性别的双重禁忌（亚405）。在场的犹太信众惊恐不已四散逃开（亚401）。

开场后的宗教仪式（第二幕第一场）与终场前的国王加冕典礼（第四幕第一至四场）遥相呼应。依据圣经记载："祭司领王子出来，给他戴上冠冕，将律法书交给他，膏他做王。众人就拍掌说：'愿王万岁！'"（王下11:12；代下23:11）在拉辛笔下，利未祭司带领年幼的撒迦利亚和约阿施走向圣坛，三人依循礼拜传统均蒙着头（亚1039）①。利未祭司执大卫之剑在前，撒迦利亚（未来大祭司）手捧律法书，约阿施（未来君王）手捧冠冕（亚1237—1246）。耶何耶大宣布约阿施为王（亚1292—1193），利未人亚撒利雅对圣经宣誓效忠新王（亚1370），新王约阿施也宣誓忠守律法书（亚1382）。拉辛依循圣经记载的同时似乎参考兰斯大教堂的法兰西国王加冕传统。如凭圣经立誓是基督教习俗，希伯来旧约从未提及（OC1, 1746）。又如耶何耶大与约阿施长篇问答（第四幕第二场），呼应兰斯大主教与新王的职守问答礼仪。②

---

① 拉辛参看格劳秀斯注《哥林多前书》第11章的说法，参看OCI, 1088。
② 参看 Pierre David, *Cérémonies pratiquées pour le sacre*, Paris, 1654。

这场政治典礼未像五旬节燔祭那样被打断。但亚他利雅随后被诱入圣殿，等待她的是武装起来的利未卫队（亚1730起）；亚他利雅在赴死前诅咒约阿施终将背弃信仰玷污王权（亚1769—1790），为这场加冕礼蒙上永恒的阴影。拉辛的戏剧头一回在舞台上表现武力冲突，且是大祭司策划组织的发生在圣殿里的"圣战"。伏尔泰在《哲学辞典》中称赞《亚他利雅》是"人类精神的杰作"，但批评大祭司耶何耶大以神为名的阴谋暴力。① 罗兰·巴特后来以此为据，提出拉辛笔下的好人狂热专断，远不如坏人生动逼真，进而主张拉辛戏剧中存在某种"道德与美学的矛盾"。② 但类似张力问题似可从亚里士多德论诗传统中寻觅根源。诸如《诗学》第十三章谈肃剧人物激发怜悯和恐惧，乃是拉辛在所有剧作中实践的理论规范。

开场耶何耶大之子撒迦利亚跑来报信，王后闯入燔祭现场，他张口喊的第一句话："圣殿被玷污了！"（亚380）这让人想到《列王记》或《历代志》的圣史记载：约阿施终将在圣殿里残杀的大祭司无他，就是撒迦利亚本人。"这起圣殿里的

---

① Voltaire, "De la bonne tragédie française", *Dictionnaire philosophique*, tome 1, Paris: Garnier, 1879, p.413.

② Roland Barthes, *Sur Racine*, Paris, Seuil, 1963, p.123.

罪行导致犹太人为神愤怒，成为随后一连串不幸变故的主要肇因。自此事发生以后，据称神在圣殿里完全隐没了"（前言，OC1，1013）。

《亚他利雅》充分显示拉辛忠于圣经书写的努力。有法国学者统计，全剧有 209 行诗文（占全文 12%）直接援引自圣经经文，加上间接援引的诗文共 766 行（占全文 42%）。[1] 下文以大祭司耶何耶大为例试作说明。在五旬节仪式正式启动以前，耶何耶大出场交代前情提要。前后一百来行诗中，耶何耶大援引经书不下三十次，并直接借用大卫[2]、以赛亚[3]、以西结[4]、以利沙[5]等旧约先知的言说，此外有数处援用新约经文。[6]

耶何耶大的预言尤其说明问题。拉辛前言承认，在舞台上表现先知受神意感召或许是过分大胆的做法，为此他小心审

---

[1] André Durand, *Athalie de Jean Racine*, cf. www.comptoirlitteraire.com. 本文列举拉辛援引圣经经文的情况，主要参考全集本 OC1 的编者注释。
[2] 第 129 行 = 诗 89:49，第 136 行 = 诗 72:11，第 158 行 = 诗 111:7—8。
[3] 第 88 行 = 赛 1:11，第 108 行 = 赛 42:20，第 286 行 = 赛 40:24。
[4] 第 267—268 行 = 结 18:19—20，等等。
[5] 第 121 行以利沙预言耶洗别的下场，第 124 行以利沙预言妇人怀孕生子，均出自《列王记》。
[6] 比如第 228 行 = 林后 12:9，等等。

慎,"从耶何耶大口里说出的话全部引自经书里的先知言说"(OC1,1012)。在正式预言以前,拉辛先化用两个先知通灵的典故(亚1130—1131, 1135—1138),一处是巴兰"得听神的言语,得见全能者的异象,眼目睁开而仆倒"(民24:4),另一处是摩西死前的歌:"我的教训要淋漓如雨,我的言语要滴落如露,我要宣告耶和华的名。"(申32:2—3)

耶何耶大的预言大致分成两部分,第一部分预言圣殿倒塌,耶路撒冷沦陷,共十八行诗(亚1139—1156),第二部分预言基督教会这一"新耶路撒冷"的诞生,共十六行诗(亚1159—1174)。

天啊,要听!地啊,侧耳而听!
约伯哟,莫再说你的主尽睡不醒。
罪人从地上消失,主必兴起。
纯金为何沦落做坏铅?
那被杀在圣所的大祭司是哪一个?
耶路撒冷啊,哀哭吧,背义的城啊,
为不幸被杀的神圣先知哀哭吧!
你的神抛弃不再爱惜你。

你供奉的香料是他所憎恶的。

你们要把这妇孺带往何处？

主发怒灭了万众城邦的王后。

先知被掳，诸王尽废。

神不能容忍众人来守严肃会。

倾倒吧圣殿！起火吧香柏木！

耶路撒冷啊，我心中的痛，

是哪只手旦夕之间坏了你的魅力？

是谁把我的双眼化作泪的泉源，

让我为你遭难昼夜哭泣？（亚1139—1156）

第一部分的十八行诗句句有典可查。

第1139行出自《以赛亚书》1:2。

第1140行出自《诗篇》44：23——"主啊，求你睡醒，为何尽睡呢？"

第1141行出自《诗篇》104：35——"愿罪人从地上消失。"

第1142行出自《耶利米哀歌》4:1——"黄金何其失光！纯金何其变色！"纯金变成铅石，暗指约阿施的败坏。

第 1143 行暗指约阿施在圣殿里杀死大祭司撒迦利亚，出自《历代志下》24:20—22。

第 1144—1145 行出自《耶利米哀歌》1:4——"她的城门凄凉，她的祭司叹息"，或《马太福音》23:37——"耶路撒冷啊，耶路撒冷啊！你常杀先知，又用石头打死那奉差遣到你这里来的人。"

第 1147 行出自《以赛亚书》1:13—14——"香品是我所憎恶的；你们的月朔和节期我心里憎恶我都以为麻烦。"

第 1148—1150 行出自《耶利米哀歌》2:1—3 耶和华刑罚耶路撒冷。万众城邦的王后，即耶路撒冷。

第 1151 行出自《以赛亚书》1:13——"作罪孽，又守严肃会，我也不能容忍。"

第 1152 行，所罗门的圣殿由香柏木所造，参《列王记上》6:9—18；圣殿倾覆，参《耶利米哀歌》2:3—6。

第 1153—1156 行出自《耶利米书》9:1——"但愿我的头为水，我的眼为泪的泉源，我好为百姓中被杀的人昼夜哭泣。"

从哪里给她生这些子女，

又将这些子女养大呢？

耶路撒冷啊，兴起，抬起高贵的头！

你举目看列王惊奇你的光辉。

他们将脸伏地向你下拜，

并舔你脚下的尘土。

万国和万民要来就你的光。（亚 1164—1170）

拉辛在前言中解释预言的第二部分："先知通常会在威胁的言辞里混合慰藉，本剧讲述耶稣的祖先登上王位的经过，我于是模糊提到所有古代义人期盼的救世主终将来临。"（OC1，1013）耶何耶大预言新耶路撒冷（亚 1159—1163），出自《启示录》21:2 ——"我看见圣城新耶路撒冷由神那里从天而降预备好了。"

随后七行诗全部改写自《以赛亚书》。

第 1164—1165 行出自《以赛亚书》49:21——"谁给我生这些，谁将这些养大呢？撇下我一人独居的时候，这些在哪里呢？"

第 1166—1167 行出自《以赛亚书》60:1,4 ——"兴起，发光！……你举目向四方观看。"

第 1168—1169 行出自《以赛亚书》49:23——"列王必作你的养父，王后必作你的乳母，他们必将脸伏地，向你下拜，并舔你脚下的尘土。"

第1170行出自《以赛亚书》60:3——"万国要来就你的光。"

随着圣殿被玷污,利未人策划政变立新王之际,先知预言耶路撒冷从死里复生。表面看来,"新耶路撒冷"影射约阿施的新政,但耶何耶大的预言更与他在约阿施登基时的另一番劝训相呼应。君王久居王位难免"致命荣誉的诱惑、绝对权力的迷醉,谗言者的媚惑声音"(亚1387—1390);难免小人谗言,"最神圣的律例也须得服从君王,君王唯有个人意愿别无约束"(亚1392—1393)。这些教训终在约阿施身上印证,"在陷阱和沉沦中败坏纯洁的习性"(亚1399)。正如《论普遍历史》开宗明义是给君王习读的史书,《亚他利雅》虽系应邀为圣西尔修院女学生所作的诗剧,预设的首要观众无他,始终是君王路易十四。《亚他利雅》的最后三行诗借先知耶何耶大之口道出波舒哀式①的终场训诲:

犹太人的王啊,莫忘了前车鉴!

---

① 如见波舒哀于1689年出版的布道文集:"只有天国的神能为君王立律法,并随心所愿给予君王或伟大或可怕的教训。"Cf. Bossuet, *Oraison funèbre de Henriette-Marie de France*, in *Œuvres*, Paris, 1689, p.57.

须知天国有列王的严厉判官,

无罪的必伸冤,孤儿也有父亲。(亚1814—1816)

3

在拉辛笔下,先知的预言通过异邦女人亚他利雅的诅咒得到最终解释。《亚他利雅》一方面表现出拉辛忠于圣史记载和圣经书写传统,另一方面,亚他利雅的几场戏充分展现了诗人的戏剧才华。虽系女主角,亚他利雅只在第二幕和第五幕出场,全部台词共计235行诗文,不超过耶何耶大(共496行)的一半戏份。但亚他利雅的几次出场有令人屏息的戏剧张力,诸如梦的解说(第二幕第五场)、殿中对话(第二幕第七场)、临死诅咒(第五幕第五至六场)等情节本是圣经中没有的,完全出自拉辛的文学想象。

开场未见亚他利雅其人,关乎王后的传说如梦魇般笼罩五旬节的圣殿。犹太信徒惊惧地观察到:"两天以来,骄傲的亚他利雅好似陷入阴郁的悲痛……狂怒的目光不住投向圣殿。"(亚51—54)连巴力祭司也大惑不解:

老友,两天以来我认不出她来。

她不再是那个王后,见识顽强

远远超乎她那害羞的性别……(亚870—872)

她犹豫,拿不定主意,她变回女人。(亚876)

亚他利雅一反常态,乃因她得了异梦。她梦见母亲耶洗别的魂影带来凶兆。以色列王后耶洗别本是西顿王之女,信奉巴力神,迫害犹太先知(王上18:4),后被从窗户扔下摔死,应了先知伊利亚的预言:"在耶斯列田间,狗必吃耶洗别的肉,耶洗别的尸首必如同粪土,甚至人不能说这是耶洗别。"(王下9:36—37)亚他利雅跟随母亲公开信奉巴力神。耶洗别的悲惨下场似在暗示亚他利雅本人的下场。

她说,战栗吧,肖似我的女儿哟!

无情的犹太神也必打击你。

我疼惜你落入那神的可怕手中,

女儿哟!她这样说完恐怖的话,

她的形影好似降临我床前。

可我伸手想要拥抱她,

> 只摸到一团骇人的物事,
>
> 被屠杀的骨肉混在泥浆中,
>
> 还有血衣和残陋肢体。
>
> 狗子抢着吞吃,打起架来。(亚 498—507)

亚他利雅还两次在梦中看见(亚 520—521)"一名幼子身披希伯来祭司常穿的那种光彩夺目的圣衣"(亚 508—509)。①那孩子的"温和高贵谦卑"让她赞叹(亚 512),与此同时她感到"一把杀人的利刃刺穿她的心脏"(亚 513—514)。从梦中醒来的亚他利雅惊惧不安。她随后闯入圣殿,看见站在大祭司身旁的约阿施,和梦中的孩子一模一样(亚 536)。

旧约中有过不止一次关乎梦兆的记载。亚伯拉罕与神立约那天,梦中"有惊人的大黑暗落在他身上"(创 15:12);雅各在伯特利梦见天梯(创 28:12);约瑟做了让哥哥们嫉恨的梦(创 37:5),稍后他为法老解梦(创 41:1—36)。种种例子均系义人从神蒙获兆示。亚比米勒的异梦或许更接近亚他利雅,他抢走亚伯拉罕之妻撒拉,夜里神来梦中警告他(创 20:3)。不

---

① 此处呼应旧约圣经对祭司圣服的规定:"用金线和蓝紫朱红色线并细麻去作"(出 28:5)。

过，梦兆作为推动情节发展的戏剧要素，同样接近古希腊神谕，比如索福克勒斯笔下的赫拉克勒斯、埃阿斯或菲罗克忒忒斯……更不用说俄狄浦斯。亚他利雅不知约阿施的身世之谜，拼命想弄清楚："他是谁？出生自哪个世家支派？"（亚546，参624，634）殊不知真相大白亦是梦中预言她走向灭亡的时刻。

在拉辛笔下，王后亚他利雅显得拥有非凡的治国能力。她有勇有谋平定外敌内患（亚474—483），为耶路撒冷带来稳定和平（亚473）。她安享智慧治国的成效（亚484），"从红海到地中海无人不尊敬亚他利雅"（亚472）。亚他利雅似乎还具备某种更开放的宗教态度。她得了梦兆去向巴力神求告，同时不忌讳进犹太圣殿献礼："某种本能令我走进犹太人的圣殿，我心中起意要去安抚他们的神，我以为献礼物能平息神怒，不论何方神圣总会变温和。"（亚527—530）她解释犹太信仰的式微："一大堆迷信致使你们向异族关闭圣殿的大门"（亚453—454）。她向约阿施保证："我不想强制你忘记你的神"（亚681）；"我侍奉我的神，你侍奉你的神；这是两个强大的神"（亚684）。

亚他利雅本是骄傲无情的王后，终在无名的小童面前暴露弱点。她受约阿施吸引，对他心生怜悯。这怜悯也就成为她的软肋。她的愤怒变得动摇不定（亚886），复仇计划自行坍塌（亚887）。她见他在圣殿清苦，想带他回宫殿（亚679）。"显然你不是寻常的孩子；我是王后，没有继承人……我愿与你分享财富……我保证把你当成亲生孩儿对待"（亚691—698）。她甚至打算放弃武力冲突，与耶何耶大谈判和解。她为此受诱走进圣殿。在利未人的围困中，她得知梦中的孩子眼前的约阿施乃是她想杀而没有杀成的孙儿："最神圣的君王的继承人"（亚1719），"死而复生的大卫之子"（亚1765）。亚他利雅犹如重复一遍古典肃剧英雄的解谜经历。真相大白之际，她不再自信，开始自我寻问："我在哪里？"（亚1731）"我陷入何种陷阱？"（亚1738）她开始"看清楚上天的旨意"（亚610）："犹太人的神啊，你战胜一切！"（亚1768）"无情的神哪，你单独行下一切。"（亚1174）

整部诗剧贯穿复仇的主题循环往复。"复仇"或"复仇者"（venger/ vengence/vengeur）等同根词先后出现下不下三十次，乃至全剧最后一行诗也有（亚1816）。耶洗别从前迫害犹大先知（亚715—716），神派人灭绝亚哈家族。亚他利雅为亚哈家族复仇（亚23）又去杀戮犹大王族。但"神在圣殿的神圣避难所养育一位复仇者"。——拉辛在第56行援引波舒哀《论普遍历史》中的句子（Bossuet, 28）。约阿施长大以后率领利未人杀亚他利雅，实现新一轮复仇。与此同时，亚他利雅骄傲地声称："但凡我做过的事，我相信我不得不做。"（亚466—467）在她眼里，这是以牙还牙以血还血（亚720），"公正的愤怒"（亚709）：杀戮子女后代好为父母伸冤（亚710），把亚哈家的不幸还给大卫的子嗣（亚721—722）。她在临死前挑衅耶和华那"伸冤的神"（亚1471，同诗94:1），预言约阿施必将败坏，而她本人必将雪耻。轮到被诅咒的约阿施惊惧不安（亚1797—1800），一如当初得了梦兆的亚他利雅："我寻觅的平安在逃避我"（亚438）。约阿施为家族复仇杀亲生祖母，终将为此受惩。

> 他终将不顺服你的约束，厌倦你的律例，
>
> 忠于他从我身上继承的亚哈血脉，
>
> 顺从他的祖先，肖似他的父亲，
>
> 总有一天，大卫的可憎传人
>
> 终将废除你的荣誉，玷污你的圣坛，
>
> 为亚他利雅、亚哈和耶洗别伸冤！（亚1785—1790）

拉辛笔下的复仇主题既显见于希伯来旧约传统，也可以追溯至古希腊肃剧传统。早在少年拉辛的古典笔记中，异教神话与圣史经书不止一次很自然地被摆在一起（OC2，776，1128）。二十一岁拉辛初入文坛撰写长诗《塞纳的水仙》，直接卷入彼时的"异教与基督教的奇观之争"。随着诗人晚年对戏剧道德问题的态度转变①，两种精神源流的关系在《亚他利雅》中得到更为微妙复杂的呈现。正如《以斯帖》的做法，拉辛尝试性恢复了古希腊肃剧中的歌队（OC1，946）。一群利未少女由大祭司的女儿领头进圣殿欢庆五旬节。她们先后见证亚他利雅与约阿施相会，先知预言，并在圣殿受困时激励族人英勇迎敌。拉辛为圣西尔修院女生量身定做，"仿效古人做法，使歌队推动情节的延续，整出戏没有中断，幕与幕由歌队的咏唱衔接，这些咏唱与剧情相关，带有教诲意味"（OCI，1012）。值得一提的是，一方面，拉辛借歌队之口谈及"满心恐怖的醒悟"（亚836, 842），似是对早年文学生涯的省思，"承认一场梦的错"（亚833—834），比起"徒然的乐趣"（亚833），诗人从此将歌唱"神的不朽光彩"（亚831）。另一方面，随着亚

---

① 拉辛晚年把青年时代写戏剧称作"陷入迷途和不幸的十五年"（OC2，595），数番公开言论似为迎合17世纪末王宫盛行的虔诚风气。

他利雅最后出场，戏剧张力进入最紧张的时刻，歌队却全身而退，利未少女所代表的诗人拉辛的心声在终场时分完全由亚他利雅这一肃剧人物的声音所取代。

4

《亚他利雅》的实演情况远无《以斯帖》风光。虽系路易十四钦点之作，该剧排练伊始即受各方重重阻力。拉辛不得不在宫中显贵面前朗读剧作寻求支持。卢浮宫迄今藏有一幅19世纪初女画家菲利鲍尔（Julie Philipault）的油画：《拉辛在路易十四夫妇面前读〈亚他利雅〉》（1819年）。1690年12月12日，似乎为了弥补失望的诗人，路易十四破例升任拉辛为国王寝宫侍从。

《亚他利雅》于1691年初公开"排演"（répétition）共三次。之所以不像《以斯帖》那样称作正式演出，因为几次非正式排演均在圣西尔修院的高年级女生教室里进行，没有舞美、服装和道具，也没有乐队，只用一台古钢琴伴奏。国王和太子出席第一次彩排（1月5日），曼特农夫人及少数贵妇人观看第二次彩排（2月8日），第三次彩排的贵宾包括流亡法国的詹姆斯二世夫妇及费奈隆等少数近臣。

经路易十四奏准,《亚他利雅》于 1691 年 3 月付梓出版。批评界反响甚微。赞美声音主要来自拉辛旧日的冉森派导师。彼时拉辛与波尔–罗亚尔修院重新修好,故而有一种假说,由于冉森派常年受路易十四和天主教廷联手打压,拉辛剧中描述大祭司耶何耶大带领下的利未人遭受亚他利雅的暴政迫害,颇有为逆境中的冉森派辩护之意(OCI,1715)。持此看法的学者常引用冉森派作者葛奈尔(Pasquier Quesnel)在一封信中的说法:"无须多言此剧的若干人物与现实中哪些人相似","某些段落堪称由诗和音乐谱写成的宣言"。①

还有第二种假说。拉辛改编这则圣经故事正值英国爆发光荣革命(1688—1689)。② 这场革命罢黜了信奉天主教的詹姆斯二世,奥兰治亲王登基成为威廉三世。法国人熟知这起英国事件,因为詹姆斯二世当时就在凡尔赛宫避难,且出席观看拉辛的最后两出戏!拉辛笔下的王后亚他利雅似乎可以看成对威

---

① Raymond Picard, *Nouveau corpus racinianum*, Paris: Edition de CNRS, 1976, p.273

② Jean Orchibal, *La Genèse d'Esther et d'Athalie*, Vrin, 1950; Raymond Picard, *La Carrière de Jean Racine*, Gallimard, 1961, pp.417—422.

廉三世的影射。二者均系信奉异教的外国人（威廉三世出生荷兰信奉新教），均凭靠姻亲关系篡夺王权（威廉三世乃詹姆斯二世的女婿），也均拥有让人生畏的外国盟军——尽管圣经中只字未提，拉辛笔下有不同的人连续五次说起亚他利雅的"推罗援军"（亚616，1361，1428，1504，1757）。众所周知路易十四与威廉三世为敌，尤其忌惮后者牵头的欧洲大同盟。

关乎《亚他利雅》的历史背景的第三种假说涉及路易十四与教宗英诺森十一世的冲突。伴随法兰西绝对王权崛起，1780年代兴起高卢派运动，支持法王享有教会之上的俗世权利。1682年，波舒哀草拟著名的《四条款声明》(*Déclaration des quatre articles*)，本意要调和路易十四与教宗冲突的姿态，不料适得其反。《四条款》集中再现《论普遍历史》的思想理念。拉辛的诗剧既受波舒哀圣史观念的影响，不可能不带一丝现实痕迹。[①]

以上三种假说为《亚他利雅》再遮一层神秘轻纱。作为"依据圣经改编的肃剧"，《亚他利雅》自觉依循"圣史"和"肃剧"两种书写传统，自然表现出两种传统的冲突张力。诗

---

① 参看：雷努姆，《波舒哀的论普遍历史》，载刘小枫编《从普遍历史到历史主义》，华夏出版社，2017年，页237—269。

人笔下有严肃大胆的政治问题,有暴力恐怖的故事情节,有深刻残酷的人性刻画。对于圣西尔女生而言,无论如何是太危险的学习剧目。自1791年起,曼特农夫人更改修院教学理念,从此不再对外开放学生演出。路易十四终生未撤销禁止专业剧团演出的诏令。拉辛有生之年无缘亲见最后一部诗剧公演。如是艰难暧昧的问世经过,诗人大约始料未及。与《以斯帖》的盛况相比,只能说此一时彼一时也。

《亚他利雅》之后,拉辛重归史官本职,未再有文学创作,唯应曼特农夫人之托写过若干圣歌(*Cantiques spirituels*, 1694)。拉辛生前最后几年继续见证路易十四治下法国文坛的沉浮变迁。1694年,古今之争的两派主将布瓦洛和佩罗在法兰西学院当众和解。1695年,费奈隆与波舒哀就"寂静主义""灵修神学"掀起新一轮论战。拉辛于1699年去世。同一年,在论战中败北的费奈隆出版《特勒马科斯纪》,因书中批评路易十四政治而失宠。这多少让人想到拉辛之子的一段回忆。据说拉辛晚年上书谏言,提出长年征战致使国困民穷,怎奈龙颜大怒:"他懂得写好诗就什么都懂吗?他是个大诗人就想当大臣吗?"(OC1,1191—1192)

路易十四晚年深患无后,长子法兰西路易卒于1711年,长孙勃艮第公爵卒于 1712 年。太阳王于 1715 年驾崩时,仅余一个五岁的曾孙路易十五,与约阿施年龄相仿,堪称法兰西家族"仅存的珍贵血脉"。新政权未顾及尚在世的曼特农夫人,于次年解除《亚他利雅》的禁演令,颇有另一番耐人寻味的新意象。1716 年 3 月法兰西喜剧院在巴黎公演,到场者中有年方二十的伏尔泰。半个世纪后,伏尔泰念念不忘当年盛况,将此剧奉为历代法语肃剧的亚军之作(仅次于同系拉辛的《伊菲革涅亚》)[①]。历史的机缘巧合如一出好戏,大约可充作谜般的《亚他利雅》的一个注脚。

---

① Voltaire, *Dictionnaire philosophique*, tome 1, p.405—414.